SCHREIEN NÜTZT NICHTS

Hinweis: Aus Gründen der besseren Lesbarkeit werden in diesem Buch sowohl die weibliche und die männliche als auch die doppelte beziehungsweise übergreifende Form bei Berufsbezeichnungen und Ähnlichem verwendet. Es sind jedoch selbstverständlich immer beide Geschlechter gemeint.

HELENE JARMER

SCHREIEN NÜTZT NICHTS

Mittendrin statt still dabei

südwest

Inhalt

FSC
www.fsc.org
MIX
Papier aus verantwortungsvollen Quellen
FSC® C014496

Verlagsgruppe Random House FSC-DEU-0100
Das für dieses Buch verwendetete FSC®-zertifizierte
Papier *Munken Premium cream* liefert
Arctic Paper Munkedals AB, Schweden.

ISBN 978-3-517-08659-0

Programmleitung: Silke Kirsch
Projektleitung: Esther Szolnoki
Coaching: Gertrud Teusen, Aschheim
Lektorat: Ina Raki, Bruckmühl
Bildredaktion: Tanja Nerger
Illustrationen: Veronika Moga, München, mit Ausnahme von S. 77 (iStockphoto/dmcmurdie)
Fotografien: Privatarchiv Helene Jarmer, mit Ausnahme von S.141 o.: Universität Wien; S.143 o. und 144 m.: Martin Juen, Wien; S.143 u.: Picture Alliance/Herbert Pfarrhofer/APA; S.144 o.: Parlamentsdirektion/Mike Ranz Photograph; S.144 u.: Parlamentsdirektion/HBF/Sebastian Reich
Umschlaggestaltung: schwecke.mueller Werbeagentur GmbH, München, unter Verwendung eines Fotos von Udo Titz, Wien
Layout und Satz: Lore Wildpanner, München
Reproduktion: Artilitho snc, Lavis (Trento)
Druck und Verarbeitung: GGP Media GmbH, Pößneck
Printed in Germany
817 2635 4453 6271

www.suedwestverlag.de

Vorwort

Was ist das für ein Gefühl, die eigene Stimme nicht zu kennen? Wie lebt man, wenn man noch nie Musik gehört hat? Macht es traurig, wenn man noch nie das Lachen eines Kindes gehört hat? Oder die Schritte im Schnee? Das Knistern von Holz im Kamin?

Vielleicht fragen sich manche gehörlose Menschen ab und an, wie sich ein bestimmtes Geräusch anhören mag. Aber insgesamt ist die Stille ein selbstverständlicher Teil ihres Lebens. Ich habe zum Beispiel bewusst noch keine Musik gehört, aber ich kann sie fühlen. Ich spüre den Rhythmus, die Vibration der Bässe, die Schwingung des Bodens.

Wie meine eigene Stimme klingt? Auch daran kann ich mich nicht erinnern. Ich war noch zu jung, als ich mein Gehör verlor. Und das Lachen eines Kindes? Es genügt mir, wenn ich dieses Lachen sehe, die Freude, die strahlenden Augen.

Ich erfahre die Welt ringsum mit all den Sinnen, die ich habe. Und glauben Sie mir, das ist fast so gut, manchmal vielleicht sogar besser, als alles zu hören. Als gehörlose Frau lebe ich in der Stille – so drückt man es gern poetisch aus, aber für mich ist die Gehörlosigkeit positiv besetzt, sie ist wie eine Insel ohne Lärm.

Mit meinem Buch lade ich Sie ein, mit mir auf eine Reise zu gehen. Eine Reise in meine Welt, in die Welt der Gehörlosigkeit. Auf den folgenden Seiten erfahren Sie viel über mich: über Helene, das kleine Mädchen, das nach einem Unfall ertaubte. Über Helene, die gehörlose Schülerin, allein unter hörenden Mitschülern. Und über die Helene, die es geschafft hat, zu studieren und als gehörlose Lehrerin zu unterrichten. Schließlich lernen Sie auch die gehörlose Politikerin Helene Jarmer kennen. Ich lade Sie ein in meine Welt. Ich gewähre Ihnen einen Blick in mein Leben.

Warum tue ich das? Weil ich Ihnen meine Welt der Gehörlosigkeit zeigen möchte, da sie beispielhaft ist für das Leben so vieler behinderter Menschen in unserer Gesellschaft. Ich möchte, dass Sie selbstsicherer im Umgang mit behinderten Menschen werden und sich künftig nicht mehr abwenden, wenn ein behinderter Mensch Ihren Weg kreuzt. Dass Sie hinschauen und nicht weggucken, wenn Rollstuhlfahrer vor einer Treppe stehen, blinde Menschen den Fahrplan nicht lesen können, ein Kind mit Down-Syndrom Sie strahlend anlächelt und Sie nicht wissen, wie Sie reagieren sollen. Mein Buch ist ein Plädoyer für ein selbstverständlicheres Miteinander – und das kann nur wachsen, wenn wir uns einander zuwenden.

Vielleicht haben Sie dieses Buch in die Hand genommen, weil der Titel Sie neugierig gemacht hat. Gut so: Neugierige Menschen können wir brauchen. Ja, wir brauchen viel mehr neugierige Menschen, die wissen wollen, wie es sich anfühlt, behindert zu sein.

Und genau das will ich mit meinem Buch erreichen: Meine Sache braucht Begeisterung, sie braucht Empörung und sie braucht Betroffenheit. Sie braucht Menschen, die sich stark machen für andere!

Akzeptanz von Behinderung fängt mit Integration an, beginnt damit, den anderen nicht als minderwertig zu betrachten, sondern ihn einzubinden, ihn teilhaben zu lassen an allem, was ringsum passiert. Es ist nicht genug, wenn behinderte Menschen sich selbst um ihre Bildung kümmern, es braucht auch eine Gesellschaft, die sich öffnet.

Ich möchte dieses Buch auch all jenen mitgeben, die in der Familie und im Freundeskreis mit Behinderung konfrontiert sind. Ich möchte Sie auffordern, wenn es um Gehörlosigkeit geht, Ihre Ängste beiseite zu schieben und eine bilinguale Kommunikationsebene zu schaffen. Nur so kann man den Grundstein für ein selbstbestimmtes Leben legen.

Und ich hoffe, dass dieses Buch einen kleinen Teil dazu beitragen kann.

Ihre Helene Jarmer

Prolog

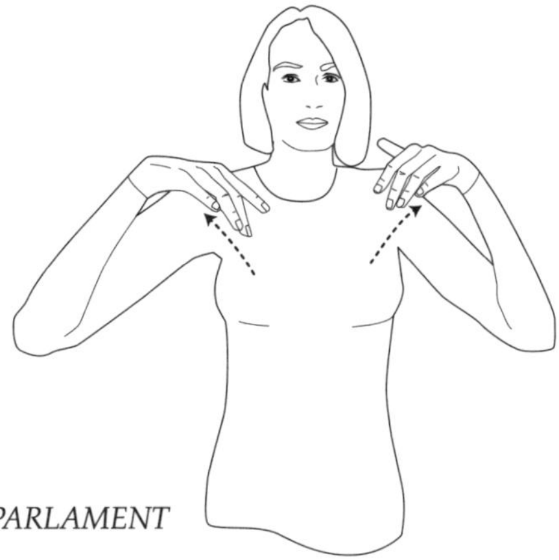

PARLAMENT

Es ist der 10. Juli 2009. Heute ist der Tag gekommen: Meine erste Rede vor einem so großen Publikum, vor dem österreichischen Parlament. Hier wird jedes Wort auf die Goldwaage gelegt. Als ich noch klein war, hat mein Vater mir immer wieder in Gebärdensprache gesagt: »Helene, gib nie auf!« Dass ich einmal vor dem österreichischen Parlament sprechen werde, hatte er damals wahrscheinlich nicht im Sinn. Aber jetzt stehe ich hier und spreche, nein: Ich gebärde in Österreichischer Gebärdensprache meine Antrittsrede. Und das nur wenige Stunden nachdem ich als Behindertensprecherin der Grünen in Österreich angelobt *(Anmerkung der Redaktion: österreichischer Ausdruck für »vereidigt«)* wurde.

»Sehr geehrter Herr Präsident! Sehr geehrter Herr Minister! Hohes Haus!

Werte Kollegen, werte Kolleginnen! Liebe Behindertengemeinschaft!

Sie alle wissen: Ich bin gehörlos. Und deshalb sitzt mir gegenüber eine Gebärdensprachdolmetscherin. Sie leiht mir nun ihre Stimme und ihr Ohr. Das Ziel ist, dass Sie meine Rede jetzt barrierefrei mitverfolgen können.

Meinen Namen kennen Sie, aber nicht meinen Gebärdennamen. Helene also. Gebärdennamen haben nichts mit dem Namen an sich zu tun, sondern sie haben mit einer Besonderheit, mit einem besonderen Merkmal, mit einem Charakteristikum einer Person zu tun.

Ich möchte ein Beispiel eines berühmten Politikers bringen, den Sie alle kennen: Schüssel. (Ich gebärde den Gegenstand Schüssel.) Das wäre die Gebärde »Schüssel«. Aber diese Gebärde »Schüssel« würde jetzt nicht wirklich passen. Er hat die Gebärde, die vom Mascherl kommt. (Ich gebärde den Gebärdennamen des Abgeordneten Dr. Schüssel, indem ich mit meinen Händen ein »Mascherl« forme.)

(Anmerkung der Redaktion: Im österreichischen Sprachgebrauch ist ein »Mascherl« eine Fliege. Diese war das Markenzeichen von Dr. Wolfgang Schüssel zu seiner Zeit als Bundeskanzler, da er stets eine Fliege trug.)

Wolfgang Schüssel trägt zwar nicht mehr sein Mascherl, aber die Gebärde bleibt. Genauso wie meine Gebärde für Helene (ich gebärde meinen Vornamen und mache dabei mit meinen Händen eine Gebärde in Höhe meiner damaligen Haarlänge) weiterhin besteht, obwohl ich mittlerweile mein Haar kurz trage.

Wir haben heute einen ganz besonderen Tag und eine Premiere hier im Hohen Haus erlebt. Sie haben zwei Gebärdensprachdolmetscher erlebt, damit zehntausend gehörlose Menschen und GebärdensprachbenützerInnen die Parlamentsdebatte mitverfolgen können. Mein besonderer Dank gilt Frau Nationalratspräsidentin Prammer und der Parlamentsdirektion, dem Präsidium und den ParlamentsmitarbeiterInnen.

Das hier ist nun ein Anpassen an die besonderen Bedürfnisse gehörloser Menschen. Behinderung hat verschiedene Gesichter – und ein Gesicht davon ist die Gehörlosigkeit. Ich möchte mich auch an dieser Stelle beim ORF bedanken, dass er heute und auch in Zukunft die kompletten Parlamentsdebatten ausstrahlen wird. Somit haben gehörlose Menschen zu Hause und ebenso jene, die hier auf der Galerie sitzen, die Möglichkeit, die Parlamentsdebatte mitzuverfolgen.

Bevor ich jetzt auf den Behindertenbericht eingehe, möchte ich noch kurz etwas über Gebärdensprache bringen. Über das Wort »Österreichische Gebärdensprache« wundern sich viele, denn sie gehen davon aus, dass die Gebärdensprache eine internationale Sprache ist. Das ist sie nicht. Wir haben nationale Gebärdensprache und sogar dialektale Varianten. Sie sind jetzt wahrscheinlich erstaunt.

Ich möchte Ihnen gerne ein paar Beispiele bringen. In der Österreichischen Gebärdensprache ist das (ich zeige die entsprechende Gebärde) die Gebärde »Danke«. Sie können mitmachen: »Danke« – versuchen Sie es! Im Chinesischen sieht »Danke« anders aus – das hängt von der Kultur ab: Man verneigt sich, wenn man sich bedankt. Würde man diese Gebärde in Österreich verwenden, würde sie »Kugelschreiber« bedeuten.

Und ein Beispiel zu Dialektvarianten: Im steirischen Dialekt heißt es »machen«, in Tirol sieht es ganz anders aus: machen. (Ich zeige jeweils die entsprechende Gebärde dazu.) Also auch wir in der Gebärdensprache haben Dialekte. Sie kennen das ja von den gesprochenen Sprachen. Es gibt auch eine amerikanische Gebärdensprache, American Sign Language. Sie ist sozusagen die Weltsprache der Gehörlosen, das Pendant zum Englischen.

Ich möchte gerne ein paar Gebärden zeigen und möchte Sie einladen, mit mir mitzumachen. Bewegen Sie sich ein wenig! (Ich sehe, wie die Abgeordneten lachen.)

Parlament: (Ich forme mit den Händen eine Art Halbkreis.) Das hängt von den Sitzreihen ab, und Sie sitzen hier in dieser besonderen Form.

Abgeordnete: Was glauben Sie, wie die Gebärde aussieht? (Ich klopfe mehrmals aufs Rednerpult.) Kommt vom Tischklopfen.

Jetzt zu einer etwas schwierigeren Gebärde:

Behindertengleichstellungsgesetz: (Ich mache mit beiden Armen eine ausladende Bewegung.) Ich denke, das ist besonders für Sie eine wichtige Gebärde.

Sie werden sich vielleicht Gedanken machen, wie Sie mit mir jetzt wirklich zusammenarbeiten können. Ich bin gehörlos. Ich höre nichts, ich höre wirklich nichts. Und gleich vorab: **Schreien nützt nichts** – ich höre nichts.

Ich bitte Sie, deutlich zu sprechen, aber jetzt nicht in einer Überartikulation, sondern langsam, und ich bitte Sie um einen Blickkontakt, denn der ist sehr wichtig für mich.

Wie können Sie mich nun erreichen? Per SMS, per E-Mail, es gibt Chat-Programme, und Sie können auch mit mir telefonieren. Ich habe eine Gebärdensprachdolmetscherin, so wie hier jetzt, ganz einfach. So weit zum Umgang mit Ihnen.

Ich weiß, ich bin immer sehr schnell, und ich muss erst lernen, Pausen zu machen.

Nun zur Grammatik der Österreichischen Gebärdensprache und der Gebärdensprachen allgemein. Sie ist völlig anders aufgebaut. Eine Gebärde ist ein Wort oder mehrere Wörter. Man kann es vergleichen mit dem Chinesischen. Es gibt auch im Chinesischen Schriftzeichen, die jeweils ein Wort bedeuten. Deshalb braucht auch meine Gebärdensprachdolmetscherin immer etwas länger; damit Sie sich nicht wundern.

Ich selbst bin gehörlos, bin eine gehörlose Behindertensprecherin, und mir liegen alle Anliegen aller behinderten Menschen am Herzen – egal ob es sich um gehörlose, um blinde Menschen, um RollstuhlfahrerInnen, um ältere Menschen, um Mobilitätseingeschränkte, um Mehrfachbehinderte handelt. Mir sind wirklich alle Anliegen wichtig, aber in diesem Zusammenhang ist es für uns besonders wichtig, für uns hier, dass wir eine bindende Festhaltung, eine schriftliche Festhaltung treffen: Wir müssen behinderten Menschen eine gleichberechtigte Teilhabe am Leben ermöglichen.

Unabhängig von meiner Parteizugehörigkeit wundere ich mich darüber, ich wundere mich wirklich über diesen Behindertenbericht und welches Verständnis von Behinderung und behinderten Menschen hier gezeigt wird. Zum Beispiel: Das Bundesministerium für Inneres sagt, Wahllokale haben keinen barrierefreien Zugang für RollstuhlfahrerInnen und mobilitätseingeschränkte Menschen, weil das Schulgebäude schon älter ist und man es nicht barrierefrei gestalten kann. Ein anderes Beispiel, das ich gelesen habe: Da heißt es, es gibt

Schulen, da wird Österreichische Gebärdensprache angeboten. Aber in Wahrheit dürfen LehrerInnen gehörlose Kinder unterrichten, ohne eine einzige Gebärde zu beherrschen! Ich bin selbst Lehrerin. Und Sie haben wirklich richtig gehört: LehrerInnen dürfen gehörlose Kinder unterrichten, ohne eine einzige Gebärde zu beherrschen. Unglaublich! Was würden Eltern sagen, wenn eine Lehrerin Französisch unterrichtet, ohne ein Wort Französisch zu können?

Der Behindertenbericht muss beinhalten, welche konkreten Schritte zu setzen sind. Die Leute, die etwas verändern wollen, die wirkliche Barrierefreiheit erreichen möchten, brauchen diese Schritte, müssen wissen, was sie zu tun haben.

Zum Abschluss möchte ich gerne sagen: Was das Behindertengleichstellungsgesetz angeht, möchte ich mich gerne mit Ihnen und mit allen BehindertensprecherInnen an einen Tisch setzen, damit wir dieses Gesetz verändern. Die Politik kann das Leben behinderter Menschen wirklich revolutionieren! Wir haben 1,6 Millionen behinderte Menschen hier in Österreich, und wir können deren Leben verbessern. Wir müssen an die Menschen von morgen und von übermorgen denken!

Zum Schluss möchte ich noch gerne – und bitte, erlauben Sie mir das – einen kurzen Kontext zur Wirtschaftskrise herstellen. Ich erinnere mich noch an unseren ehemaligen Bundeskanzler Schüssel. Er sagte, Politik kann keine Arbeitsplätze schaffen. Er hat sich geirrt: Die GebärdensprachdolmetscherInnen hier beweisen genau das Gegenteil.

Auf eine gute, barrierefreie Zusammenarbeit!«

Für mich war wichtig: Man hat mir zugesehen, zugehört und mitgemacht! Und durch das Lachen und Klopfen haben mir die Abgeordneten signalisiert, dass sie verstanden haben, wovon ich spreche – zumindest in diesem Moment.

Aber das reicht mir natürlich nicht: dieser Moment. Alle, die mich kennen, wissen, dass ich nicht lockerlasse, meinen Mund oder besser gesagt meine Hände nicht stillhalten kann. Ich bin nicht leise und zurückhaltend. Ich bin groß, selbstbewusst und gehörlos. Ich bin behindert – na und? Ich bin gehörlos –

na und? Ich kann alles erreichen, wenn ich nur will. Ich kann Zeichen setzen: für mich und für eine andere Gesellschaft. Und deshalb erzähle ich meine Geschichte. Hier und jetzt! Ich lade Sie ein, mir zu folgen.

Denn: Behinderung hat immer auch einen sozialen Aspekt. Nicht allein die Eigenschaften und Einschränkungen einzelner Menschen sind dabei ausschlaggebend, sondern auch die Reaktionen der Umwelt, die Gesellschaft können behindern. Das kommt durch den Terminus »behindert sein« im Gegensatz zu »behindert werden« zum Ausdruck.

Eine Journalistin fragte mich einmal, was ich mir wünschen würde, wenn ich einen Wunsch frei hätte. Nun, ich würde mir nicht wünschen, hören zu können. Ich müsste alles neu lernen, mich völlig umstellen. Ich habe mich an die Welt der Stille gewöhnt. Genauso interessiert es die Menschen, ob ich nicht etwas vermissen würde. Was bitte soll ich vermissen? Hören Sie den Baulärm auf der Straße? Das Hupen der Autos? Glauben Sie mir: Das vermisse ich nicht! Ich werde auch oft gefragt, wie ich mir Lärm vorstelle. Das ist eine der Fragen, die mich ärgern, denn sie ist ähnlich unsinnig, als ob man von einem blinden Menschen wissen wollen würde, wie er sich Farben vorstellt. Vielleicht überrascht es manche, wenn ich behaupte, dass ich Lärm, richtig laute Geräusche, sehr wohl wahrnehmen kann. Allerdings nicht über das Gehör, sondern über das Gefühl: Ich spüre die Schwingungen. Anhand dieser Schwingungen kann ich angenehme und unangenehme Geräusche unterscheiden.

Nun, wenn ich mir nicht wünsche, hören zu können, was wünsche ich mir dann? Ja, wenn ich einen Wunsch frei hätte, dann wäre das echte Chancengleichheit in allen Lebenslagen: in der Schule, im Beruf, im Alltag – im Sinne des selbstbestimmten Lebens. Überall barrierefreie Kommunikation und gleiche Lebensqualität.

Und ich wünsche mir, dass Sie, wenn Sie dieses Buch zu Ende gelesen haben, verstehen können, was es bedeutet, gehörlos zu sein. Es ist eine Behinderung, aber kein Handicap. Und es ist keine Schmach, sondern eine Herausforderung.

Ich heiße Helene

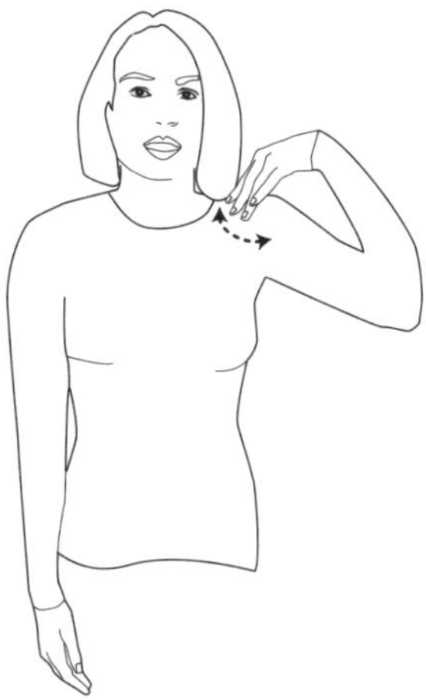

HELENE

Mein Name ist Helene Jarmer. So steht es in meinem Pass. Da steht auch, dass ich am 8. August 1971 in Wien geboren wurde. Ich bin groß, blond und gehörlos (das steht übrigens nicht in meinem Pass). Seit Sommer 2009 bin ich Behindertensprecherin der »Grünen« im österreichischen Parlament. Das ist schon etwas Besonderes: erste gehörlose Parlamentarierin Österreichs.

Mein Leben änderte sich im Jahre 1973. Da war ich gerade mal zwei Jahre alt. Ich saß in einem Buggy und meine Mutter schob mich den Gehweg entlang. Plötzlich geschah es: Ein Lastwagen rast ungebremst auf die Kreuzung zu, trotz rotem Ampellicht, und rammt ein Auto. Bremsen kreischen, Reifen quietschen, dann ist es einen Herzschlag lang ganz still.

Der Autofahrer hat keine Chance, meine Mutter hat keine Chance, ich habe keine Chance. Es gibt keine Chance, den Unfall zu vermeiden. Der Lastwagen erfasst das Auto. Metall trifft mit unheimlicher Wucht auf Metall. Es muss ein schreckliches Geräusch gewesen sein. Das Auto gerät ins Schleudern, überspringt mühelos die Schwelle zum Bürgersteig und erfasst den Buggy, in dem ich sitze.

Meine Mutter hat es nicht gehört, weil sie gehörlos ist, aber sie hatte es kommen sehen – und trotzdem keine Chance mehr gehabt, den Kinderwagen rechtzeitig aus der Gefahrenzone zu ziehen. Es ging alles viel zu schnell.

Das Auto trifft den Kinderwagen. Ich bin zum Glück angeschnallt und fliege nur deshalb unter der Wucht des Aufpralls nicht heraus. Aber mein Kopf wird hin und her geschleudert. Meine Ohren prallen gegen das Seitengestänge des Buggys, erst links, dann rechts. Dann wird alles still. Blut rinnt mir aus den Ohren.

Ich selbst kann mich an den Tag, an dem ich gehörlos wurde, nicht mehr erinnern. Ich war noch zu klein und kenne deshalb die Ereignisse nur aus den Erzählungen meiner Eltern. Aber wenn ich mir heute die Fotos von damals anschaue, ist mir klar: Es ist ein Wunder, dass ich diesen Aufprall überlebt habe.

Meine Mutter war nach dem Unfall die Erste, die den Verdacht hatte, ich könnte mein Gehör verloren haben. Sie hat gerufen und Geräusche gemacht, bislang hatte ich auf akustische Signale immer reagiert – nun nicht mehr. Leider wurde ihr Verdacht bald darauf durch die ärztliche Diagnose »an Taubheit grenzende Schwerhörigkeit« bestätigt. Ich war also gehörlos und konnte Sprache nicht mehr über das Ohr aufnehmen.

Trotz allem war es für mich Glück im Unglück: Da meine Eltern beide gehörlos sind, konnten sie mich sofort in dieser Situation auffangen.

Ich erzähle die Geschichte, wie ich gehörlos wurde, nicht gern. Eigentlich ist sie nicht wichtig, nicht für mich. Aber für die anderen, vor allem für jene, die glauben, dass Gehörlosigkeit eine vererbbare Krankheit ist. Natürlich gibt es das auch, aber die Zahlen sind verschwindend gering.

Dass meine Lebensgeschichte ungewöhnlich ist, ist mir bewusst. Manche nennen es Schicksal, denn schließlich kam ich als Kind gehörloser Eltern hörend auf die Welt. Ein Freund sagte einmal, das wäre der Stoff, aus dem Hollywoodfilme sind. Ich sehe es nicht so, für mich war diese Einschränkung eher eine Chance. Wer weiß, wo ich heute sonst stehen würde.

Wir waren eine besondere Familie. Nicht nur deshalb, weil ich hörend war und meine Eltern beide gehörlos. Sondern auch, weil sich meine Eltern dieser besonderen Herausforderung bewusst stellten und mich von Anfang an auf jede erdenkliche Weise förderten.

Als ich noch hören konnte, waren Nachbarn und Freunde mein »Ohr« zur hörenden Welt. Sie kamen regelmäßig vorbei, um sich mit mir zu unterhalten. Wie wichtig diese sprachliche Prägung ist, wussten meine Eltern. Heute denke ich, für sie war es selbstverständlich, mir einen Zugang zu beiden Welten zu vermitteln, zur akustischen ebenso wie zur visuellen Welt. Sie ließen Glöckchen neben meinem Ohr klingeln, wenn ich ins Spiel vertieft war, und ich kann mich auch daran erinnern, dass ich eine Spieluhr hatte, die immer wieder abgespielt wurde.

Meine Eltern nannten mich Helene, genauso wie meine Mutter heißt. Sie war also die große Helene und ich hieß, als ich noch klein war, »Lene«. Als ich heranwuchs, wurde daraus »Tochter Helene«.

Auf konventionelle Art würde man einen Namen mit dem Fingeralphabet buchstabieren. Das wäre allerdings immer recht mühsam, deshalb hat innerhalb der Gehörlosen-Community jeder Mensch zusätzlich einen Gebärdennamen und es ist üblich, sich mit diesem Namen anzusprechen. Dadurch drücken wir eine Verbundenheit aus, die alle Menschen dieser Community umfasst. Unter »Community« verstehen wir in diesem Zusammenhang all diejenigen, die in Gebärdensprachen kompetent sind. Uns verbinden ein starkes Zusammengehörigkeitsgefühl, gemeinsame Interessen – eine kulturelle Identität. Das bedeutet, dass nicht nur gehörlose Menschen, sondern ebenso Hörende Teil dieser Gemeinschaft sind. Nicht die Behinderung Gehörlosigkeit steht im Vordergrund, sondern die Leichtigkeit, in einer gleichen Sprache, nämlich der Gebärdensprache, auf einer Ebene kommunizieren zu können. Dadurch entsteht ein Gefühl kultureller Zusammengehörigkeit, das Bewusstsein, ein Teil der Gebärdensprach-Community zu sein.

Der Gebärdenname kann verschiedene Ursprünge haben: Manch ein Gebärdenname bezieht sich auf Äußerlichkeiten, andere weisen auf eine typische Charaktereigenschaft hin oder auf ein besonderes Merkmal einer Person.

Wenn zum Beispiel jemand gern Tee trinkt, dann könnte seine Namensgebärde etwas wie »Teebeutel in die Tasse geben« lauten. Ein anderes Beispiel: Wenn der Vorname einer Frau mit »F« beginnt und sie hat lange, lockige Haare, dann zeigt man vielleicht »F« in Verbindung mit der Gebärde für lange Locken.

Unter meinen Freunden gibt es auch einen Mann, dessen Gebärdenname »das Gesicht eines Neugeborenen mit eingedrückter Nase« bedeutet. Das sagt einerseits etwas über sein Aussehen aus, aber andererseits zeigt es auch, dass dieser Mann Humor hat (sonst hätte er bestimmt Einspruch erhoben).

Gebärdennamen haben also mit dem geschriebenen Namen nicht mehr viel zu tun, sagen aber mehr über einen Menschen aus als der geschriebene Name. Nomen est omen – für die Gebärdennamen gilt das in besonderer Weise.

Mein Gebärdenname sieht so aus: Meine linke Hand bewegt sich in der Höhe des linken Ohrs hin und her. Wichtig: die linke Hand und nicht die rechte. Ich habe den Namen in der Schule bekommen, da war ich fünfzehn Jahre alt. Ich trug mein Haar lang, so wie es alle Mädchen taten, und es hing mir ständig ins Gesicht, besonders beim Schreiben. Für meine Schulkameraden an der Mittelschule war dieses Bild – Helene tief über ihr Heft gebeugt, die Haare bedeckten die linke Gesichtshälfte wie ein Vorhang – typisch für mich. Es war mein Merkmal, mein individuelles Erkennungszeichen. Und bis heute ist dies mein Gebärdenname geblieben. Jetzt trage ich die Haare kürzer, aber die Gebärde bleibt. Auch wenn manche darüber Witze machen und meinen, ich müsste nun weiter oben ansetzen. Aber nein, es bleibt dabei.

Namensgebärden ändern sich also nicht. Früher war es üblich (und das ist es teilweise auch heute noch), die Namensgebärden mit dem Anfangsbuchstaben des eigenen geschriebenen Namens zu verknüpfen. Also den Anfangsbuchstaben in einer Bewegung darzustellen. Damals hat die Gebärdensprache auch noch eine starke Identifikationsfläche geboten. Der Druck auf gehörlose Menschen, sich anzupassen, war sehr groß. Aber mittlerweile ist es so, dass auch gleichaltrige hörende Freunde von gehörlosen Menschen einen Gebärdennamen bekommen. Und Kinder gehörloser Eltern erhalten – egal, ob sie hören können oder nicht – ebenfalls einen Gebärdennamen von ihren Eltern.

Es ist quasi unser Alleinstellungsmerkmal, unterstreicht unsere Einzigartigkeit, hebt uns aus der anonymen Masse heraus – es ist ein Code, eine Geheimsprache: »Hey, ich gehöre dazu! Du auch?«

Gebärdennamen erleichtern uns auch die Kommunikation. Sie sind präziser – denn wir gehörlosen Menschen kommen gern direkt und ohne Umschweife auf den Punkt. Ich bin beispielsweise mit drei Frauen namens Sandra befreundet, aber die drei mit dem gleichen Vornamen haben komplett unterschiedliche Gebärdennamen: Die eine liebt die Farbe Rosa und deshalb wird ihr Gebärdenname wie »Rosa« gebärdet. Die andere Sandra lacht sehr viel, also ist ihre Namensgebärde die für »lachen«. Die dritte Sandra ist immer sehr genau, deshalb entspricht ihr Gebärdenname dem Begriff »genau«. Anhand der Namensgebärde könnte ich also meine Freundinnen sofort identifizieren, anhand des Namens Sandra müsste ich nachfragen: »Welche Sandra meinst du?«

Natürlich könnte man auch einen Namen mit dem Fingeralphabet buchstabieren und auf diese Art eine Person neutral ansprechen. Das Fingeralphabet ist Teil der Gebärdensprache. Bei einem ersten Kontakt stelle ich mich nicht gleich mit meinem Gebärdennamen vor, sondern buchstabiere meinen Namen und zeige dann die Geste für meinen Gebärdennamen und bedeute, dass dieser zu mir gehört.

Meine Eltern gebärden Namen noch sehr traditionell, also mit dem Fingeralphabet. Peter bleibt Peter, Josef bleibt Josef, Maria ist Maria und wenn ein Mensch gleichen Namens im Bekanntenkreis hinzukommt, wird er auch so gebärdet.

Es ist in der Community ganz wichtig, mit einer Gebärde verbunden zu sein. Dabei können Menschen auch Namen bekommen, die sie vielleicht gar nicht verwenden. Auch Personen, die nicht Teil der Gehörlosengemeinschaft sind, bekommen manchmal Gebärdennamen, Politiker zum Beispiel. Da man diese nicht alle persönlich kennt, kann man wenig über ihre Charaktereigenschaften sagen, deshalb beziehen sich die entsprechenden Namensgebärden überwiegend auf die Optik des Menschen oder assoziieren einen Begriff, der seinem Nachnamen ähnelt.

Wie zum Beispiel der Gebärdenname des österreichischen Politikers Wolfgang Schüssel. Sein Name wird nicht wie »Schüssel« gebärdet, sondern wie ein »Mascherl«, eine Schleife, was sich wiederum auf seine Fliege bezieht, die er früher stets anstatt einer Krawatte trug.

Manchmal wird mit dem Gebärdennamen aber auch Schindluder getrieben. Im Fernsehen befragte man nach meinem Amtsantritt einmal eine Gebärdensprachdolmetscherin nach Gebärden für Politiker und sie zeigte diese in einer solchen Art, dass schon fast eine Schimpfgebärde daraus wurde. Unser Finanzminister heißt beispielsweise Pröll. Und was diese Dolmetscherin da für seinen Namen gebärdete, wirkte sehr negativ (es bedeutete ungefähr »fett« oder »dick«). Das ist einfach nur peinlich – und schadet unserer Sache mehr, als dass es Verständnis weckt.

Es gibt natürlich Menschen, die etwas kräftiger gebaut sind. In dem Fall kann man aber einfach höflich fragen: »Ist es okay, dass ich dich so gebärde?« Wenn jemand damit kein Problem hat, kann man die entsprechende Gebärde verwenden. Die Gebärden sind jedoch oft auch missverständlich. So kann die Gebärde für »Doppelkinn« beispielsweise leicht mit »Trottel« verwechselt werden. Wenn jemand aber nicht weiß, was die Gebärde bedeutet, und sich dementsprechend nicht wehren kann, dass er so negativ dargestellt wird, finde ich das schon mehr als bedenklich.

Bei einer etwas kabarettistisch angehauchten Talkshow, zu der ich eingeladen war, fragte man mich: »Na, wie gebärdet man denn jetzt ›Pröll‹?« Und ich antwortete beziehungsweise gebärdete: »P-R-Ö-L-L« (mit dem Fingeralphabet). Dann konfrontierte man mich damit, dass er als »Doppelkinn« gebärdet wurde oder als »dicker Bauch«. Meine Antwort in dieser Talkshow und auch jetzt lautet, dass dies die Sache derjenigen Person ist, die diesen Namen so gebärdet hat, aber das ist nicht meine Sprache. Innerhalb der Gebärdensprachen-Community weiß man, was man offen zeigen kann und was nicht, und so etwas ist unter unserem Niveau.

Es gibt auch heute noch nationale Unterschiede, in den USA ist man beispielsweise konservativer, dort hat die Namensgebärde nur mit dem geschriebenen Namen zu tun. Trotzdem haben sich dort inzwischen auch schöne Gebärden durchgesetzt, wie zum Beispiel für »Obama«. Dabei wird die Gebärde für die Flagge der amerikanischen Nation mit dem »O« als Anfangsbuchstaben von Obama kombiniert. Die Gebärde verbreitete sich schnell, sodass man sie inzwischen überall auf der Welt für den Namen des amerikanischen Präsidenten verwendet. Beim Namen der Bundeskanzlerin Angela Merkel haben es die gehörlosen Menschen in Deutschland nicht ganz so einfach. Auf seriöse Weise gebärdet man Frau Merkels Namen – in Bezug auf ihren Nachnamen – mit einer sich drehenden Kurbel in Kopfhöhe, etwa so wie »merken«. Es gibt aber auch Gebärdennamen für Angela Merkel, die sich auf ihre einprägsame Kinnpartie beziehen. In einer so kleinen Gemeinschaft verbreiten sich seriöse und weniger seriöse Informationen eben recht schnell und umfassend.

Gehörlose Menschen leben in zwei Welten – in der stillen und in der hörenden. Und so wie wir die Gesten und Rituale der Hörenden übernehmen und einzuordnen wissen, so haben wir auch unsere eigenen Rituale und Gesten, die eng mit der Gebärdensprache verknüpft sind.

Ein Beispiel sind die Begrüßungen. Hörende begrüßen sich in etwa so: »Hallo, ich heiße soundso. Wie geht es dir?« Gehörlose dagegen fragen zuerst: »Wo kommst du her?«

Das ist wichtig, weil die Gebärdensprachen unterschiedlich sind, und in der Regel kennt jeder gehörlose Mensch jede andere gehörlose Person in seiner Umgebung. Aber: Viele gehörlose Menschen reisen mehr als hörende. Weil unsere Community so klein ist, nehmen wir weite Reisen in Kauf, um etwas von der Welt zu erfahren. Deshalb zielt unsere erste Frage auf die gemeinsame Verständigungsbasis ab: »Welche Sprache sprichst du?«

Und dann können wir uns überlegen, wie wir miteinander kommunizieren. Die Herkunftsfrage kommt in der hörenden Welt nicht (so schnell) vor beziehungsweise wird erst gestellt, wenn man sich besser kennengelernt hat.

Ich verstehe eigentlich auch nicht, warum viele Menschen die Gebärdensprache so skeptisch betrachten. Gebärden verwendet schließlich jeder, manche Menschen mehr, andere weniger. Auch das Reden selbst wird oft von Gebärden und Gesten begleitet. Und je weiter man zum Beispiel in den Süden Europas kommt, desto gestenreicher wird auch die gesprochene Sprache. Wie sehr man den Körper beim Sprechen einsetzt, ist offensichtlich kulturabhängig. Es gibt beispielsweise italienische Gesten, die jeder versteht. Das ist nonverbale Kommunikation. Körpersprache im wahrsten Sinn des Wortes.

Auch bei einer Reise durch Ägypten hatte ich den Eindruck, dass dort beinahe jeder gebärden kann: »Hallo, wie geht es dir, woher kommst du, hast du Kinder …?« Die Art der Kommunikation war so basal, dass ich nicht den Eindruck hatte, dort mit niemandem sprechen zu können. Im Gegenteil – alle sprachen mit mir.

Ähnliches erlebe ich in Spanien – ich habe den Eindruck, dass die Spanier in mancher Hinsicht weniger verkrampft mit gehörlosen Menschen umgehen, als wir es hierzulande gewohnt sind. Woher ich das weiß? Mein Mann ist Spanier, gehörlos und lebt mit mir gemeinsam in Wien. Er hat einen Beruf, der mit meiner politischen Welt nicht in Verbindung steht. Das ist gut, denn es ermöglicht uns, ein echtes Privatleben zu führen.

Am Anfang unseres gemeinsamen Lebens stand eine Fernbeziehung. Nach der Hochzeit entschloss sich mein Mann, nach Österreich zu ziehen. Seitdem habe ich eine richtig große (spanische) Verwandtschaft in der Nähe von Madrid. Wir sind jetzt »multikulti« und das bedeutet in unserem Fall: Wir praktizieren einen galaktischen Spagat zwischen den Lautsprachen Deutsch und Spanisch, zwischen der Österreichischen Gebärdensprache (ÖGS) und der spanischen Gebärdensprache Lengua de signos española (LSE), zwischen spanischem Temperament und österreichischem Gemüt. Leider sind die Wege zwischen Madrid und Wien nicht die kürzesten, aber das Videotelefonieren übers Internet macht es möglich, dass auch unsere Familie etwas näher zusammenrückt. Da die Schwester meines Mannes ebenfalls gehörlos ist, findet so ein reger Austausch statt. Mit dem Rest meiner spanischen Familie kommuniziere ich in der spanischen Lautsprache, genauso wie mit dem Umfeld, wenn ich dort zu Besuch bin.

Geheiratet haben mein Mann und ich übrigens zweimal: Zuerst in Wien (standesamtlich) und dann noch einmal in der Nähe von Madrid (kirchlich) – und immer wurde die Zeremonie von Dolmetschern in die verschiedenen Laut- und Gebärdensprachen übersetzt. Ich fand das schön, vor allem, weil die kirchliche Trauungszeremonie in Spanien noch einen ganz anderen, höheren Stellenwert hat.

Ich gebärde übrigens mit meinem Mann zumeist in der Lengua de signos española, nur ein bisschen österreichisch und auch minimal in der American Sign Language (ASL). Ich denke, es ist normal, dass sich die Sprachen vermischen, wenn man eine multinationale Beziehung führt. Da wir in Wien leben und ich natürlich mittlerweile schon recht häufig auf der Straße erkannt werde, hat das auch Vorteile. Die spanische Gebärdensprache kann hierzulande fast niemand, wir können also plaudern, ohne belauscht zu werden.

Das ist vielleicht ein Manko der visuellen Sprachen, sie lassen sich schlecht »heimlich sprechen«. Jeder, der die Gebärdensprache beherrscht, kann verstehen, was man so gebärdet.

Nun, das ist für mich persönlich kein so großes Problem, da ich extrem schnell gebärde, sodass selbst Muttersprachler oft nicht mitkommen. Immer wieder werde ich deshalb bei öffentlichen Auftritten und Diskussionsrunden gebeten, doch etwas langsamer zu gebärden.

Gebärden sind also eine öffentliche Sprache. Jeder, der sie sieht und versteht, weiß, was gebärdet wird. Flüstern geht nicht, aber man kann minimalistisch gebärden, also klein oder versteckt unter dem Tisch ... So fluchen wir beispielsweise auch beim Autofahren.

Wenn ich hierzulande mit jemanden sprechen möchte, stoße ich automatisch auf eine massive Front, zumindest aber auf extreme Zurückhaltung oder Verunsicherung. Wahrscheinlich ist es uns in unserem Kulturkreis anerzogen – ich weiß es nicht. Aber bei vielen Menschen bewegt sich (schön anzuschauen in diversen Talkshows) beim Sprechen maximal das Kinn, und die Hände liegen ordentlich gefaltet im Schoß.

Wenn man mit mir Kontakt aufnehmen will und keine Ahnung von Gebärdensprache hat, dann sollte man langsam und deutlich sprechen und vielleicht das Gesagte durch eindeutige Gesten unterstreichen. Wichtig, damit ich von den Lippen ablesen kann, ist ein großes Mundbild. Das bedeutet: Die formulierten Worte lassen sich deutlich an den Lippen ablesen, der Mund wird gut sichtbar bewegt. Das ist ein grundsätzliches Problem im deutschsprachigen Raum, denn hier sprechen fast alle Menschen mit einem kleinen Mundbild. Die Spanier, wie überhaupt alle Südeuropäer, zeigen eher ein großes Mundbild. Hier bei uns frage ich dagegen schon manchmal, ob jemand seinen Mund beim Reden nicht ein bisschen weiter aufmachen kann, denn sonst »kann ich nichts lesen«. Dann reagieren manche Menschen leicht pikiert.

Natürlich werde ich immer wieder gefragt, ob man die Gebärdensprache leicht erlernen kann. Für die Antwort auf diese Frage bin ich nicht »kompetent«, weil mir das Gebärden leicht fällt. Es ist wie beim Erlernen jeder anderen Sprache auch:

Je früher man damit beginnt, desto einfacher fällt einem das Lernen. Und genau deshalb ist die zweisprachige (bilinguale) Förderung gehörloser Kinder so wichtig – deren Zweisprachigkeit umfasst die Gebärden- und die Lautsprache.

Vor allem Kinder lernen die Gebärdensprache mit Leichtigkeit. Als ich in meiner Zeit als Lehrerin einmal eine bilinguale Klasse gemeinsam mit einer hörenden Kollegin unterrichtete, begriffen auch die hörenden Schüler die Gebärden sehr schnell – und übersetzten dann wiederum der hörenden Kollegin, was ich gerade gebärdet hatte. Verkehrte Welt!

Manchmal wird behauptet, Gebärdensprache sei primitiv und Lautsprache höherwertig. Ich würde sagen, mittlerweile sind beide Kommunikationsformen einander ebenbürtig. Welche davon ein Mensch bevorzugt, hängt von verschiedenen Aspekten ab. Dabei spielt es auch eine wichtige Rolle, wann man sein Gehör verloren hat beziehungsweise wie lange man vorher hören konnte. Es gibt gehörlose Menschen, die die Gebärdensprache als ihre Muttersprache ansehen (so wie ich) und sich der Gehörlosenkultur zugehörig fühlen. Und es gibt sogenannte »Oralisten«, das sind gehörlose Menschen, die das Sprechen den Gebärden vorziehen. Es gibt aber auch solche, die irgendwo dazwischen stehen und sich einer Kombination aus Laut- und Gebärdensprache bedienen. All diese Menschen sind durch ihre unterschiedlichen Lebenswege und -umstände geprägt. Manche von ihnen haben Internatsschulen besucht, andere Integrationsschulen, die wiederum unterschiedliche Konzepte der Integration anbieten. Mancher gehörlose Mensch besuchte Schulen, an denen er allein unter Hörenden und ohne Hilfe zurechtkommen musste. Es gibt Menschen, die schon vor dem Spracherwerb ertaubt sind, es gibt schwerhörige und spätertaubte Menschen. Und es gibt gehörlose Menschen mit hörenden Eltern und andere mit gehörlosen Eltern ... Je nach persönlicher Geschichte definiert sich Gehörlosigkeit anders. Verallgemeinernd lässt sich nur festhalten: Alle, die sich daran erinnern können, wie sich gesprochene Sprache anhört, können besser artikulieren – »besser« (weil verständlicher) für das hörende Ohr.

Hörende Eltern sind oft völlig überfordert, wenn ihr Kind die Diagnose »taub« oder »schwerhörig« bekommt, und holen Rat bei diversen hörenden Experten ein. Natürlich war auch ich häufig im Spital und musste regelmäßig Hörtests, sogenannte Audiogramme, absolvieren, allerdings ging für mich ansonsten das »normale« Leben weiter. (Es ärgert mich ein bisschen, dass ich gewisse Worte hier im Text hervorheben muss. Wie gerade eben das Adjektiv »normal« im Zusammenhang mit dem Wort »Leben«. Das will ich eigentlich nicht in Anführungszeichen setzen, weil dadurch ein falscher Eindruck entstehen kann. Andererseits will ich es tun, um auf die Absurdität gewisser Situationen und Umstände hinzuweisen.) Mein Leben änderte sich natürlich auch, aber sicherlich weniger als in anderen Familien, in denen die Eltern nicht so schnell, kompetent und konstruktiv auf die Diagnose reagieren können, wie meine das taten.

Eltern möchten stets das Beste für ihr Kind. Das ist normal. Aber was ist das Beste für ein gehörloses Kind? Diese Frage lässt sich nicht allgemeingültig beantworten – und auch ich habe keine Antwort darauf. Ein Schritt in die richtige Richtung ist es sicher für alle Beteiligten, zu akzeptieren, dass das Kind behindert ist.

Die erfolgreiche französische Schauspielerin Emmanuelle Laborit beschreibt in ihrer Autobiografie ihre Kindheit als gehörloses Kind in einer hörenden Familie.[1] Lange Zeit lebte sie in dem Irrglauben, dass es außer ihr keine gehörlosen Menschen gebe, vor allem aber keine gehörlosen Erwachsenen. In der logischen Konsequenz dachte sie: Gehörlose Menschen werden nie erwachsen. Gut, mancher mag das für übertrieben halten, aber der Kontakt zu anderen gehörlosen Menschen ist für gehörlose Kinder sehr wichtig. Dieser Kontakt ist ein Weg aus der Isolation – für Kinder und Eltern.

Übrigens: Emmanuelle Laborit hat es geschafft. Sie ist erwachsen geworden, und sie ist heute eine anerkannte Schauspielerin. Für ihre Hauptrolle im Bühnenstück »Kinder des Schweigens« erhielt sie den Molière-Preis.

Die Gemeinschaft der gehörlosen Menschen und der Kontakt untereinander bieten Chancen für Kinder und Eltern. Das Kind erlebt, dass es sich nicht immer »anders« fühlen muss, nur weil es nichts hört. Das kann sehr befreiend sein und weckt deshalb bei den Eltern oft die Sorge, dass ihr Kind sich ihnen dadurch entfremdet. Aber das tut es nicht. Im Idealfall treffen auch Eltern mit anderen Eltern zusammen, die das Gleiche erleben und die von den gleichen Sorgen und Ängsten geplagt sind. Vor allem aber hilft allen die Erkenntnis, dass es keine Barrieren geben muss.

Meine Geschichte ist eine außergewöhnliche, denn ich erfuhr von dem Moment an, in dem ich mein Gehör verlor, eine wunderbare, individuelle Förderung. Wichtigster Bestandteil dieser Förderung war dabei immer die Gebärdensprache.

Gehörlosigkeit – wie auf einer Insel ohne Lärm

Nicht hören zu können, ist eine unsichtbare Behinderung. Kein äußeres Merkmal deutet darauf hin, nur die Tatsache, dass ein Mensch nicht auf Geräusche und Sprache reagiert, gibt einen Hinweis.
Erfahren Eltern, dass sie ein gehörloses Kind haben, so ist das zunächst ein Schock. Sie können sich oft nicht vorstellen, wie es ist, sich in einer Welt, die so viele akustische Reize bietet, ohne dieses wichtige Sinnesorgan zurechtzufinden. So richten sie zunächst ihre ganze Aufmerksamkeit und ihre ganze Hoffnung darauf aus, den Gehörsinn herzustellen beziehungsweise dem gehörlosen Kind das Sprechen beizubringen. Beides ist eine Tortur – und beides sorgt für Frust und Wut auf allen Seiten.
Aber warum muss das sein? Weil wir so wenig voneinander wissen! Gehörlose Menschen sind visuelle und zugleich auch sehr feinfühlige Menschen. Was sie sehen und spüren, macht die Dinge für sie begreifbar. Die Augen sind ihr wichtigstes Instrument, um in der Welt zurechtzukommen. Visuelle Reize sind aber auch so mächtig, dass sie Ängste hervorrufen können, die sich – wegen mangelnder Möglichkeit zur Kommunikation – nur schwer ausräumen lassen.

Die Dinge beim Namen nennen – gar nicht so einfach!

Ein gehörloses Kind lebt in der Stille, natürlich kann es dennoch denken, und sein Denken entwickelt sich. Allerdings muss es sich auf alles einen eigenen Reim machen, und das ist nicht zwangsläufig der richtige. Und solche falschen Rückschlüsse sorgen für Verwirrung, für »Unordnung« und ganz häufig führen sie eben auch zu Angst.
Das geht schon mit ganz simplen Dingen los. Zum Beispiel mit der Frage: Wer bin ich? Was ist mein Name? Wobei diese zweite Frage schon zu weit führt, denn woher soll ein Kind wissen, dass es einen Namen hat, wenn es ihn noch nie gehört hat? Hörende Kinder werden von ihren Eltern immer wieder mit ihrem Namen angesprochen und ordnen diesen sich selbst zu. Sie sagen also zu

Beginn der Sprachentwicklung nicht: »Ich habe Hunger«, sondern beispielsweise: »Maria hat Hunger«. Sie sprechen von sich in der dritten Person, machen den Eltern und sich selbst dadurch deutlich: »Mein Name gehört zu mir.« Ebenso ist es mit dem Benennen anderer Menschen oder Dinge. Eltern sprechen in etwa so mit ihren Kindern: »Mama kommt gleich!« – »Papa spielt mit dir!« Durch das ständige Wiederholen von Namen werden diese den Personen zugeordnet. Möchte man es ganz übertrieben ausdrücken, so ist ein gehörloses Kind von namenlosen Menschen umgeben. Es weiß sie trotzdem zuzuordnen, aber es kennt ihre Namen nicht.

Hörende Kinder erhalten ihre Namensidentität quasi mit der Geburt. Sie brauchen nicht darüber nachzudenken, stellen sich keine Fragen über sich selbst. Sie sind »ich« und dieses »ich« hat einen Namen. Für mich persönlich war das zum Glück auch kein Thema, denn obwohl ich im Alter von zwei Jahren gehörlos wurde, hatten meine Eltern mir meinen Namen schon immer auch in Gebärdensprache visualisiert. Ich wusste also: Diese Kombination der Gesten – das bin ich.

Viele gehörlose Menschen, die erst später zur Gebärdensprache gefunden haben, beschreiben diese Findungsphase als qualvoll und sich selbst als orientierungslos. Erst durch die Gebärden konnten sie mit der Welt ringsum in Kontakt treten und auch ihre eigene Identität finden.

Wer ist gehörlos?

Der Begriff »gehörlos« wurde Anfang des 20. Jahrhunderts vor allem im deutschsprachigen Raum eingeführt. Bis dahin bezeichnete man Menschen, die nicht hören konnten, als »taubstumm«. In anderen Ländern verwendet man bis heute weiterhin den Begriff »taub«. Nach wissenschaftlicher Definition gelten heute all jene Menschen als »gehörlos«, die normal laut gesprochene Sprache ohne technische Hilfsmittel nicht hören. Das bedeutet, dass verschiedene Geräusche, aber auch gesprochene Sprache, nicht über das Ohr wahrgenommen werden.[2]

Wie viele gehörlose Menschen gibt es?

Gehörlosigkeit ist weiter verbreitet, als man vermutet: Allein im deutschsprachigen Raum werden durchschnittlich jeden Tag zwei Kinder gehörlos geboren. Bei der Hälfte der Kinder liegt ein genetischer Defekt vor, die anderen verlieren ihr Gehör durch eine Viruserkrankung der Mutter während der Schwangerschaft wie beispielsweise Masern oder Röteln. Auch im Kleinkindalter führen diese Kinderkrankheiten besonders oft zum Verlust des Hörvermögens.[3] Unter den heutigen Bedingungen beträgt die Rate der vor- und nachgeburtlichen Gehörlosigkeit etwa 0,1 Prozent in den höher entwickelten und bis etwa 2 Prozent in den weniger hoch entwickelten Ländern.[4]

Statistisch gesicherte Daten gibt es nicht, weil oft die Diagnosen »gehörlos« und »schwerhörig« verknüpft werden: In Österreich geht man von circa 10 000 Menschen aus, die völlig gehörlos sind. Dazu kommen 10 000 bis 15 000 Menschen, die so stark schwerhörig oder ertaubt sind, dass eine Verständigung allein über das Gehör kaum mehr möglich ist. Auch in der Schweiz leben circa 10 000 gehörlose Menschen – in Deutschland sind es um die 80 000. Weltweit ist etwa einer von 1 000 Menschen gehörlos.[5]

Wann kann man die Diagnose »gehörlos« stellen?

Die Diagnose »gehörlos« wird bei manchen Babys beim Neu- oder Frühgeborenen-Screening gestellt, weil die Kleinen dabei auffällige Reaktionen zeigen. Es gibt neuartige medizinische Untersuchungsgeräte, die rasch Gewissheit bringen. Aber immer noch sind es häufiger die Eltern selbst, die mit dem Verdacht einen Kinderarzt aufsuchen. So stellen sie beispielsweise fest, dass das Kind nicht so auf Geräusche reagiert, wie es sollte. Oder dass es bei einem unerwarteten lauten Geräusch nicht erschrickt. Einem solchen ersten Verdacht folgen zahlreiche genauere Untersuchungen. Am Ende der Testreihen steht dann oft die Diagnose »taub« oder »schwerhörig«, man spricht auch von Hörbehinderung oder Hörbeeinträchtigung. Die ganze Tragweite dieser Feststellung ist zunächst schwer vorstellbar, ja abstrakt. Man braucht Zeit, um sie zu verstehen und noch mehr Zeit, um zu begreifen, welche Konsequenzen sich daraus ergeben. Und langfristig: welche Veränderungen des Lebens diese Diagnose mit sich bringt, für die gesamte Familie! Die neue Realität, die daraus entsteht, ist eine große Herausforderung.

Dann kommt eine Phase, in der man nach Informationen sucht, nach Hilfe und Unterstützung. Im Idealfall erhält man von den betreuenden Ärzten Antworten auf alle Fragen.

Die wichtigste Information ist die, wie viel das Kind hört. Dies wird in Dezibel (dB) angegeben. Da Laien mit dieser Angabe allein nicht viel anfangen können, erklären verständnisvolle Mediziner ihnen genau, welche Tonhöhen, welche Lautstärken und welche Geräusche das Kind hört.

Aus dieser Information ergibt sich, mit welchen Möglichkeiten man dem Kind helfen kann. Helfen bedeutet in erster Linie »unterstützen«, zum Beispiel durch technische Hilfsmittel wie Hörgeräte. Ein anderer wichtiger Aspekt ist die Frühförderung für Kinder und Eltern, wie sie beispielsweise von den Gehörlosenorganisationen angeboten wird.

Welchen Einfluss hat das Alter bei der Diagnose Gehörlosigkeit?

Im medizinischen Fachjargon differenziert man zwischen prä- und postlingualer Ertaubung, unterscheidet also, ob die Ertaubung vor oder nach dem Spracherwerb stattfand. Im Erwachsenenalter kann die Ertaubung durch Unfälle, Hörsturz oder altersbedingt erfolgen. Wichtig ist der Zeitpunkt des Gehörverlustes vor allem deshalb, weil eine spätere Ertaubung oft weniger Einfluss auf die Sprechfähigkeit hat, denn diese Menschen sind bereits mit der Lautsprache vertraut und wissen daher, wie sich Sprache und Geräusche anhören. Andererseits fällt es dann schwerer, sich die Gebärdensprache anzueignen beziehungsweise sie zu verstehen. Es ist jedoch nie zu spät oder unnötig, die Gebärdensprache zu erlernen: Die Kommunikationsfähigkeit erweitert sich und sie schafft die Chance, Teil der Gehörlosen-Community zu werden, die wiederum unterstützend dabei wirkt, die Gebärdensprache natürlich zu erwerben.

Medizinisch wird außerdem nach der »Schwere« der Hörbehinderung unterschieden und diese in leicht-, mittel- und hochgradige Schwerhörigkeit (nach Dezibelwert) unterteilt. Danach sind diejenigen Menschen gehörlos, die einen Hörverlust von mehr als 90 Dezibel haben.
In Bezug auf das Cochlea Implantat (siehe auch ab Seite 34) spielt es eine Rolle, in welchem Alter man ertaubt, weil dieser Eingriff bei spätertaubten Erwachsenen oft mehr Erfolg verspricht. Jüngere Menschen und gehörlos geborene Kinder hingegen sollten sicherheitshalber jedenfalls die Chance bekommen, bilingual aufzuwachsen. Sowohl die Gebärdensprache als auch eine Lautsprache zu erlernen, schafft eine optimale Kommunikationssituation und unterstützt die geistige, soziale und emotionale Entwicklung eines gehörlosen Menschen.

Was versteht man medizinisch unter einer Hörstörung?
Hörstörungen werden in der Medizin mit verschiedenen Abstufungen unterteilt. Man unterscheidet dabei zwischen »hörgeschädigt«, »schwerhörig« und »gehörlos«. Die Einstufung in die jeweilige Kategorie erfolgt aufgrund von Hörtests (sogenannten Audiogrammen). Die Ergebnisse der Tests geben auch Aufschluss darüber, welche technischen Hilfsmittel eingesetzt werden können. Ebenso muss geprüft werden, inwieweit der Gleichgewichtssinn von der Störung betroffen ist.
Korrekterweise spricht man heute von Hörbehinderung, weil mit den Begriffen »Hörschädigung« oder »Hörstörung« eine Abwertung verbunden sein könnte. Deshalb wird der Begriff »hörbehindert« vorrangig eingesetzt, um eine neutrale verbale Herangehensweise zu gewährleisten.

Wie lässt sich eine Hörbehinderung testen?
Es gibt verschiedene Testverfahren, mit denen man feststellen kann, was hörbehinderte Menschen wahrnehmen. Das Audiogramm stellt die Ergebnisse solcher Hörtests (der Tonaudiometrie) in Form eines Diagramms dar. Diese Tests beschreiben das sub-

jektive Hörvermögen für Töne, dabei zeigt die waagerechte Skala die Frequenzen (tiefe = 125 Hertz, mittlere = 1 000 Hertz und hohe = 8 Kilohertz) und die Lautstärke auf der senkrechten Skala gemessen in Dezibel an. In dem Audiogramm wird festgehalten, bei welcher Lautstärke die einzelnen Töne gerade eben noch wahrgenommen werden. Es handelt sich dabei um die individuelle Hörschwelle.
Für Hals-Nasen-Ohren-Ärzte ist die Audiometrie natürlich ein wichtiges Diagnosehilfsmittel. Je nachdem, wie und in welcher Form die Hörleistung von der eines normal hörenden Menschen abweicht, lässt das Ergebnis der Untersuchung Rückschlüsse auf die Ursachen der Erkrankung zu.
Allerdings gibt es bei dieser Diagnosemöglichkeit ein Problem, insbesondere bei gehörlosen oder schwerhörigen Kindern: Für das Aufnehmen eines Tonaudiogrammes ist die Mitarbeit der Testperson notwendig und das ist für Kinder nicht ganz einfach. Es werden bestimmte Töne in steigender Lautstärke beispielsweise über Kopfhörer abgespielt. Die Erhöhung der Lautstärke erfolgt zumeist in 5-Dezibel-Schritten. Die Testperson gibt das vereinbarte Signal (meist durch Drücken eines Knopfes), sobald sie den Ton hört. Dieser Vorgang wird wiederholt, bis die Hörschwelle genau feststeht. Natürlich gibt es auch Testverfahren, die ohne solch aktives Zutun des Kindes möglich sind, diese sind aber weniger genau.

Wie versucht die Medizin gehörlosen Menschen zu helfen?

Eins vorweg: Gehörlosigkeit ist keine Krankheit, die »geheilt werden« muss. In den letzten 30 Jahren gab es in der medizinischen Forschung große Fortschritte, die das »Leben ohne Gehör« erleichtern sollen. Die perfekte Lösung des Problems hat man dabei allerdings nicht gefunden.
Allerdings gibt es diverse technische Hilfsmittel für gehörlose und schwerhörige Menschen. Das sind in erster Linie Hörgeräte oder Implantate. Diese stellen aber – so gut sie auch funktionieren mögen – keine völlig zufriedenstellenden Lösungen dar. Wie gesagt, es sind Hilfsmittel und keine »Ersatzohren«. Wenn sie kaputt gehen

oder ihre Batterie leer ist, wird klar: Der Träger ist nach wie vor **gehörlos** oder **schwerhörig**.

Wie helfen Hörgeräte?
Je nach Ertaubungsgrad tragen viele hörbehinderte Menschen ein Hörgerät, um ihre Wahrnehmung der akustischen Umwelteindrücke zu verstärken. Ein Resthörvermögen lässt oft noch zu, dass man auf diese Art einen gewissen Geräuschpegel hört, was aber nicht gleichbedeutend mit der Fähigkeit ist, zum Beispiel Sprache akustisch wahrzunehmen.

Was bringt Sprecherziehung (Logopädie)?
Logopädie (ins Deutsche übertragen bedeutet das so viel wie »Sprecherziehung«) wurde Anfang des 20. Jahrhunderts in Wien erfunden und der Öffentlichkeit vorgestellt. Der Arzt Emil Fröschels aus Wien führte diesen Begriff ursprünglich für die Stimmheilkunde ein.
Heute arbeiten Logopäden (also »Sprecherzieher«) hauptsächlich daran, Menschen mit Sprach-, Sprech-, Stimm-, Schluck- oder Hörbeeinträchtigungen die lautsprachliche Kommunikation zu erleichtern beziehungsweise zu ermöglichen. Das ist für die Patienten oft sehr mühsam, da nur das ständige Wiederholen und Korrigieren des Gesprochenen zu einem Erfolg führen kann.
Gehörlosen Menschen soll die Logopädie helfen, eine deutlichere Aussprache zu erlangen. Das ist sehr anstrengend und für die Betroffenen ab und zu frustrierend, da sie das »Ergebnis« ihrer Bemühungen nicht hören können.

Was ist ein Cochlea Implantat?

Das Cochlea Implantat (kurz CI genannt) ist ein elektronisches Gerät, das entwickelt wurde, um Geräusche für Menschen hörbar zu machen, deren Hörvermögen stark beeinträchtigt oder verloren wurde oder nie vorhanden war. Dabei ist das Cochlea Implantat mehr eine Hörprothese als ein Hörgerät. Um seine Funktionsweise zu verstehen, muss man wissen, wie das Hören überhaupt auf natürlichem Weg funktioniert.

Wie funktioniert das Hören?

Wenn wir ein Geräusch wahrnehmen – also hören – dann liegt das daran, dass Schallwellen vom äußeren Ohr aufgefangen und über den Gehörgang zum Trommelfell geleitet werden. Dadurch wird dieses in Schwingung versetzt. Diese Schwingungen wiederum übertragen sich auf zahlreiche Gehörknöchelchen, die recht rustikal als Hammer, Steigbügel und Amboss bezeichnet werden und in der Paukenhöhle angeordnet sind. Von dort treffen die Hörinformationen auf die Gehörschnecke (lateinisch »Cochlea«), die mit Flüssigkeit gefüllt ist. Die Schallwellen bringen die Flüssigkeit in Wallung und bewegen damit Haarzellen, die an den Wänden der Gehörmuschel sitzen. Als hochempfindliche Sinneszellen verwandeln diese die Schwingungen in elektrische Impulse, die über den Hörnerv ans Gehirn weitergeleitet werden. Je nachdem an welcher Stelle die Haarzellen innerhalb der Gehörschnecke sitzen, werden tiefe, mittlere oder hohe Töne aufgenommen und übertragen. Erst im Hörzentrum des Gehirns werden die unterschiedlichen Impulse wie Puzzlesteine zu einem Bild zusammengefügt. Und das alles passiert innerhalb von Sekunden.

Und wie funktioniert das Hören mit dem Cochlea Implantat?

Hörgeräte verstärken den Schall, der auf das Trommelfell trifft. Das Cochlea Implantat setzt an einer anderen Stelle an und besitzt zwei Komponenten. Die eine davon wird außen getragen, es handelt sich um ein Mikrofon und einen Sprachprozessor. Das Mikrofon ist in der Nähe des Ohres angebracht. Die Schallwellen gelangen ins Mikrofon, werden zum Sprachprozessor weitergeleitet, der an der Außenseite des Schädels angebracht ist – direkt auf Höhe des eigentlichen Implantats, das sich auf der Innenseite der Schädeldecke befindet.

Der Sprachprozessor wandelt Schallwellen in elektrische Impulse um und leitet sie über eine Spule drahtlos zum Empfänger, der unter der Kopfhaut sitzt. Vom Empfänger gelangen die Informationen über einen Elektronenstrang durch das Innenohr direkt in die Hörschnecke. Die komplizierte Funktionsweise der Gehörknöchelchen wird dadurch umgangen und die Nervenfasern werden direkt gereizt. Die Signale der Nervenfasern wandern zum Hörnerv und der leitet das Reizmuster weiter zum Gehirn, wo das eigentliche Hörbild entsteht.

Ist das Hören mit einem Implantat mit dem herkömmlichen Hören vergleichbar?

Das Hören mit einem Cochlea Implantat muss ganz neu erlernt werden – und zwar unabhängig davon, ob man schon einmal hören konnte oder nicht. Das neue Hörerlebnis kommt zustande, weil durch die künstliche Stimulierung der Nervenzellen elektrische Felder entstehen, die Sinneszellen im Mittelohr nicht einzeln ansprechen, sondern immer mehrere zugleich. Dadurch sind die Hörerlebnisse unscharf, wie mit einem Rauschen unterlegt – das Ganze kann man sich ungefähr so vorstellen wie das Rauschen, das man bei einem schlecht eingestellten Radiosender mithört. Daran muss man sich erst einmal gewöhnen. Bei dieser ständigen Geräuschkulisse fällt es anfangs schwer, gesprochene Sprache vom unnötigen Klangteppich zu trennen. Deshalb kann es vorkommen, dass man verschiedene Geräuschkulissen nicht gut unterscheiden kann. Allerdings bietet derzeit das Cochlea Implantat eine gute Möglichkeit, mehr an der Welt der Hörenden teilzunehmen – wenn auch auf einer anderen Klangebene.

Sind Cochlea Implantate mit Hörgeräten vergleichbar?

Cochlea Implantate haben dasselbe Ziel wie Hörgeräte, nämlich Schall wahrnehmbar zu machen. Aber: Sie wandeln Schall in elektrische Impulse um, während herkömmliche Hörgeräte den Schall nur verstärken, also lauter machen.

Es ist wichtig, die Unterschiede zwischen Hörgerät und Implantat zu verstehen: Letzteres kann man nicht ausprobieren, so wie das bei Hörgeräten möglich ist. Vor allem kann es nur mittels einer

Operation gewechselt, entfernt, abgelegt oder gewartet werden. Es bleibt ansonsten das ganze Leben lang im Kopf. Und Implantate sind Hilfsmittel. Der Träger selbst ist und bleibt gehörlos – sobald das Cochlea Implantat kaputt geht oder das Mikrofon abgenommen wird (zum Beispiel im Schwimmbad), wird dies offensichtlich.

Für wen sind Cochlea Implantate möglicherweise eine Hilfe?

Das Cochlea Implantat wird bei ertaubten Erwachsenen eingesetzt, die früher gehört haben – also eine Lautsprache (zum Beispiel Deutsch) erlernen konnten. Der Österreichische Gehörlosenbund (ÖGLB) zeigt sich in einer Stellungnahme zum Thema davon überzeugt, dass ein Implantat für spätertaubte Menschen eine wunderbare, einzigartige und positive Chance bietet. Für sie bedeutet die Cochlea Implantation, dass sie ihr Leben fast wie gewohnt weiter als »Hörende« führen können.[6]

Umstritten ist der Einsatz der Implantate bei Babys und Kleinkindern, die noch keine Lautsprache erlernt haben. Die Gründe für diese Debatte sind vor allem die folgenden: Man geht davon aus, dass Erwachsene selbst über sich und ihren Körper entscheiden können, Kinder können das meist noch nicht, über sie wird entschieden. Spätertaubte Erwachsene wissen, in welchen Situationen ihnen das Hören wirklich fehlt, und bringen eine entsprechende Motivation auf, das langwierige Training im Anschluss an die Operation durchzuhalten. Kinder, die zumeist keine Hörerfahrung hatten, empfinden die Stille nicht als bedrohlich. Spätertaubte Erwachsene fühlen sich ohne Gehör in ihrer Kommunikationsmöglichkeit beschränkt, es fällt ihnen oft schwer, die Gebärdensprache zu erlernen. Schwerer zumindest als gehörlosen Kindern, die mit dem Erwerb der Gebärdensprache natürlich umgehen.

Was sollten Eltern bedenken, bevor sie über eine Operation ihres Kindes entscheiden?

Der Schock, der durch die Diagnose »gehörlos« ausgelöst wird, verstellt oft die nüchterne Sicht auf die Tatsachen. Das Kind (für das eine solche Implantierung infrage kommt) ist und bleibt schwer-

hörig oder gehörlos. Diese Tatsache anzuerkennen, ist für Eltern extrem wichtig.
Auch wenn das Kind nicht hören kann, sollte das nichts an der Tatsache ändern, dass die Eltern ihr Kind lieben. Liebe und Vertrauen sind die Basis für richtige Entscheidungen. Die Phase der Trauer, der Wut und Enttäuschung sollte man durchleben, denn daraus wächst eine innere Ruhe, die für anstehende Entscheidungen so wichtig ist. Informieren Sie sich sorgfältig über die Möglichkeiten, die es für Ihr Kind jetzt gibt, aber bauen Sie nicht ausschließlich auf eine einfache, technische Lösung des Problems. Denn das Implantat ist keine »einfache Lösung«. Und es ist keine Lösung, die für alle gehörlosen Menschen gleichermaßen geeignet ist. Jede Entscheidung für eine Operation muss individuell getroffen werden.
Letztendlich tragen Eltern allein die Verantwortung und sollten sich daher nicht drängen lassen. Erst dann, wenn das eigene Gefühl stimmt, sollte man sich entscheiden. Um sich für diese Entscheidung gut vorzubereiten, hilft es, die richtigen Fragen zu stellen. Beispielsweise folgende:

- Ist das verbleibende Hörvermögen wirklich so gering, dass kein Hörgerät mehr helfen würde? Kann man das nicht ausprobieren? Denn: Die neuen digitalen Hörhilfen bringen ganz erstaunliche Ergebnisse.
- Ist das Kind körperlich überhaupt in der Verfassung, die Strapazen und Belastungen der Operation auszuhalten?
- Welche Komplikationen können auftreten? Welche Konsequenzen sind zu erwarten?
- Wie gestalten sich die Nachsorge und das Sprechenlernen mit einem Implantat?
- Ist die Familie auf die langwierige Trainingsphase nach der Operation vorbereitet?
- Wer gibt Unterstützung und Hilfe? Wer kümmert sich, wenn man damit nicht zurechtkommt?

Die Familie muss sehr gefestigt sein, damit sie die langwierige Nachsorge und das Training gemeinsam bewältigt. Falls ein Kind neben dem Hörverlust andere Behinderungen, Lernschwierigkeiten und Entwicklungsverzögerungen hat, muss man sich darüber im Klaren sein, dass durch die Implantierung nur ein Problem von vielen »gelöst« wird. Ein Kind kann nach der Operation nicht »auf Knopfdruck« hören, sondern hat noch einen langen Prozess der Rehabilitation gemeinsam mit seinen Eltern vor sich. Jüngste Untersuchungen haben gezeigt, dass es – allen Hoffnungen zum Trotz – keine absolute Garantie für den Operationserfolg gibt. Man weiß also zuvor nicht, ob und wie gut ein Kind mit Cochlea Implantat eine Lautsprache erwerben kann. Immerhin stehen aber darüber hinaus andere Frühfördermöglichkeiten zur Verfügung, die in jedem Fall genutzt werden sollten. Kindern sollte die Chance auf eine zweisprachige Kompetenz (Gebärden- und Lautsprache) unbedingt gegeben werden.

Was wesentlich ist, ganz egal wie Sie sich entscheiden: Reduzieren Sie ein Kind niemals auf seine Ohren beziehungsweise auf sein Hörvermögen!

Entscheidungshilfe: Fakten aus der Spracherwerbsforschung

Bezüglich des Implantateinsatzes bei Kindern werden verschiedene Fakten immer wieder vermischt und je nach Standpunkt interpretiert. Ein bisschen mehr Klarheit tut also dringend Not:

- Hörenkönnen und Spracherwerb bedingen einander nicht unbedingt. Das Cochlea Implantat stellt zwar unter Umständen die Hörfähigkeit her, garantiert jedoch nicht den natürlichen Spracherwerb. Dieser findet in bestimmten Zeitfenstern der kindlichen Entwicklung statt. Verpasst man – aus welchem Grund auch immer – dieses Zeitfenster, ist eine Sprache inklusive der Grammatik nicht mehr wirklich vollständig und einfach zu erlernen.
- Spracherwerb in Laut- und Gebärdensprachen sind vollkommen gleichwertig. Selbst wenn ein Cochlea Implantat eingesetzt wird, ist ein bilingualer Spracherwerb möglich: Das Kind lernt dabei zuerst die Gebärdensprache und dann über diese Sprache etwas zeitlich versetzt eine Lautsprache.
- Studien ergaben, dass das Implantat bei etwa einem Drittel der operierten Kinder den Lautspracherwerb durch verstärkte Hörein-

drücke gut ermöglicht, ein weiteres Drittel nicht sehr gut beim Lautspracherwerb unterstützt und bei ebenfalls einem Drittel der operierten Kinder gar keine Relevanz für den Spracherwerb hat.[7]
- Zum Thema Zweisprachigkeit: Viele Menschen beherrschen und leben in mehr als einer Sprache. Ebenso ist es bei gehörlosen Menschen: Sie sind in der Regel bilingual, leben also in der sie umgebenden Lautsprachwelt und verwenden fast immer bevorzugt eine Gebärdensprache (siehe auch ab Seite 63).

Viele ÄrztInnen sind der Ansicht, dass es wichtig ist, ein Baby möglichst schnell mit einem Cochlea Implantat zu versehen. Die deutsche Spracherwerbsforscherin Gisela Szagun hat Kinder mit beeinträchtigtem und normalem Hörvermögen untersucht. Der Spracherwerb der 22 von ihr untersuchten operierten Kinder ist im Buch »Wie Sprache entsteht«[8] dargestellt. Szagun belegte in ihrer Untersuchung, dass eine frühe Implantation tatsächlich nur eine geringe Auswirkung auf den Lautspracherwerb hatte. Gisela Szaguns Studien zeigten, dass über die Hälfte der von ihr untersuchten Kinder trotz früh eingesetztem Cochlea Implantat keinen Lautspracherwerb durchliefen, der dem natürlichen (also dem von hörenden Kindern) ähnelt. Die These, dass unbedingt vor dem Alter von zwei Jahren operiert werden sollte, um den Lautspracherwerb zu ermöglichen, ist damit nicht länger haltbar.

Eltern stehen also bis zum vierten Lebensjahr ihres Kindes **nicht** unter Zeitdruck, sollten sich daher nicht von ChirurgInnen drängen lassen und keine übereilte Entscheidung treffen.

Wie kann man ein gehörloses Kind am besten fördern?

Welche Konsequenzen hat eine prälinguale Ertaubung? Die wichtigste Konsequenz ist, dass die Gehörlosigkeit Auswirkungen auf den Spracherwerb hat – genauer gesagt auf den Lautspracherwerb. Insbesondere eine späte Diagnose kann negative Folgen haben, denn gehörlose Kinder können das Sprechen nicht wie hörende Kinder durch das Zuhören lernen. Das kann in der weiteren Folge zu Entwicklungsverzögerungen führen, wenn man keine Alternativen schafft und gehörlose Kinder gezielt fördert. Weiß man jedoch schon früh, dass ein Kind nicht (gut) hört, und steuert dem entgegen, lassen sich Defizite ausgleichen oder sie entstehen erst gar nicht. Dafür muss man dem Kind eine Alternative anbieten, eine visuelle Sprache: die Gebärdensprache (siehe auch ab Seite 61). Sie ist ein adäquater Ersatz zur Lautsprache – eine von dem Kind wahrnehmbare, vollständige Sprache, die seinen Fähigkeiten entspricht. Das ist insofern wichtig, weil auch die Entwicklung kognitiver Fähigkeiten damit verbunden ist, wie beispielsweise Aufmerksamkeit, Erinnerung, Lernen, Kreativität, Orientierung, Vorstellungskraft und Willensbildung.

Doch obwohl es ganz einfach scheint, gehörlose Kinder an die Gebärdensprache heranzuführen, ist es das oft nicht. Denn die Gebärdensprache beherrschen leider die meisten hörenden Eltern nicht. Die Möglichkeit, die Gebärdensprache durch einen Kurs zu erlernen oder sich an gebärdensprachkompetente Helfer zu wenden, nutzen die wenigsten: Der beschriebene Schockzustand nach der Nachricht, dass das Kind gehörlos ist, eventuell verbunden mit einer verzögerten Diagnose (weil die Gehörlosigkeit nicht sichtbar ist), lassen meist wenig Zeit für eine Neuorientierung.

Das liegt sicher auch an der Herangehensweise an die Diagnose gerade im deutschsprachigen Raum. Während in Skandinavien betroffene Eltern darüber informiert werden, dass ihr Kind einer anderen Sprachgemeinschaft angehört, und jährlich einen voll bezahlten Kurs in der Gebärdensprache erhalten, um altersgleich mit ihrem Kind kommunizieren zu können, steht hier die Diagnose Gehörlosigkeit im Mittelpunkt.

Tatsache ist: Gebärdensprache ist die Muttersprache der gehörlosen Menschen (siehe auch Seite 64) und kann auf natürliche Weise erworben werden. Die Lautsprache können sie zwar nicht über das Gehör aufnehmen, jedoch als »Fremdsprache« erlernen. Fremdsprache insofern, als das Lernen fremdgesteuert erfolgen muss. Die Lautsprache baut dabei also auf der Gebärdensprache auf. In den ersten Lebensjahren sind Kinder ohnehin sehr lernfähig und man sollte diese Fähigkeit unbedingt nutzen, um dem Kind Sprache zu vermitteln. Wichtig ist: Das Kind darf nicht »ohne Sprache« bleiben, sondern sollte so schnell wie möglich die Gelegenheit bekommen, die Gebärdensprache zu erwerben – oder zweisprachig (also mit Gebärden- und Lautsprache) aufzuwachsen.

Nur keine Zeit verlieren – warum Frühförderung so wesentlich ist
Frühförderung ist für gehörlose Kinder besonders wichtig. In der Diskussion um Cochlea Implantat oder Gebärdensprache darf es nicht auf ein Entweder-oder hinauslaufen, sondern es muss ein Sowohl-als-auch ermöglicht werden. Denn nur mit der optimalen Frühförderung in beiden Sprachen – etwa in Deutsch und in der entsprechenden Gebärdensprache – kann für ein gehörloses Kind langfristig Chancengleichheit zu hörenden Menschen entstehen.
Gehörlose Kinder können oft schon im Alter von sechs Monaten einzelne Gebärden verwenden, da die motorische Entwicklung in diesem Alter deutlich rascher voranschreitet als der Spracherwerb.

Was ist die Baby Sign Language?
Baby-Gebärdensprache (Baby Sign Language) ist eine Möglichkeit, um mit Kindern vor dem Spracherwerb zu kommunizieren. Sie wird

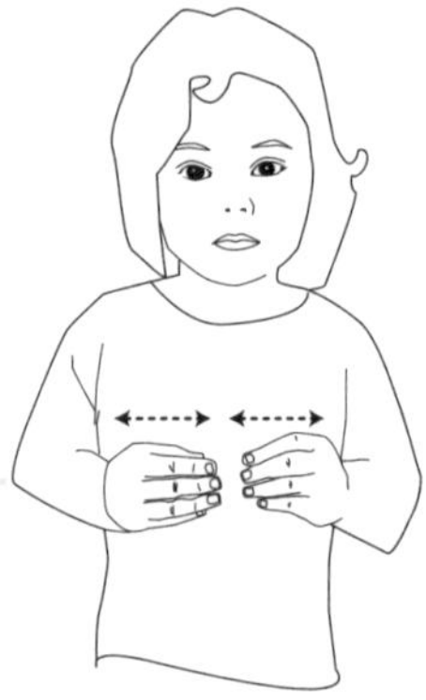

ZWEI BEISPIELE AUS DER BABY SIGN LANGUAGE: »MILCH« (MILK) UND »MEHR« (MORE).

zur Frühförderung gehörloser Kleinkinder eingesetzt, kann aber auch dazu genutzt werden, mit hörenden Kleinkindern bereits vor dem Spracherwerb zu »sprechen«.
Die Babys lernen dabei einfache Zeichen, um ihre grundlegenden Bedürfnisse auszudrücken. Das sind beispielsweise Hunger, Müdigkeit, mehr (von irgendetwas), das Bedürfnis zu schmusen, zu spielen oder etwas Bestimmtes zu bekommen, etwa einen Keks oder einen Teddybären. Die Basics der Babysprache können bis zu 60 Zeichen ausgebaut werden.

Hörst du mich?

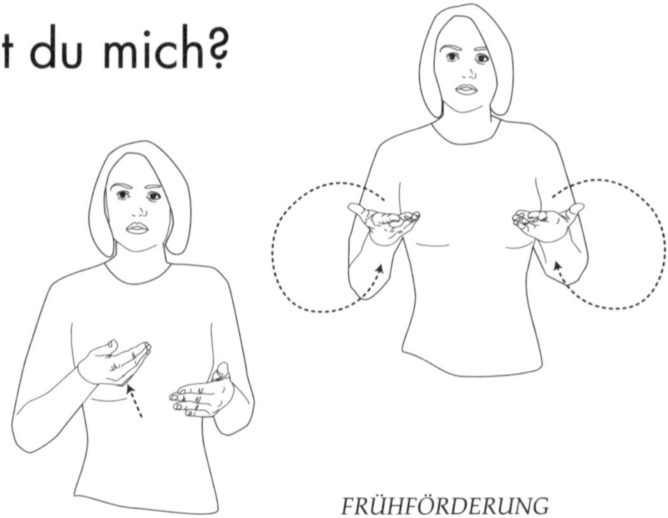

FRÜHFÖRDERUNG

Viele gehörlose Menschen haben große Probleme, sich selbst als Person mit einem Namen, mit einer Namensidentität zu begreifen (siehe auch ab Seite 28). Da meine Eltern selbst gehörlos waren, hatte ich dieses Problem nicht. Das bedeutet aber nicht, dass es einfacher war. Im Gegenteil, es war für meine Eltern doppelt schwer, weil sie aus eigener Erfahrung wussten, wie wichtig Lautsprachkompetenz ist. Frühförderung war also angesagt. Und das ist es, was meine Eltern mit unglaublicher Anstrengung für mich möglich machten.

Ich verbrachte unendlich viele Stunden bei Logopäden und übte wieder und wieder Buchstaben und Silben. Und parallel dazu trainierte und verfeinerte ich die Gebärdensprache. Ein Kind ist neugierig und hat tausend Fragen. Ich konnte sie meinen Eltern stellen und sie haben mir geantwortet – in Gebärdensprache. Andere gehörlose Kinder, die sich dieser Sprache nicht bedienen können, weil sie ihnen vorenthalten wird, bleiben mit ihrer Neugier und ihren Fragen allein. Können sie dann im Schulalter leidlich sprechen und von den Lippen ablesen, so nutzt ihnen das wenig, weil sie die grundsätzlichen Fragen, die jedes Kind bewegen, nicht stellen konnten.

Ich hatte es für »gehörlose Verhältnisse« einfach. Meine Eltern sind beide gehörlos, beide übten künstlerische Berufe aus (mein Vater nannte uns die »Kunst-Familie«) und, was in ihrer Generation nicht so selbstverständlich war, meine Eltern sind beide hoch gebildet. Mein Vater hatte sein Kunststudium bei Professor Wotruba abgeschlossen, einem der bedeutendsten österreichischen Bildhauer des zwanzigsten Jahrhunderts. Meine Mutter besuchte die Kunstschule für Mode und Textildesign. Beide gemeinsam haben mir vieles ermöglicht. Damals wie heute keine Selbstverständlichkeit. Und für mich war es wichtig zu sehen, dass meine Eltern viel schaffen konnten. Ich war also nicht passiv in meiner Rolle gefangen, sondern konnte aktiv sein.

Natürlich war die Gesellschaft in den siebziger Jahren (also während meiner Kindheit) eine andere als heute. Ich weiß noch, wie peinlich ich es fand, mit meiner Mutter auf offener Straße zu gebärden. Das tat man einfach nicht! Später empfand ich es genau umgekehrt: Da konnte ich nicht begreifen, dass nicht alle Welt gebärdete.

Andererseits gibt es auch schmerzliche Erinnerungen an die Zeit, als mir bewusst wurde, dass sich mein Leben grundsätzlich verändert hatte. Als hörendes Kind ging ich beispielsweise immer gern in die Kirche, die Orgelmusik dort hatte etwas ungemein Warmes und Angenehmes. Als ich nach dem Unfall wieder in die Kirche kam, erschien sie mir dagegen still, grau und kalt. Ich habe mich darüber furchtbar aufgeregt und lief gleich los, um nachzuschauen, warum der Organist heute nicht spielte – aber er war da und er hat gespielt. Aber nicht für mich, nie mehr für mich.

Von diesem Zeitpunkt an, von dem Moment, als mir diese musikalische Geborgenheit verloren ging, war für mich die Kirche nur noch ein kalter Ort. Eigenartig, dass mir genau dieses Gefühl geblieben ist. Ich finde das schade, denn der Glaube kann Menschen Trost und Hoffnung geben und die Kirche wird damit zu einem Ort der Besinnung und der Reflexion. Deshalb hoffe ich sehr, dass in Zukunft mehr Geistliche die Gebärdensprache lernen und verwenden – damit auch mehr Gottesdienste in Gebärdensprache stattfinden.

Auch unser Umfeld veränderte sich. So wollten beispielsweise Nachbarn nicht mehr auf mich aufpassen, weil sie sich der enormen Verantwortung plötzlich nicht mehr gewachsen sahen. Aber hatte ich mich wirklich so sehr verändert?

Natürlich war unser Leben anders geworden: Meine Eltern hatten sofort nach dem Unfall mit einer sehr individuellen Frühförderung begonnen. Nicht nur, dass sie mir noch intensiver als zuvor die Gebärdensprache nahebrachten, sie legten auch großen Wert darauf, mir die Lautsprache zu vermitteln. Es gibt Fotos, die zeigen, wie ich vor dem Spiegel sitze und übe, Buchstaben und Silben richtig zu artikulieren. Das tat ich damals oft stundenlang!

Außerdem brachte mir meine Mutter schon sehr früh das Lesen bei. Und dabei war sie höchst kreativ: Immer wieder ließ sie sich etwas Neues einfallen, um meine Neugier zu wecken. Sie konnte ganz wunderbar zeichnen, das musste sie ja schon wegen ihres Berufes als Designerin, denn auch jedes Modellkleid, das sie entwarf, genauso wie jedes Muster, das sie verwenden wollte, wurde vorab gezeichnet. Für mich stellte meine Mutter beispielsweise ein Memory-Spiel her, bei dem ich Kartenpaare suchen musste: Auf der einen Karte war ein Pferd abgebildet, auf der passenden Karte dazu stand das Wort »PFERD« – solche Paare musste ich zusammenfügen. Oder sie bastelte aus Pappe ein Fieberthermometer, das in der Mitte einen beweglichen roten Pappstreifen hatte, und erklärte mir so dessen Funktion.

Bilder und Buchstaben gab es überall in unserer Wohnung. Rückblickend ist es unglaublich, wie viel Energie und Fantasie meine Mutter schon sehr früh in meine Bildung investierte. Ein anderes Beispiel: Zu Ostern war auf einem Bild, das im Esszimmer hing, ein Nest mit Eiern zu sehen. Unter dem Nest stand das Wort »NEST«. Ein Pfeil deutete auf die Eier, daneben stand das Wort »EIER«. Ein Ei lag neben dem Nest, darunter stand »EI«. Solche Erklärbilder gab es zu fast allen Themen und in fast allen Räumen – und immer wieder malte meine Mutter neue.

Fast an jedem Möbelstück, jedem Gegenstand in meiner Umgebung hingen zeitweise Zettelchen (heute würde man Post-its sagen), auf denen die Namen der Gegenstände (mit Artikel) standen. In der Gebärdensprache werden keine Artikel verwendet, deshalb sollte ich mir anhand dieser Zettelchen das Wort in Schriftsprache mit Artikel einprägen. Über meinem Bett hing eine wechselnde Bild-Wort-Galerie, sodass ich die Lautsprache immer im Blick hatte.

Zu einzelnen Worten kamen bald darauf kurze Sätze, damit ich auch die Grammatik der Lautsprache verinnerlichen konnte. Zur Erklärung: Die Grammatik der Gebärdensprache ist eine völlig andere (siehe auch Informationskapitel »Gebärdensprachen« ab Seite 61). So versteckten meine Eltern beispielsweise Bonbons (Ich liebe Süßigkeiten!) in der Wohnung und ich musste sie suchen. Das war nicht so schwierig, aber wenn ich ein Bonbon gefunden hatte, musste ich sagen, **wo** es versteckt gewesen war. Zum Beispiel: »Das Bonbon lag **auf dem** Tisch.« Ohne korrekte Formulierung und ohne Bestimmung des richtigen grammatikalischen Falles gab es auch keine Süßigkeit.

Mühsam? Vielleicht. Allerdings konnte ich aus diesem Grund schon sehr früh (mit drei Jahren) lesen und schreiben. Das machte mein Leben schon ein ganzes Stück einfacher und interessanter.

Die Geschichten der meisten gehörlosen Menschen sehen allerdings anders aus – leider. Es ist ganz wichtig, auch diese Geschichten zu erzählen, denn nur so können hörende Menschen verstehen, wie essenziell wichtig die Gebärdensprache für gehörlose Personen ist.

Ein gehörloser Mann schilderte es mir einmal so: »Als Kind wollte ich – wie jedes Kind – alles erfahren, jeden Dialog in einem Film, jeden Witz bei Tisch und so weiter. Am schlimmsten war für mich, wenn ich nachfragte und die Antwort bekam: ›Das ist nicht so wichtig!‹ Ich wollte selbst entscheiden, was wichtig für mich ist. Ich fühlte mich ausgeschlossen, aber ich wollte nicht ausgeschlossen sein. Ich wollte keine Zusammenfassungen und keine Kurzinformationen! Ich wollte die ganze Geschichte, nicht nur ein paar ›Krümel‹. Heute wünsche ich mir, man hätte mir nicht so viel vorenthalten. Ich hätte dann, so wie hörende Kinder auch, vieles erfahren, was ich noch nicht ganz verstanden hätte. Aber daran hätte ich wachsen können!«

»Infant«, das englische Wort für »Kleinkind«, leitet sich vom lateinischen Wort »infans« ab und bedeutet »noch nicht sprechend«. Das unterstreicht die Wichtigkeit der Sprache für die kindliche Entwicklung. Und dabei – Sie erinnern sich – ist es unwichtig, ob es sich um eine (zum Beispiel) visuelle Sprache handelt oder um eine Lautsprache.

Ein Kleinkind erkundet seine Welt, erfasst die Räumlichkeit, reagiert auf sie, verfeinert die Motorik – und das lange bevor es sprechen kann. Bereits vor dem Beginn des Spracherwerbs eröffnet sich ein weites gedankliches Spektrum. Nur weil ein Baby noch nicht sprechen kann, gilt es nicht als dumm oder geistig behindert, aber seine Gedankenwelt ist noch eingeschränkt. Eine Mutter versteht ihr Kind ohne Worte, sie lernt schnell, seine Gestik und Mimik zu interpretieren. Manchmal fragt sie sich vielleicht, was ihr Baby gerade denkt und ob sie seine Gesten und seine Laute richtig interpretiert.

Babys können durch Gebärden ihre einfachsten Bedürfnisse kommunizieren. Vielleicht kennen Sie den Film »Meine Frau, ihre Schwiegereltern und ich«? Darin benutzt ein knapp einjähriger Knirps die Baby Sign Language, eine Gebärdensprache für Kleinkinder – das war kein Filmgag, sondern es ist realistisch und umsetzbar und in den USA schon seit Jahrzehnten populär. Und es ist völlig widersinnig, dass es inzwischen durchaus akzeptiert ist, dass hörende Kinder von hörenden Eltern mit der Baby Sign Language gefördert werden, man aber gleichzeitig gehörlosen Babys die Frühförderung durch einfache Gebärden vorenthalten möchte. Tatsache ist, Gebärden können früher als Sprache genutzt werden, weil sie auf einfachen und langsamen Muskelbewegungen beruhen. Das Sprechen benötigt die Koordinationsfähigkeit von verschiedenen Komponenten – und darüber verfügen Kinder in der Regel erst ab dem zweiten Lebensjahr.

Die Sprachentwicklung bei hörenden und gehörlosen Kindern nimmt den gleichen zeitlichen Verlauf, und auch die Entwicklung insgesamt – sei es bezüglich des Vokabulars oder der Grammatik – ist vergleichbar. Tatsache ist aber auch, dass Spracherwerb nicht »von allein« passiert, sondern dass Sprache vermittelt werden muss. Genau hier kommt das Engagement der Eltern ins Spiel. Und das ist der springende Punkt: Wann und ob gehörlose Kinder Zugang zur Gebärdensprache erhalten, hängt wesentlich davon ab, wie die Krisenverarbeitung der hörenden Eltern abläuft und wen sie dafür zurate ziehen. Sie stehen vor der schweren Entscheidung, alle Möglichkeiten abzuwägen und sich von unmöglichen Optionen gedanklich zu verabschieden. Gehörlose Kinder gehörloser Eltern haben das Problem nicht, da sie sich oft erst mit dem Eintritt in die Schule darüber bewusst werden, dass die Gehörlosigkeit eine gravierende Einschränkung darstellen kann, weil sie von der hörenden Umwelt als behandlungs- und therapiebedürftig eingestuft wird.

Natürlich waren auch meine Eltern mit schwierigen Entscheidungen konfrontiert, so zum Beispiel mit der Frage, ob ich ein Hörgerät tragen sollte oder nicht. Damals gab es (ich muss sagen: gottlob) noch keine technischen »Allheilmittel« (wie beispielsweise Operationen), wie sie heute zur Verfügung stehen. Aber das Hörgerät war ein Thema. Ärzte und Hörgeräteakustiker empfahlen meinen Eltern die »Hörgerättherapie«. Sie vermuteten, dass sich dadurch mein Hörvermögen verbessern würde. Das war nicht der Fall, weder bei mir noch bei anderen gehörlosen Kindern, die ich kannte. Die Erfolge wurden durch die regelmäßigen Hör- und Sprechtests dokumentiert, doch der »Schaden, den der Unfall angerichtet hatte«, ließ sich nicht beheben, so die Aussage der Mediziner nach all diesen Tests.

Andere Aspekte kamen noch hinzu: Als Kind ein Hörgerät zu tragen, war eine Schmach. Damals waren das noch solch große graue Kästen, die man an einem Band um den Hals trug – von dort aus führten Kabel zu den Ohren. Zu allem Überfluss trug ich zu der Zeit auch noch eine Brille (als Folge des Autounfalls war das notwendig), und die Brillen waren damals ebenfalls alles andere als schick und unauffällig. So waren mir mitleidige Blicke sicher – und mancher Passant steckte mir ein paar Groschen zu, weil ich offenbar »so ein armes Kind« war.

Auch für gehörlose Eltern ist es eine besondere Herausforderung, ihr Kind entsprechend zu fördern. Meine Eltern haben sich der Herausforderung gestellt und für jedes, aber wirklich auch jedes Problem, das sich auftat, eine Lösung gefunden. Da meine Mutter zu Hause arbeitete, konnte sie sich die Zeit gut einteilen und ich hatte nie das Gefühl, allein zu sein.

Als ich ein Baby war, nahm mich meine Mutter überall hin mit, auch in unserer Wohnung ließ sie mich nie allein, denn sie hätte mein Weinen nicht gehört, wenn ich in einem anderen Zimmer gewesen wäre. Einmal allerdings nützte die ganze vorausschauende Umsicht nichts – ich machte mich nämlich als Kleinkind selbstständig und löste dabei sogar einen Feuerwehreinsatz aus: In unserer Wohnung steckte damals an jeder Tür ein Schlüssel und ich spielte gern damit. Eines Tages war meine Mutter gerade im Schlafzimmer, als ich die Tür abschloss und den Schlüssel abzog. Ich weinte ganz schrecklich, weil ich es nicht schaffte, den Schlüssel wieder zurück ins Schlüsselloch zu stecken. Zwar hatte die Tür einen Glaseinsatz, doch der war aus Milchglas, sodass man nicht hindurchschauen konnte – die Kommunikation zwischen meiner Mutter und mir war damit unterbrochen. Was sollten wir also tun? Mein Vater war immer den ganzen Tag über im Atelier, Handys gab es noch nicht. Meine Mutter ging also ans Fenster und rief, bis eine Nachbarin auf sie aufmerksam wurde. Meine Mutter warf ihr einen Zettel mit der Nachricht zu: »Bitte die Feuerwehr anrufen! Ich bin eingeschlossen und meine Tochter ist allein in der Wohnung. Sie kann durch ein Fenster aus dem dritten Stock stürzen!« An der Loggia fehlte nämlich das Glas, sodass ich mit meinem schmalen Körper jederzeit hätte herausfallen können.

Die Feuerwehr kam sofort und suchte den Übeltäter (sprich: mich). Sie fanden mich im Kinderzimmer, tief schlafend in meinem Bettchen – den Zimmerschlüssel hielt ich fest in meinen Händen. Seitdem gab es in der Wohnung meiner Eltern keine Schlüssel mehr: Für jedes Problem gibt es eine Lösung!

Die Welt meiner ersten Lebensjahre war also ein perfekter Mikrokosmos, in dem es mir an nichts fehlte. Mit dem Kindergarten wurde diese Welt größer – und in mancher Hinsicht langweiliger und gleichzeitig auch schwieriger. Ich startete in einem Gehörlosenkindergarten, in der »Fisch-Gruppe«. Warum müssen Kindergartengruppen überhaupt solche Namen haben? Und warum heißt eine Gruppe für gehörlose Kinder »Fisch-Gruppe«? Aber abgesehen vom Namen: In diesem Gehörlosenkindergarten gefiel es mir leider nicht gut und ich lief weg. Dadurch wurde meinen Eltern klar, dass ich nicht dort bleiben wollte. Sie brachten mich in einem anderen Gehörlosenkindergarten unter. Gleich am ersten Tag kam ein Mädchen auf mich zu. Sie hatte zwei Puppen im Arm, eine davon gab sie mir. Die Botschaft war deutlich: »Komm, lass uns spielen!« Und das taten wir dann auch – und wurden beste Freundinnen.

Da ich schon ein wenig lesen konnte, bevor ich in den Kindergarten kam, und natürlich die Gebärdensprache beherrschte, berichtete ich zu Hause alles, was dort so passierte. Wir führten im Kindergarten auch ein gemeinsames Tagebuch, damit wir lernten, Erlebtes in Zusammenhängen wiederzugeben. Doch obwohl ich gern dorthin ging, waren meine Eltern nicht glücklich mit dem Kindergarten, denn er vermittelte mir ein falsches Bild. Ich gewann nämlich den Eindruck, die ganze Welt könne gebärden. Das ging so weit, dass ich in der Straßenbahn fremde Leute mit Gebärden ansprach und sauer wurde, wenn man mich ignorierte.

Deshalb war ich dann eine Zeit lang in zwei Kindergärten – in einem nur für gehörlose Kinder und in einem anderen, den hörende und gehörlose Kinder besuchten. Ich lernte auf diese Weise, dass es zwei verschiedene Welten gibt, mit unterschiedlichen Sprachen und Umgangsformen. Mit dieser Lösung und der Qualität beider Kindergärten waren meine Eltern einigermaßen zufrieden.

In dem zweiten Kindergarten lernte ich zwar auch viele gehörlose Kinder kennen, doch die meisten hatten hörende Eltern. Deshalb konnte ich leider nur zu wenigen Kindern wirklich enge Beziehungen entwickeln, da es zwischen uns eine Sprachbarriere gab: Sie konnten nicht gut gebärden, aber ihre Lautsprache war verständlicher als meine. Ich war entsetzt, als ich feststellte, dass sie mit den Füßen aufstampfen mussten, um die Aufmerksamkeit ihrer Eltern auf sich zu lenken. Zwar gebärdeten sie auch – aber wie! Die meisten hatten im Laufe der Zeit einen »Geheimcode« entwickelt, den nur das jeweilige Kind und dessen Eltern verstanden. Ja, es war eigentlich noch weniger als das, es war eine Art der Kommunikation, die sich auf die essenziell wichtigen Bedürfnisse beschränkte und Fragen nach dem »Warum« nicht zuließen – nicht zulassen konnten, weil die Gesten dafür nicht zur Verfügung standen.

Daher gab es auch in diesem Kindergarten nur wenig Förderndes – und der Alltag war oft entsprechend langweilig für mich. Oft habe ich dann absichtlich Blödsinn gemacht, nur damit man mich rausschickte und ich mir das nicht weiter mit anschauen musste. Tatsache ist, dass damals und heute in Kindergärten gehörlose Kinder zu wenig gefördert werden – und diese Tatsache kannten meine Eltern und hatten sich damit arrangiert, indem sie selbst einen Großteil meiner Förderung übernahmen. Für sie war dieser Kindergarten dennoch akzeptabel, da ich mich dort pudelwohl fühlte, weil ich mit einigen Kindern gut kommunizieren konnte und nette Spielkameraden fand.

Apropos Blödsinn! Ich erinnere mich auch noch gut daran, wie ich einmal gemeinsam mit einem Buben aus meiner Kindergartengruppe weglief. Wir waren auf einem Spielplatz im

Lainzer Wald. In einem unbeobachteten Moment haben wir beide uns aus dem Staub gemacht. Wir wollten »Hänsel und Gretel« spielen. Nun, das ist uns auch gelungen! Stundenlang liefen wir durch den Lainzer Wald – und stundenlang suchten uns die Erzieherinnen (Sie erinnern sich: »Schreien nützt nichts!«), bis sie uns gefunden hatten. Ich dachte: »Das gibt Ärger!« Gab es aber nicht, denn offenbar erzählte es niemand meinen Eltern – und von mir haben sie es erst Jahrzehnte später erfahren. Obwohl mir der Schreck damals in den Knochen steckte, spielte ich zu Hause den Unschuldsengel.

Weil ich anders war als andere gehörlose Kinder, musste ich auch häufig zu diversen Tests in Krankenhäuser. Ich empfand diese Testsituationen immer als sehr erniedrigend, vor allem deshalb, weil ich mich mit den Menschen, die die Tests (Audiogramme) durchführten, nicht verständigen konnte. Sie beherrschten keine einzige Gebärde. Manchmal nahm ich die Tests allerdings auch als Herausforderung und gab mein Bestes. Und das war dann oft mehr, als man von einem gehörlosen Kind erwartet hatte. Selbst meine Eltern waren dann überrascht davon, wie viel ich schon wusste (obwohl sie es mir nicht beigebracht hatten). So stellte sich heraus, dass ich einen ungewöhnlich hohen Intelligenzquotienten hatte (ich habe einen IQ von einhundertvierzig).

Ich war ein Phänomen – und weil nicht sein kann, was nicht sein darf, empfahl man meinen Eltern, **nicht mehr so viel mit mir zu üben.** Diesen wohlgemeinten Rat befolgten sie nicht. Auch dem Insistieren des Direktors am Gehörloseninstitut widerstanden sie. Dieser redete mit Engelszungen auf meine Eltern ein, um sie davon zu überzeugen, dass meine (Laut-)Sprachausbildung noch stark zu wünschen übrig ließ und ich deshalb auf ein Internat sollte. Damals wie heute misst man der Sprechkompetenz eine höhere Priorität zu als der Sprach- oder der Gebärdenkompetenz, und die fachlichen Qualitäten spielen offensichtlich eine noch kleinere Rolle. Denn ganz ehrlich: Was hätte es mir gebracht? Dass ich besser spreche, ohne zu verstehen, was ich sage? Das kann ein Papagei auch.

Für meine Eltern war der Kontakt zu den Medizinern sicher nicht einfach. Doch sie blieben stets diplomatisch. Nicht, weil sie nicht verstanden hätten, worauf die Experten hinauswollten; sie hatten lediglich einen ganz anderen Plan für mich. Im Vordergrund stand eine möglichst unbeschwerte Kindheit – aber gleich danach kam das Lernen, um mir die bestmöglichen Chancen für die Zukunft zu eröffnen.

So ging ich auch dreimal pro Woche zu Logopäden (vor allem die Termine am Samstagmorgen waren mir ein Graus) und lernte mühsam Deutsch, die mir so fremde Lautsprache. »Wozu?«, fragte ich mich oft – ich konnte doch alles in Gebärdensprache ausdrücken und meine Eltern verstanden mich wunderbar. Es mangelte nicht an Zuwendung oder Kommunikation, im Gegenteil, da ich auch bald die Kunst des Lippenlesens beherrschte und so fremde Menschen (nicht immer, aber häufig) verstehen konnte.

Damit wuchs ich zweisprachig auf – mit meiner Muttersprache, der Österreichischen Gebärdensprache, und mit der Lautsprache Deutsch. Die Gebärdensprache ist eine noch sehr junge Sprache, zumindest offiziell. Erst 1970 ist die Gebärdensprachentwicklung bei uns in Europa angekommen. Aber es ist eine eigene Sprache, die 2002 in Deutschland und 2005 in Österreich offiziell anerkannt wurde.

Gehörlose Menschen leben in einer zweisprachigen Welt. Sie brauchen die Zweitsprache (die Lautsprache Deutsch) fürs Leben und sie brauchen sie fürs Lesen. Deshalb müssen gehörlose Kinder zweisprachig erzogen werden. Die erste Sprache, die Gebärdensprache, dient ihnen zur Begriffsbildung, um überhaupt Zugang zur Sprache zu erhalten und um Zusammenhänge herzustellen. Darauf aufbauend kommt dann die Zweitsprache hinzu, eine Schrift- oder Lautsprache, diese lässt dann Rückschlüsse zu und dient der Erklärung. Leider wachsen viele gehörlose Kinder immer noch ausschließlich mit der Zweitsprache auf, die aber damit an sich für sie bedeutungslos bleibt. Es ist ein weit verbreiteter Irrtum, alle gehörlosen Personen beherrschten automatisch die Gebärdensprache. Dem ist nicht so, auch diese will gelernt sein (und am besten so früh wie möglich). Vertreter einer monolingualen Spracherziehung, des Oralismus, propagierten fast hundertachtzig Jahre lang, die Gebärdensprache blockiere den Erfolg, den gehörlosen Kindern die für sie schwer oder gar nicht verständliche Lautsprache beizubringen. Vielen Eltern wurde daher geraten, mit ihren Kindern nur in der Lautsprache zu sprechen. Drückten sich die Kinder in der Gebärdensprache aus, drohten ihnen in manchen Schulen gar Stockschläge auf die Finger. Viele der Kinder schämten sich folglich, wenn sie gebärdeten. Dabei ist – wie man heute aus Untersuchungen weiß – genau das Gegenteil korrekt: Die Gebärdensprache fördert die Kommunikationsfähigkeit von Kindern. Leider ist es aber sogar jetzt noch so, dass in manchen Schulen die Gebärdensprache zwar akzeptiert ist, von den Lehrern jedoch im Unterricht nicht aktiv benutzt wird.

In meiner Familie musste niemand Überzeugungsarbeit für die Gebärdensprache leisten, meine Eltern beherrschten sie beide. Meine Mutter stammt aus einer gehörlosen Familie. Sie ist in Kontakt mit Hörenden eher scheu und zurückhaltend, mein verstorbener Vater war da ganz anders, vielleicht, weil er aus einer hörenden Familie kam. Wie ich selbst, war auch er nach einem Unfall im Kleinkindalter ertaubt – das ist schon Ironie des Schicksals.

Mein Vater hat nur wenig davon erzählt, wie es ihm als Kind oder Jugendlicher ergangen ist. Er war wie gesagt mit Hörenden aufgewachsen, wobei er es nicht einfach hatte: In seiner Familie hatte man Probleme, die Gehörlosigkeit zu akzeptieren, er sollte deshalb auch nicht so viel Kontakt zu anderen gehörlosen Personen haben. Trotzdem besuchte er eine Gehörlosenschule. Diese waren damals aber noch besser als zu meiner Schulzeit – denn als mein Vater zur Schule ging, beherrschten noch sehr viele LehrerInnen die Gebärdensprache. Mein Vater erinnerte sich auch als Erwachsener gut daran, welche Geschichten im Unterricht gebärdet wurden. Er erzählte mir, dass gehörlose Menschen damals besser lesen und schreiben konnten als heute, sie lasen anspruchsvolle

Zeitungen – mein Vater mochte beispielsweise »Die Presse« sehr gern.

Die Mutter meines Vaters sprach wenig mit ihm, sie bediente sich lediglich einiger grundlegender Gebärden, zog aber darüber hinaus die Schriftsprache vor. Ich als ihre Enkelin konnte gut damit leben, aber für meinen Vater muss es schwer gewesen sein. Er wusste beispielsweise lange nicht, dass dieser alte Mann, der öfter zu Besuch kam, sein Großvater war. Und es war meine Mutter, die ihn irgendwann später darauf aufmerksam machte. Eigentlich traurig.

Anders als mein Vater erzählte meine Mutter mir gern und viele Geschichten aus ihrer Kindheit, auch von meiner Großmutter – die übrigens dreiundzwanzig Geschwister hatte. Der Kontakt innerhalb der Familie mit den vielen Tanten und Cousinen war sehr eng, niemand grenzte die gehörlose Verwandtschaft aus. Aus einer gehörlosen Familie zu stammen hatte für meine Mutter auch den großen Vorteil, dass sie von Anfang an in alles eingebunden war und Informationen stets »aus erster Hand« bekam.

Die Eltern meiner Mutter, also meine Großeltern, waren an ihrem Wohnort sehr aktiv in der Gehörlosengemeinschaft, wo mein Großvater selbst auch den Gehörlosenverein gegründet hatte. Meine Mutter besuchte diesen sehr gerne, weil dort immer etwas los war. Die gehörlosen Leute trafen sich fast täglich, um miteinander zu plaudern und Neuigkeiten auszutauschen. Mein Großvater mütterlicherseits war überhaupt sehr aktiv, er arbeitete als Schriftsetzer, spielte in seiner Freizeit Theater und Schach – ja, er inszenierte selbst Theaterstücke und organisierte Schachturniere – und er schrieb. Das ist insofern bemerkenswert, da meine Großeltern nur kurze Zeit eine Schule besucht hatten. Trotzdem beherrschten sie die deutsche Sprache perfekt. Meine Großmutter half sogar anderen gehörlosen Menschen und ihren hörenden Nachbarn beim Schreiben von Briefen und Verstehen von Schriftstücken. Man fragte sie gern um Rat und fast täglich waren andere gehörlose Menschen zu Gast, sodass meine Mutter in alle möglichen Themengebiete Einblick erhielt. Sie erlebte von Kindesbeinen an, dass die Tatsache, gehörlos zu sein, nicht mit Untätigkeit gleichzusetzen ist.

Meine Mutter ist sehr wichtig für mich und wir haben ein liebevolles, warmherziges Verhältnis zueinander. Wenn ich Stress habe, kommt sie oft heute noch mit einer heißen Schokolade oder einem Tee vorbei (wir wohnen beide im gleichen Haus, aber in getrennten Wohnungen) und bringt mich damit immer wieder auf positive Gedanken.

Meiner Mutter habe ich viel zu verdanken: Sprache und Bildung beispielsweise. Als ich noch klein war, hat sie mir stundenlang aus Büchern vorgelesen, hatte auf jede meiner Fragen eine Antwort – und ich hatte viele Fragen!

Sie hat in ihrem Leben viel erreicht. Nach ihrem Schulabschluss hätte meine Mutter sogar die Möglichkeit gehabt, auf Lehramt zu studieren. Doch das Stipendium für das Studium war mit einer Festanstellung an der Gehörlosenschule verknüpft, auf die meine Mutter selbst gegangen war – und dafür wollte ihr der damalige Schuldirektor keine Bestätigung geben. Ein weiterführendes Studium konnten sich ihre Eltern nicht leisten, deshalb besuchte meine Mutter die Kunstschule und kam so ihren Traumberuf »Modedesign« näher.

Fünf Jahre lang arbeitete sie festangestellt in einer Modefirma, danach machte sie sich als Designerin selbstständig. Sie entwickelte Musterkollektionen, die – in Abstimmung mit dem Auftraggeber – von ihr bis zur Serienfertigung betreut wurden. Im Laufe der Zeit spezialisierte sie sich zudem auf Strick-, Häkel- und Stickmuster, die sie nicht nur entwarf, sondern auch anfertigte. Sie nahm auch Aufträge von Privatkunden an und stellte Kleidungsstücke bis hin zu Strickwaren her, mit und ohne Stickereien. Eine solch modebewusste Mutter zu haben, hatte für mich natürlich den Vorteil, dass ich immer tolle und individuelle Kleidung tragen konnte.

Und das waren damals noch ganz andere Zeiten! Früher gab es keine Dolmetscher, so wie ich sie heute habe, und sie hat es trotzdem geschafft, ein Modeatelier zu leiten und selbstständig – nämlich schriftlich – mit ihren Kunden zu kommunizieren. Sie war immer mein Vorbild und ist es bis heute. Von ihr stammt die Aussage: »Gehörlose können alles, außer hören!« Das wurde auch zu meinem Lebensmotto. Sie hat es geschafft, mich so intensiv zu fördern, dass ich heute ein eigenständiges, mit hörenden Menschen gleichwertiges Leben führen kann.

Es war vielleicht die Summe der unterschiedlichen Erfahrungen meiner Eltern, die ihnen dann im Umgang mit mir den Mut und die Energie gaben, mich so intensiv zu fördern – auch gegen alle Widerstände. Denn davon gab es in den siebziger und achtziger Jahren immer noch genug.

Zurück zu meiner Kindergartenzeit: Mein Tor zu einer anderen Welt war von jeher das Lesen. Da mich meine Eltern, insbesondere meine Mutter, schon so früh und so intensiv förderten, konnte ich mir vieles selbst beibringen. So schmökerte ich stundenlang in Büchern und ließ mich in die Welt der Zauberer, Hexen und Ritter entführen.

Manche werden es vielleicht für unmöglich halten, dass ich so früh schon lesen konnte, aber welche andere Wahl hatte ich? Kinderfilme mit gebärdensprachlichen Einblendungen gab es damals nicht und die wenigen alten Spielfilme für Erwachsene, die im Original mit Untertiteln gezeigt wurden, fand ich einfach nur langweilig. Bücher waren also meine Rettung und ganz nebenbei lernte ich gut, mit meiner Zweitsprache, der Lautsprache, umzugehen. Damit war ich natürlich Altersgenossen weit voraus, zumindest was das Lesen und Schreiben anging. Meine Sprechleistung dagegen wurde nur beim Spielen mit den Nachbarskindern gefordert.

Es wundert also kaum, dass ich mich im Kindergarten unendlich langweilte. Ich wurde dort – meines Erachtens nach – nicht gefördert, sondern ausgebremst. Und so wurde mir regelmäßig die Zeit lang, wenn wir im Stuhlkreis zusammensaßen und die Erzieherinnen den Kindern die (für mich) banalsten Dinge des Alltags umständlich erklärten.

Was ich ehrlich vermisst habe, war echte Kommunikation und Interaktion. Es wurden uns keine Geschichten erzählt oder aus Büchern vorgelesen. Schauten wir gemeinsam ein Buch an, so zeigte die Betreuerin nur auf einzelne Bilder oder Gegenstände auf dem Bild und gebärdete oder sprach das betreffende Wort. »Bett – das ist ein B-e-t-t«, erklärte sie theatralisch. Ich sah noch viel mehr: Da lag eine Prinzessin in einem wunderschönen, blauen Himmelbett und schlief. Diese Informationen bekamen wir aber nicht, keine Geschichte, kein Märchen wurde bis zu Ende erzählt. Es entstanden keine Zusammenhänge, nichts, was den Bildern Leben hätte einhauchen können, wurde vermittelt. Hexen und Zauberer, schöne Prinzessinnen, edle Ritter und böse Stiefmütter fanden in den Märchenstunden des Kindergartens nicht statt.

Zu Hause hingegen gab es das schon. Meine Mutter hat mir beispielsweise Märchen in Gebärdensprache vorgetragen. Auch haben wir sie gemeinsam gelesen und ich musste sie dann wiederum in Gebärdensprache nacherzählen oder schriftlich zusammenfassen. Vor diesem Hintergrund wird vielleicht auch deutlicher, warum mich der Kindergarten so gelangweilt hat. Ich hatte ja zu Hause die Erfahrung gemacht, dass es auch anders geht. Auch der logopädische Förderunterricht war öde, aber in diesem Punkt konnten mir meine Eltern nicht weiterhelfen, also musste es ein fremder Dritter tun. Der beherrschte wiederum keine Gebärdensprache, sondern absolvierte seine Übungen mit mir.

Soweit es möglich war, hielten meine Eltern Unangenehmes von mir fern. Ich ahnte nicht, wie viel (auch finanziellen) Einsatz und wie viel Überredungskunst sie aufbringen mussten, um mir all das zu ermöglichen. Sie gaben mir stets das Gefühl, dass ich alles meistern konnte, was ich wollte. Und so wollte ich eines Tages in dem Kindergarten – den auch hörende Kinder besuchten – Rad fahren. »Nein«, erklärte mir die Erzieherin, »das geht nicht. Du kannst das nicht. Du bist gehörlos!« Was hatte Fahrradfahren mit den Ohren zu tun? Ich verstand die Welt nicht mehr.

Ebenso schlimm war die Fantasielosigkeit, mit der das tägliche Programm im Kindergarten abgespult wurde. Begriffe ohne Inhalt, Gebärden ohne Zusammenhang – Monotonie. Nun gut, ich dachte mir meine eigenen Geschichten dazu aus. Aber was war mit den anderen Kindern? Ich konnte mir nicht vorstellen, dass deren Wortschatz wirklich so begrenzt war, dass sie solcher Nachhilfe bedurften.

Auch Fragen wurden nicht gestellt. Nicht einmal forderte die Kindergarten-Betreuerin uns auf, Geschichten zu erzählen, ganze Sätze zu gebärden. Tisch – Bett – Stuhl.

Die Vorbereitung auf die Schule sah etwa so aus: »Das ist ein Bleistift! B-l-e-i-s-t-i-f-t!« Dann zeigte die Erzieherin eine Schultasche und artikulierte überdeutlich: »SCHULTASCHE«.

›Na endlich‹, dachte ich, ›nichts wie weg hier!‹

Gebärdensprachen: mit den Händen reden – mit den Augen hören

Sprache ist unser wichtigstes Kommunikationsmittel. Weltweit werden rund 6 000 verschiedene Sprachen gesprochen. Wobei »Sprechen« nicht gleich »Sprache« ist. Kommunizieren kann man auch auf andere Art, beispielsweise durch Gebärden: Diese kommen immer dann zum Einsatz, wenn gehörlose Menschen miteinander in Kontakt treten. Im Laufe der Jahrhunderte haben sich daraus unterschiedliche Gebärdensprachen entwickelt.

Formen der Kommunikation

In Theorie und Praxis unterscheidet man unterschiedliche Kommunikationsformen. Generell wird ein Unterschied zwischen verbaler und nonverbaler Kommunikation gemacht. Als verbale Kommunikation wird gemeinhin der sprachliche Austausch bezeichnet, also das, was man landläufig unter »Sprechen« versteht. Dieser kann jedoch auch durch eine der zahlreichen Gebärdensprachen erfolgen.

Worum geht es bei verbaler Kommunikation?
In erster Linie geht es dabei um Informationsaustausch. Hierbei spielt es keine Rolle, ob diese Informationen wichtig oder eher nebensächlich sind. Menschen nutzen Sprache, um ihre Bedürfnisse oder Wünsche auszudrücken und um Gefühle in Worte zu fassen. In Bezug auf die kindliche Entwicklung wird dem Spracherwerb ein besonders hoher Stellenwert beigemessen. Dieses Lernen erfolgt quasi beiläufig – dadurch, dass man einfach zuhört, was ringsum gesprochen wird. Und davon leitet sich auch der Begriff »Muttersprache« ab.
Eltern sprechen automatisch mit ihren Kindern, auch wenn ihnen natürlich durchaus bewusst ist, dass diese den Inhalt des Gesagten noch gar nicht verstehen. Bei Babys, die gehörlos geboren werden, ist das nicht anders. Auch sie kommen von Anfang an mit Sprache in Berührung – im Idealfall ist das die Gebärdensprache. Im Vor-

dergrund steht für alle Babys jedoch erst einmal die nonverbale Kommunikation.

Worum geht es bei nonverbaler Kommunikation?

Nonverbale Kommunikation umfasst im Grunde die feinen Zwischentöne einer Konversation. Sie werden in geringem Maß über das Hören aufgenommen, weil sie viel mehr auf visueller Wahrnehmung beruhen. Es geht dabei beispielsweise um Gestik und Mimik, um die Haltung des Oberkörpers und die Position der Arme und Hände. Für Babys sind diese Informationen am Anfang das Wichtigste überhaupt – sie können schon sehr früh lachende von traurigen Gesichtern unterscheiden.

Warum ist Kommunikation so wichtig?

Kommunikation ist essenziell, sie schafft Gemeinsamkeit und Nähe, fördert im Idealfall das Selbstbewusstsein. In der kindlichen Entwicklung gehen Selbstbild und Spracherwerb Hand in Hand. Kinder, mit denen viel gesprochen wird, haben einen größeren Wortschatz, können Bedürfnisse und den eigenen Willen besser zum Ausdruck bringen. Im Umkehrschluss bedeutet das aber auch, dass Kinder, mit denen nicht gesprochen beziehungsweise denen keine adäquate Kommunikationsform angeboten wird, in ihrer Entwicklung gehemmt werden. Oberstes Ziel sollte also sein, **allen** Kindern Kommunikation zu ermöglichen, und zwar jedem Kind nach seinen Bedürfnissen und Möglichkeiten. Nur so kann die Interaktion mit anderen Menschen positiv erlebt werden.

Gehörlose Kinder finden einen anderen Weg zur Sprache als hörende. Dieser Weg führt über das Sehen – die gesamte Kommunikation ist also visuell geprägt. Darauf sollten sich die Eltern eines gehörlosen Kindes einstellen. Das bedeutet auch: Wenn Eltern feststellen, dass ihr Kind offenbar nicht gut hört, gilt es keine Zeit zu verlieren. Die sprachliche Förderung durch Gebärden kann gar nicht früh genug beginnen (siehe auch ab Seite 40) – fangen Sie am besten sofort damit an! Hörenden Menschen ist oft viel zu wenig bewusst, wie stark auch sie visuell kommunizieren beziehungsweise wie viele Informationen über das Sehen aufgenommen werden: Körpersprache, Mimik, Gestik, Farben, Bilder, Fernsehen, Kleidung und noch viel mehr. Sehsinn und Tastsinn ersetzen einem gehörlosen Kind den Hörsinn. Es ist wichtig, diese Kommunikationsebene zu nutzen, um Vertrauen zu schenken, aufzubauen und zu stärken – das Selbstvertrauen des Kindes ebenso wie sein Vertrauen in die Menschen ringsum.

Wie viele Sprachen sprechen gehörlose Menschen?

Gehörlose Menschen sind (beinahe) immer zweisprachig. Die meisten beherrschen die Gebärdensprache und die Lautsprache, die in ihrem Umfeld gebräuchlich sind. Dabei kommt als Muttersprache vorwiegend eine Gebärdensprache zum Einsatz – in der Regel die Gebärdensprache des Landes, in dem sie leben – und die erste **Fremdsprache** ist dann die entsprechende Lautsprache, die in ihrer Umgebung vorherrscht.
Für das deutschsprachige Europa bedeutet das: Parallel zur deutschen Lautsprache, die in Österreich, Deutschland und im deutschsprachigen Teil der Schweiz gesprochen wird, kommunizieren gehörlose Menschen über eine von drei höchst unterschiedlichen Gebärdensprachen.
Ähnlich ist es in Amerika und Großbritannien – Länder, in denen man Englisch spricht, aber zwei unterschiedliche Gebärdensprachen verwendet. In den USA ist es die American Sign Language (ASL) und in Großbritannien die British Sign Language (BSL).
Es ist ein Vorurteil zu glauben, alle gehörlosen Menschen würden sich mit einer internationalen Gebärdensprache verständigen. Es gibt zwar eine internationale Gebärdensprache und die europäische Gebärdensprache Gestuno, die jedoch – ähnlich wie das Esperanto für Lautsprachen – nur sehr wenige Menschen beherrschen. Für die Kontaktaufnahme zwischen Menschen unterschiedlicher Gebärdensprachen gibt es grundlegende Gebärden (International Signs), die dabei helfen, ein gemeinsames Gespräch zu beginnen und dieses mehr oder weniger vertiefen zu können.

Können Gebärdensprachen eine Muttersprache sein?

Ja, sie können diese Funktion durchaus erfüllen. Nämlich dann, wenn die meisten Menschen, die mit einem Kind zusammenleben, Gebärdensprache beherrschen. Die dänische Sprachforscherin Tove Skutnabb-Kangas legte bezüglich der Muttersprache mehrere Definitionsebenen fest:[9]

1. Muttersprache ist die Sprache, die ich zuerst lerne.
2. Muttersprache ist die Sprache, mit der ich mich am meisten identifizieren kann, und als deren Sprecher mich andere identifizieren.
3. Muttersprache ist die Sprache, die ich am besten beherrsche.
4. Muttersprache ist die Sprache, die ich am meisten verwende.

Die Österreichische Gebärdensprache (ÖGS) entspricht der Definition von Muttersprache, ebenso wie die in Deutschland verwendete Deutsche Gebärdensprache (DGS) und die im deutschsprachigen Teil der Schweiz verwendete Deutschschweizer Gebärdensprache (DSGS). Die Sprache, die von einem Menschen als Erste erlernt und erworben wurde, ist dessen Muttersprache.

Was bedeutet in diesem Zusammenhang bilingual?

Bilingual bedeutet zweisprachig. Ein bilingualer Mensch beherrscht also zwei Sprachen – indem er sie spricht oder zumindest verstehen kann. Umgangssprachlich verwendet man diese Bezeichnung, wenn ein Kind mit zwei Sprachen parallel aufwächst, wie das zum Beispiel bei Kindern der Fall ist, deren Eltern unterschiedliche Muttersprachen haben.

Beim Spracherwerb wird zwischen Primär- und Sekundärsprachen unterschieden. Eine Primärsprache ist diejenige, die ohne Unterricht erworben wurde. In den meisten Fällen wird diese als Muttersprache bezeichnet und ist auch die Sprache der Mutter beziehungsweise des Vaters. **Wie** man eine Sprache auf natürliche Weise lernt, ist jedoch noch umstritten.

Sekundärsprachen können ebenfalls auf natürliche Art erlernt werden, meist jedoch findet dazu Unterricht statt. Wobei der Begriff »sekundär« nicht abwertend zu verstehen ist, sondern lediglich auf die Reihenfolge der erworbenen Sprachen hinweist.

Spricht man von Bilingualität in Bezug auf den Schulunterricht, so meint man damit, dass Klassen integrativ und bilingual unterrichtet werden. Den Kindern stehen dabei sowohl eine Gebärdensprache (beispielsweise die Deutsche oder Österreichische Gebärdensprache) als auch die jeweilige Lautsprache (in dem Fall Deutsch) zur Verfügung beziehungsweise werden ihnen angeboten.
Die Realität sieht allerdings anders aus: Hörende Lehrkräfte, die selbst der Gebärdensprache nicht mächtig sind, unterrichten gehörlose Kinder in Lautsprache. Das hat zur Folge, dass gehörlose Kinder während der Schulzeit in Gebärdensprache nicht gefördert, sondern zur Lautsprache hin geführt werden – womit also die eine Sprache zugunsten der anderen Sprache vernachlässigt wird. So werden schließlich beide Sprachen nicht kompetent beherrscht (siehe auch Informationskapitel »Bildung auf dem Sonderweg« ab Seite 152).

Wie viele Gebärdensprachen gibt es?

Wo hörbehinderte Menschen leben, entwickelten sich immer auch Gebärdensprachen. Das bedeutet, jede Lautsprache hat ein Pendant in der Gebärdensprache. Momentan geht man weltweit von mehr als 30 offiziell anerkannten Gebärdensprachen aus. Die anderen Gebärdensprachen haben keinen offiziellen Status. Auch gibt es innerhalb der Gebärdensprachen Dialekte und regionale Besonderheiten, ähnlich wie bei Lautsprachen.

Die Deutsche Gebärdensprache (DGS)

Die Deutsche Gebärdensprache ist eine offizielle Sprache, die im Jahr 2002 rechtlich anerkannt wurde. Das bedeutet, sie darf verwendet werden und ihre Verwendung muss gleichwertig zur Lautsprache akzeptiert werden. Zugleich leitet sich daraus der Rechtsanspruch ab, dass bei offiziellen Angelegenheiten Dolmetscher für den Gebärdensprachnutzer übersetzen dürfen. Die rechtliche Anerkennung in Deutschland erfolgte mit dem **Behindertengleichstellungsgesetz** (§ 6 BGG).[10]

Wie alle anderen weist auch die Deutsche Gebärdensprache keine Ähnlichkeit zur vorherrschenden deutschen Lautsprache auf, beispielsweise in Bezug auf die Grammatik.
Verbreitung: Es wird geschätzt, dass die Deutsche Gebärdensprache in Deutschland etwa 80 000 gehörlose und 120 000 hörende beziehungsweise schwerhörige Menschen nutzen.[11]

Deutschschweizer Gebärdensprache (DSGS)

Die Deutschschweizer Gebärdensprache findet in den deutschsprachigen Kantonen der Schweiz Verwendung, wo sie dann wiederum den jeweils vorherrschenden Dialekten angepasst ist. Auch in den regionalen Gehörlosenschulen werden diese Dialekte verwendet, sodass nur schwerlich von einer einheitlichen Deutschschweizer Gebärdensprache gesprochen werden kann. Allerdings sind die Unterschiede nicht so groß, dass sie eine Verständigung untereinander unmöglich machen würden. Eine weitere Besonderheit der Deutschschweizer Gebärdensprache ist es, dass sie noch stark oral betont ist. Zu fast jeder Gebärde werden lautlos die entsprechenden Lippenbewegungen gemacht. In der Schweiz ist sie seit Februar 2005 im Kanton Zürich verfassungsmäßig anerkannt.
Verbreitung: Circa 5 000 gehörlose und schwerhörige Menschen in der Schweiz nutzen die Gebärdensprache.[12]

Österreichische Gebärdensprache (ÖGS)

Auch die Österreichische Gebärdensprache ist seit dem 1. September 2005 in Artikel 8 Absatz 3 des Bundes-Verfassungsgesetzes (B-VG) ausdrücklich als Sprache anerkannt: »Die Österreichische Gebärdensprache ist als eigenständige Sprache anerkannt. Das Nähere bestimmen die Gesetze.«[13] Das bedeutet: Die Anerkennung dieser Sprache und die Umsetzung sind zweierlei. Zwar war die Anerkennung der Österreichischen Gebärdensprache für alle gehörlosen Menschen in Österreich ein sehr wichtiger Schritt – da es aber noch keine konkreten Gesetzesregelungen gibt, bleibt der rechtliche Anspruch weitgehend ohne praktischen Nutzen. Dies wäre aber gerade in puncto Bildung essenziell.

Verbreitung: Man schätzt die Zahl der österreichischen Gebärdensprachnutzer auf etwa 12 000.[14]

Welche Gebärdensprache ist am weitesten verbreitet?
Die American Sign Language ist die weltweit vorherrschende Gebärdensprache, und zwar nicht nur in den USA und Kanada. Die Bezeichnung existiert seit 1960. Damals analysierte der Sprachwissenschaftler William Stokoe die Gebärden der gehörlosen Studenten an der Gallaudet University und prägte diesen Namen.
Wie bei jeder Gebärdensprache ist auch die American Sign Language nicht mit der Lautsprache vergleichbar. Durch den Einfluss der französischen Gehörlosenlehrer (siehe auch ab Seite 108) weist sie viele Gemeinsamkeiten zur französischen Gebärdensprache auf, hinzu kamen Gebärden der Bewohner von der Insel Martha's Vineyard. Auch die indianischen Ureinwohner verwendeten bereits Gebärden zur Verständigung.
Verbreitung: Bis zu 500 000 Muttersprachler und über 17 Millionen Zweitsprachler nutzen die American Sign Language. Damit ist sie die am weitesten verbreitete Gebärdensprache.[15]

Sind Gebärdensprachen eigentlich mit der jeweiligen Lautsprache vergleichbar?

Gebärden- und Lautsprachen sind nicht miteinander vergleichbar, da sie sich in Satzbau und Grammatik grundlegend unterscheiden. Alle Gebärdensprachen sind visuelle Sprachen, bei denen man neben Körperhaltung und Mimik vor allem Gebärden verwendet, um zu kommunizieren. Dabei funktioniert die Gebärdensprache nicht wie Pantomime, die an konkrete Inhalte gebunden ist. In Gebärdensprachen kann man alles ausdrücken, auch abstrakte Dinge oder Ideen. Gebärdensprachen haben eine eigene sprachliche Struktur und ebenso eine eigene Grammatik.
Die Gebärde an sich ist für ungeübte Augen eine höchst komplexe Sache, die oft nicht einfach schnell nachvollzogen werden kann. Gebärden unterscheiden sich dabei voneinander durch Handhal-

tung, Handstellung, Ausführungsstelle und Bewegung. Beim Sprechen benutzt man die Zunge, die Zähne, den Gaumen, die Luftröhre, den Kehlkopf … Die Gebärdensprache ist ebenso vielfältig: Wir haben das Mundbild, die Handform, die Mimik, die Augen, Arme, Oberkörper und und und …
Gebärdensprachen lassen sich in Struktur und Grammatik am ehesten noch mit der chinesischen Schriftsprache vergleichen: Ein Schriftzeichen (oder eine Gebärde) steht für ein Wort, da gibt es keine Endungen, keine Artikel oder Bindewörter. Auch kommt nicht Wort nach Wort, sondern Begriff zu Begriff. Und das Interessante dabei ist: Niemand käme auf die Idee, das Chinesische deshalb als untergeordnet zu betrachten! Im Gegenteil: Es wird wegen seiner lange Tradition sehr hoch geschätzt. Aber Gebärdensprachen werden manchmal noch als minderwertig bezeichnet und ihnen wird das Attribut »Sprache« aberkannt.

Welches sind beim Gebärden die wichtigsten grammatikalischen Aspekte?
Die **Grammatik** der Gebärdensprache ist eine vollkommen andere als die der Lautsprache. Ein einfaches Beispiel macht das rasch deutlich: Die Gebärden für Verben (zum Beispiel »einkaufen«) sind immer die gleichen (egal, ob sie in Singular oder Plural, in Zeitformen der Vergangenheit, Gegenwart oder Zukunft eingesetzt werden). Durch einen Zusatz werden sie in die richtige Beziehung zu Zeit und Person gesetzt. Ein Beispiel: »Ich war einkaufen« setzt sich aus drei Gebärden zusammen: »ich«, »fertig« und »einkaufen«. Das »fertig« signalisiert, dass die Handlung abgeschlossen ist, also »Ich war einkaufen«.
Beim Gebärden spricht mehr oder weniger der ganze Oberkörper mit. Grammatikalische Aspekte werden meist über Hände, Arme, Oberkörper, Gesicht, Augenbrauen und Mundform ausgedrückt. Das Tempo der ausgeführten Gebärden wiederum weist auf die Tonlage hin. Kurze, schnelle Gebärden zeigen, dass der Gesprächspartner ungehalten ist, langsame, ausladende Gebärden wirken ausgleichend und positiv.

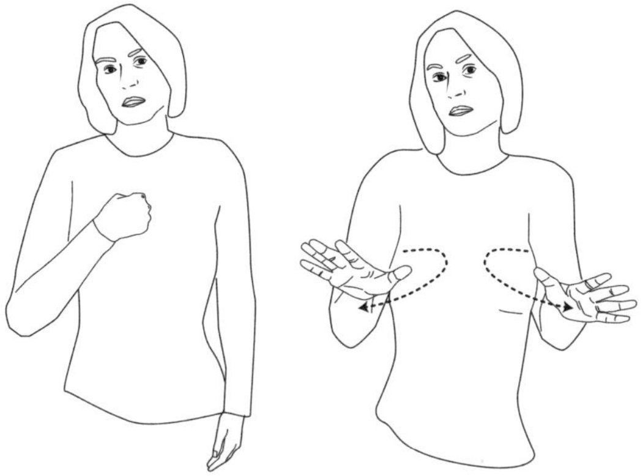

ICH – FERTIG – EINKAUFEN

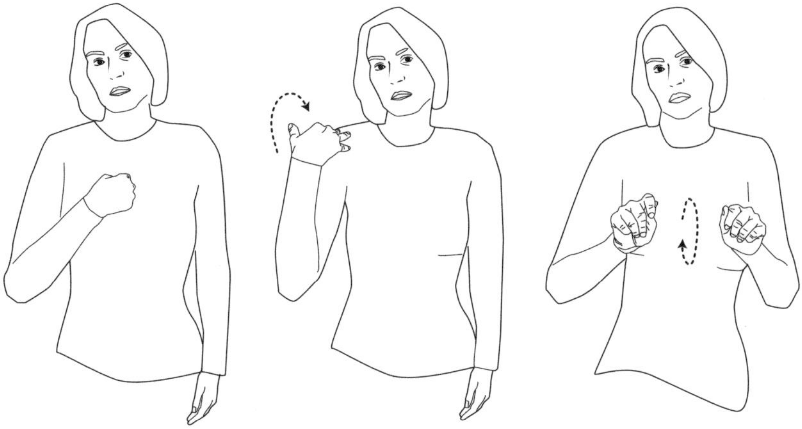

WÜRDE MAN LAUTSPRACHBEGLEITENDE GEBÄRDEN BENUTZEN, HIESSE ES: ICH WAR EINKAUFEN.

Ist es einfach, Gebärdensprache in Lautsprache zu übersetzen?
Um diese Frage zu beantworten, muss man etwas tiefer in die Materie einsteigen und einen kleinen Exkurs in die Gebärdensprache machen, damit man die Komplexität der Sprache versteht – und damit die Arbeit eines Gebärdensprachdolmetschers.
Werfen wir einen Blick auf den **Satzbau der Gebärdensprache:** Wie übersetzt man beispielsweise einen ganz einfachen Satz von der Laut- in die Gebärdensprache? Man beginnt beim Gebärden immer mit dem, was am wichtigsten ist. In der Lautsprache geschieht diese Hervorhebung durch die Betonung – und die fällt bei der Übertragung in die Gebärdensprache weg. Also, was ist das Wichtigste an einer Aussage? Das wird zuerst gebärdet.
Andersherum ist es sogar noch etwas komplizierter. Wie wird aus einer Reihe von Gebärden ein grammatikalisch korrekter Satz? Das ist die schwierige Aufgabe, die Gebärdensprachdolmetscher bewältigen müssen. Und diese Übertragung muss schnell gehen! Gerade bei schneller Sprechweise (also rascher Gebärdenfolge) braucht der Dolmetscher unbedingt eine gute Beobachtungsgabe. In der Gebärdensprache werden häufig komplexe Sachverhalte in einer Gebärde »inkorporiert« (also vereinigt, einverleibt). Ein Beispiel: Die Wendungen »Zucker, den man in die Tasse gibt« oder »Süßstoff, der aus diesem Spender kommt« werden jeweils durch eine einzige Gebärde dargestellt – und der Dolmetscher muss sich beeilen, den ganzen Vorgang mit mehreren Worten zu erklären. Ein anderes Beispiel: »Ein Auto fährt unter einer Brücke hindurch« – das ist ein relativ langer Satz, der aber in zwei knappen Gebärden zusammengefasst wird. Nachdem man das Auto gebärdet hat, stellt eine (flache) Hand das fahrende Auto dar (je nach Schnelligkeit der Bewegung wird das Tempo des Fahrzeugs gleich mit vermittelt), die andere Hand macht die Brücke – fertig.
Das Gleiche gibt es auch bei Zahlen, da werden in einer Gebärde die Zahlen so verknüpft, dass beispielsweise mit einer bestimmten Handform »300« gebärdet wird. Oder die Schulnoten: Bei der Gebärde für die Note »Drei« sind die Gebärden für »Note« und für »Drei« miteinander in einer Gebärde kombiniert.

Darüber hinaus spielt die Simultanität eine Rolle, also die Tatsache, dass etwas gleichzeitig gezeigt wird. Die Gebärdensprache ist raumausnützend und damit dreidimensional. Im Vergleich dazu: Sprache ist eindimensional, ein Bild zweidimensional.
Überhaupt legt die Gebärdensprache viel Wert auf Details, die Handform, die Stelle oder die Ausführung und die Bewegungsrichtung geben unter Umständen Worten eine komplett andere Bedeutung. Eine einfache Möglichkeit, das anschaulich zu erklären, ist die Gebärde zum Verb »klingeln«: Daumen und Zeigefinger berühren sich an der Fingerspitze und werden so hin und her bewegt, als ob man ein Glöckchen in der Hand hat. Führe ich diese Gebärde in Höhe des Oberkörpers aus, so bedeutet sie »klingeln«, wie das Klingeln einer Glocke. Führt man die gleiche Gebärde weiter oben aus, etwa in Höhe der Schläfe, bedeutet sie »Bei mir klingelt es«, also »Ich habe eine Idee, ich habe verstanden, bei mir ist der Groschen gefallen«. Ebenso ist es mit »lernen« und »glauben« – je nach Ausführungsort bedeutet die gleiche Gebärde das eine oder das andere.

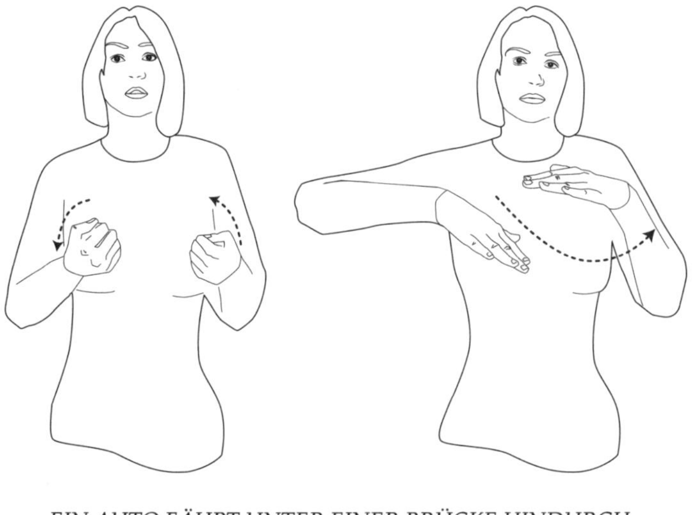

EIN AUTO FÄHRT UNTER EINER BRÜCKE HINDURCH.

In der Österreichischen Gebärdensprache unterstützt das Mundbild die Gebärde. Wenn man zum Beispiel ausdrücken will, dass etwas »sehr mühsam ist«, bläst man das »üüüüü« aus und zeigt dadurch, dass etwas »sehr müüüüühsam« ist. Wichtig sind auch die Mimik und die Körperhaltung, so gehen bei »mühsam« die Schultern nach vorn.

Eine weitere Erschwernis für die Übersetzung durch die Dolmetscher ist es, dass es keine Wortendungen gibt und dass der ganze

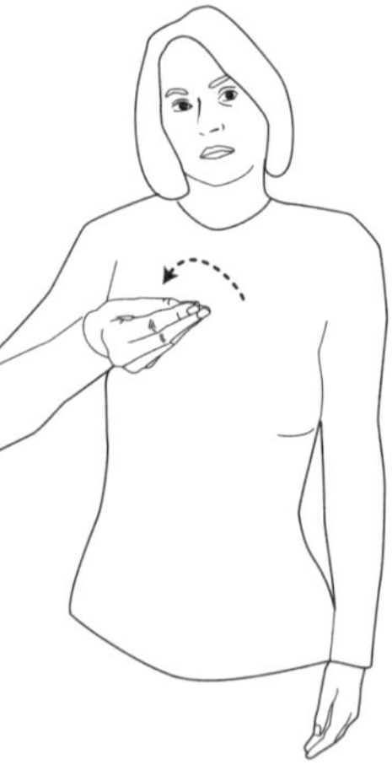

A

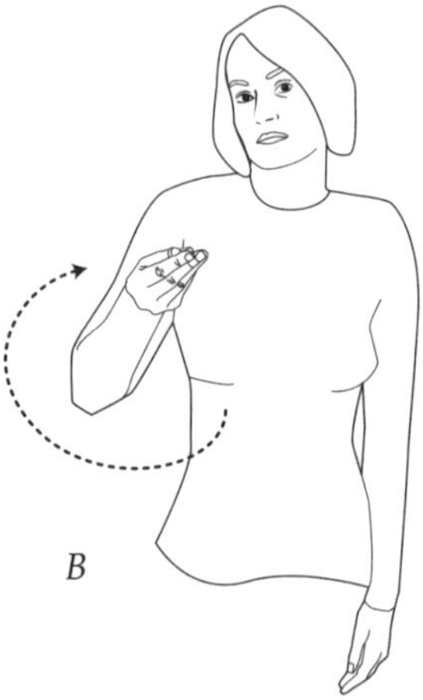

B

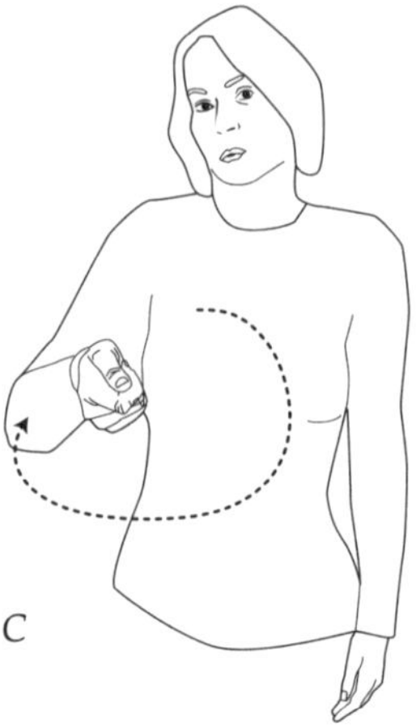

C

A: ICH GEBE DIR ETWAS.
B: ER GIBT MIR ETWAS.
C: ICH GEBE ALLEN ETWAS.

Raum als Sprachebene genutzt wird: Personen und Orte können in einem Gespräch sozusagen in der Luft platziert werden und die Bedeutung des gebärdeten Inhalts ändert sich abhängig von der Bewegungsrichtung der Gebärden zwischen diesen Raumpunkten. Deshalb unterscheiden sich die Gebärden für »Ich gebe dir etwas« (dabei gebärdet man in die Richtung dieser Person) und »Er gibt mir etwas« (dann wird die Gebärde andersherum gezeigt). Und wenn »Ich allen etwas gebe« oder »Von allen etwas bekomme«, sind das wieder andere Gebärden, weil diese dann die Person oder die Personen in die Gebärden einschließen. Deshalb ist es so wichtig, jede Gebärde korrekt auszuführen, weil sich sonst die gesamte Bedeutung verändert.
Fazit: Ein gesprochener Satz lässt sich nicht eins zu eins in die Gebärdensprache übertragen, es sei denn, man benutzt dazu ausschließlich begleitende Gebärden oder das Fingeralphabet und buchstabiert den Satz praktisch, aber dann ist es keine Gebärdensprache mehr. Denn wie in der gesprochenen Sprache auch, wird in der Gebärdensprache nur vereinzelt buchstabiert und natürlich nie ganze Sätze.

Und was sind lautsprachbegleitende Gebärden (LBG)?

Bei den lautsprachbegleitenden Gebärden wird zu jedem gesprochenen Wort ein entsprechendes Gebärdenzeichen ausgeführt, das bedeutet: Die Grammatik der deutschen Lautsprache bleibt bestehen. Daher sind die lautsprachbegleitenden Gebärden keine eigenständige Sprache wie die Österreichische Gebärdensprache, sondern eine Möglichkeit, gesprochenes Deutsch zu visualisieren. Die Lautsprache wird dadurch besser sichtbar und verständlicher gemacht. Auch das Ablesen vom Mund wird so erleichtert.
Da die lautsprachbegleitenden Gebärden jedoch sehr umständlich und langsam sind, werden beispielsweise im Unterricht meist die lautsprachunterstützende Gebärden (LUG) verwendet. Auch bei diesem System wird die Grammatik der deutschen Sprache benützt, aber es werden nur die inhaltsbedeutsamen Wörter parallel

gebärdet. Artikel und Füllwörter fallen weg. Die einzelnen Gebärdenzeichen sind der Gebärdensprache entnommen.
Lautsprachbegleitende und -unterstützende Gebärden sind also Kombinationen von zwei Sprachen. Man kann sich dieses System so vorstellen, als würde man zwar die deutsche Grammatik benutzen, aber englische Wörter dazu sprechen: »Wie geht es dir?« würde dann in »How goes it you?« übertragen (anstelle von »How are you?«, wie es korrekterweise heißen müsste).
Das generelle Problem von lautsprachbegleitenden und -unterstützenden Gebärden ist, dass beide Systeme keine komplexen Sprachen sind, sondern jeweils nur ein Kunstprodukt, das die Hinführung zur Lautsprache erleichtern soll. In der Tat benötigt man eine gute Sprach- und Gebärdenkompetenz, um sie überhaupt verstehen zu können. Zudem braucht es absolute Konzentration, um ihnen beispielsweise im Unterricht zu folgen.

Wie verhält man sich gegenüber gehörlosen Menschen richtig?

Viele hörende Menschen scheuen sich, gehörlose Menschen anzusprechen oder auf andere Art mit ihnen in Kontakt zu treten. Dabei ist das richtige Verhalten gegenüber gehörlosen beziehungsweise behinderten Menschen überhaupt recht einfach: So normal wie gegenüber jedem anderen Menschen auch.
Möchte man die Aufmerksamkeit eines gehörlosen Menschen auf sich lenken, so sollte man (wenn Blickkontakt besteht) winken. Ansonsten ist es zu empfehlen, auf den Boden zu stampfen oder auf den Tisch zu klopfen – denn so werden Schwingungen spürbar und der gehörlose Mensch weiß, dass er gemeint ist.
Das Lippenlesen ist eine wichtige Kommunikationsmöglichkeit zwischen hörenden und gehörlosen Personen. Deshalb sollte man deutlich sprechen und immer so stehen oder sitzen, dass man sich in Augenhöhe mit dem gehörlosen Menschen befindet, das Gesicht ihm direkt zugewandt. Wenn Kaugummi gekaut wird, erschwert dies das Lippenlesen – auch bei einem Menschen mit Vollbart sind die Lippenbewegungen schwieriger nachzuvollziehen.

Man muss nicht lauter als sonst sprechen, sollte aber beim Reden versuchen, ein deutliches Mundbild zu formen. Da trotzdem beim Lippenlesen der größte Teil des Gesagten erraten werden muss, ist es manchmal sinnvoll, wichtige Informationen aufzuschreiben.

Sehen gehörlose Menschen besonders gut?

Wenn Sinnesfunktionen des Menschen ausfallen, übernehmen die verbleibenden Sinne deren Aufgaben teilweise. Zwar sind im Gehirn bestimmte Bereiche bestimmten Sinnen zugeordnet, aber das kann sich verändern. Das bedeutet: Kommt beispielsweise ein Kind gehörlos zur Welt, so ist sein Gehirn erst einmal so angelegt wie das eines hörenden Kindes. Wird ein Sinnesorgan nicht oder nur wenig genutzt und bleibt so dieses Hirnareal ohne Anreiz, beginnt es sich mit der Zeit umzuorganisieren. In Bezug auf den Gehörsinn werden diese brachliegenden Hirnregionen vom Sehsinn »annektiert« und für visuelle Aufgaben und Reize sensibilisiert.

Wie funktioniert Lippenlesen?

Gehörlose Menschen können – da sie darin geübt sind – oft besser Lippen lesen als hörende, allerdings ist es ein Irrglaube, dass damit eine vollständige Kommunikation möglich ist. Durch Lippenlesen werden nur etwa 30 Prozent des Gesagten ohne Missverständnisse transportiert, der Großteil muss aus dem Zusammenhang erraten werden. Grund dafür sind gewisse Kehl- und Gaumenlaute, die ohne Lippenbewegung gesprochen werden. Insbesondere die Laute r, g, k, h, i und j sind nicht sichtbar. Einfache Beispiele: »Haus« und »aus« sehen von den Lippenbewegungen gleich aus, »Mutter« und »Butter« ebenso. Ob der Gesprächspartner das eine oder das andere sagt, erschließt sich nur aus dem Zusammenhang.[16]

Wenn man 30 Prozent versteht, fehlen 70 Prozent der Informationen. Und diese fehlenden Worte und Sätze werden vom Ablesenden durch das automatische Kombinieren ergänzt. Dabei kommt es schnell zu Missverständnissen. Lippenlesen ist Übungssache; und es fällt deutlich leichter, wenn der Sprecher langsam und gut artikuliert spricht, natürlich ohne dabei zu übertreiben.

Gibt es eine Möglichkeit, Missverständnisse zu vermeiden?

Das Fingeralphabet ist ein Teil der Gebärdensprache. Man verwendet es, wenn man die exakte Schreibweise eines Wortes darstellen möchte. Dabei werden einzelne Buchstaben angezeigt, man buchstabiert also mit den Fingern. Häufig wird das Fingeralphabet zu Hilfe genommen, um Eigennamen, besondere Fachbegriffe oder Worte aus einer Fremdsprache zu kommunizieren.
Das einhändige Fingeralphabet ist nicht zu verwechseln mit dem Fingeralphabet, das viele Kinder auf dem Schulhof lernen und verwenden, denn dafür braucht man beide Hände und das wäre im täglichen Leben eher umständlich. Nur noch in einigen Ländern – unter anderem in England und der Türkei – buchstabiert man mit zwei Händen.
Das Buchstabieren mit einer Hand geht mit etwas Übung recht flott und ist deshalb mittlerweile weltweit verbreitet und anerkannt.

Was ist – in Bezug auf Gebärdensprache – ein Native Speaker?

Gebärdensprachige Native Speakers (also Muttersprachler) können sowohl gehörlose als auch hörende Personen sein. Beiden gemeinsam ist die Tatsache, dass sie quasi mit Gebärdensprache aufgewachsen sind. In vielen Situationen können sie beispielhaft zeigen, wie selbstverständlich man mit Gebärden kommunizieren kann. So sollten beispielsweise in Integrationsklassen und bilingualen Klassen immer gehörlose Native Speakers in Gebärdensprache unterrichten, damit gehörlose Kinder Vorbilder haben, die so sind wie sie selbst.
Als Native Speakers gelten auch hörende Kinder gehörloser Eltern. Das sind gar nicht so wenige Menschen, denn 90 Prozent aller Kinder, deren Eltern gehörlos sind, kommen hörend auf die Welt! Es gibt sogar eine Organisation, in der sich hörende Kinder gehörloser Eltern zusammengeschlossen haben: Children of Deaf Adults (CODA). Diese Kinder wachsen in zwei Welten auf, leben also in zwei Kulturen – bikulturell. Das führt nicht selten zu Identifikationsproblemen. Doch die Vielseitigkeit und die unterschiedlichen

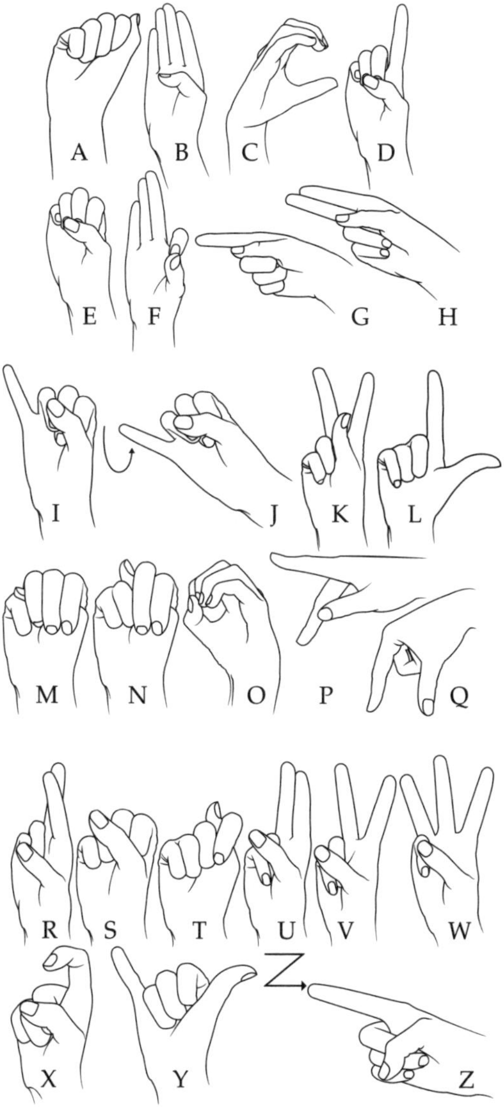

DAS AMERIKANISCHE FINGERALPHABET

Wahrnehmungsweisen, die ihnen begegnen, eröffnen ihnen auch vielfältigere Perspektiven und prägen sie ein Leben lang.

Ist jeder gehörlose Mensch auch bikulturell?

Als »bikulturell« bezeichnet man Menschen, die in zwei Kulturen aufwachsen und leben. Dieser Begriff bezieht sich nicht speziell auf gehörlose Menschen, sondern auch auf Kinder, deren Eltern aus kulturell unterschiedlich geprägten Familien stammen und deshalb in zwei Kulturen zu Hause sind.

Aber auch hörende Kinder gehörloser Eltern wachsen bikulturell auf ebenso wie gehörlose Kinder hörender Eltern. Unabhängig von der persönlichen Ausgangssituation begreifen sich viele gehörlose Menschen selbst als bikulturell, weil sie zwar gehörlos sind, aber genauso in der hörenden Welt leben.

Gibt es dadurch Identitätsprobleme?

Identitätsprobleme muss es nicht zwangsläufig geben. Denn mit einer Sprache, der Gebärdensprache, geht auch ein besonderes Selbstverständnis und die Zugehörigkeit zu einer (internationalen) Gemeinschaft einher. Deshalb legen gehörlose Menschen viel Wert auf die Pflege der jeweiligen Gebärdensprache. Daraus resultiert eine zwiespältige Einstellung zum Cochlea Implantat (siehe auch ab Seite 34), weil befürchtet wird, dass gehörlosen Kindern dadurch die Identitätsfindung erschwert wird. Eine optimale Förderung sollte alle Optionen offen halten und die Möglichkeit einer Implantation ebenso wie das Erlernen der entsprechenden Gebärdensprache berücksichtigen.

Was versteht man unter Gehörlosenkultur?

Gehörlose Menschen haben eine eigene landesspezifische Sprache. Sie sind somit eine Sprachminderheit und haben dementsprechend eine eigene Kultur. Gehörlosenkultur prägt die Wahrnehmung der Welt, eigene Werte, die Zugehörigkeit zu einer Gruppe – und letztendlich die Identität.

Ist der Begriff »Sprachminderheit« treffend?

Da es sich bei Gebärdensprachen um vollwertige Sprachen handelt, die jedoch nur von einer Minderheit genutzt werden, kann man von einer Sprachminderheit sprechen. Damit möchten insbesondere die gehörlosen Menschen unterstreichen, dass sie nicht nur als behinderte Menschen wahrgenommen werden wollen, sondern ebenso als sprachliche Minderheit. Diese Sprachverwendung hat mehrere Gründe: Menschen, die eine gemeinsame Sprache sprechen, bilden eine Sprachgemeinschaft. Wenn eine relativ kleine Gruppe von Menschen eine bestimmte Sprache spricht, dann bezeichnet man diese Gruppe als sprachliche Minderheit – und deren Sprache als Minderheitensprache.

In diesem Sinne verbindet gehörlose Menschen nicht nur ihre Hörbehinderung, sondern sie können ebenfalls als eine sprachliche Minderheit angesehen werden. Ihre Sprache besteht allerdings nicht aus Worten, die mit Lauten gebildet werden: Die Sprache der gehörlosen Minderheit besteht aus Gebärden und ist daher eine Gebärdensprache.

Was ist eine Gebärdensprachen-Community?

Was die Menschen in der Gehörlosengemeinschaft (oder Community) verbindet, ist die gemeinsame Sprache und daraus folgend eine gemeinsame Kultur. Nicht jeder Mensch, der gehörlos ist, möchte jedoch dazugehören, viele fühlen sich der Lautsprachkultur näher, weil sie entsprechend erzogen wurden. Andererseits gibt es auch hörende Menschen, die die Gebärdensprache beherrschen und die sich mit dieser speziellen Gemeinschaft verbunden fühlen.

Ein besonderer Beruf: Gebärdensprachdolmetscher

GebärdensprachdolmetscherInnen bauen Brücken zwischen gehörlosen und hörenden Personen. Sie dolmetschen in beide Richtungen. Es kommt vor, dass in einer Gruppe die Gebärdensprache dominiert und für die hörende, nicht gebärdensprachkompetente Minderheit gedolmetscht wird (das nennt man dann »voicen«).

Es gibt auch Dolmetscher, die von einer Gebärdensprache in die andere dolmetschen oder von einer anderen Lautsprache in die lokale Gebärdensprache (zum Beispiel aus der französischen Lautsprache in die Deutschschweizer Gebärdensprache). GebärdensprachdolmetscherInnen, die zwischen zwei Gebärdensprachen dolmetschen, sind häufig selbst gehörlos.

In Deutschland ist spätestens seit 2002 mit Inkrafttreten des Behindertengleichstellungsgesetzes der Anspruch gehörloser Menschen auf Gebärdensprachdolmetscher – insbesondere bei Behörden, Polizei und Gericht, aber auch am Arbeitsplatz – und andere Kommunikationshilfen wie beispielsweise den Einsatz von Schriftdolmetschern gesetzlich geregelt. In der Schweiz gibt es seit 2004 ein ähnliches Gesetz. In Österreich ist nur in der Zivilprozessordnung von 1998 der Einsatz von Gerichtsdolmetschern gesetzlich geregelt und wird auch finanziell vom Staat übernommen. Ansonsten gibt es jedoch keinen Rechtsanspruch auf einen Gebärdensprachdolmetscher – egal, in welcher Lebenslage man sich befindet!

Seit Ende 2006 ist ein qualifizierender Abschluss als Gebärdensprachdolmetscher in vielen Bereichen erforderlich. In Deutschland bieten das Amt für Lehrerbildung in Darmstadt und das Bayerische Kultusministerium eine staatliche Prüfung an. Für diese Prüfung ist ein Ausbildungsnachweis nicht vorgeschrieben, wohl aber eine langjährige Berufstätigkeit. Die akademischen Diplome der Universitäten und Fachhochschulen können auf Wunsch und gegen eine Gebühr den staatlichen Prüfungen gleichgestellt werden.

In Österreich kann man an der Karl-Franzens-Universität Graz studieren oder beim Lehrgang »Fachausbildung Gebärdensprachdolmetschen« in Linz eine dreijährige praxisorientierte Ausbildung machen. Beim Dolmetscherverband wiederum gibt es die Möglichkeit, die »AchtungFertigLos«-Ausbildung zu absolvieren. Voraussetzung dafür ist allerdings die Kompetenz in der Österreichischen Gebärdensprache.

Das Institut für Deutsche Gebärdensprache und Kommunikation Gehörloser (IDGS) bietet in Zusammenarbeit mit der Arbeitsstelle für wissenschaftliche Weiterbildung (AWW) der Universität Hamburg ein neues und bundesweit einmaliges weiterbildendes Studium zur Qualifizierung gehörloser GebärdensprachdolmetscherInnen an. Dabei finden drei mögliche Kombinationen der Arbeitssprachen Anwendung:

- Deutsche Gebärdensprache – Gebärdensprache eines anderen Landes
- Deutsche Gebärdensprache – International Signs
- Deutsche Gebärdensprache – Schriftdeutsch

Hat man die sechs Module dieser Ausbildung erfolgreich absolviert, ist man berechtigt, sich für die staatliche Prüfung zum Gebärdensprachdolmetscher in Darmstadt anzumelden.

Gibt es in Österreich und Deutschland Gebärdensprachkurse?

Ja, die gibt es. Am Sprachzentrum der Universität Wien sind Gebärdensprachkurse nach Englischkursen die am zweitstärksten nachgefragten Kurse. Sie werden von Native Speakers geleitet, also von gehörlosen Menschen, deren Muttersprache eine Gebärdensprache ist. Zum ersten Kurstermin sind noch DolmetscherInnen anwesend, aber ab dem zweiten Termin sind Gebärdensprache und Schriftsprache die einzige Kommunikationsmöglichkeit innerhalb des Kurses. In Deutschland kann man unter anderem an den Universitäten in Hamburg und Berlin, bei regionalen Zweigstellen des Gehörlosenverbandes und an verschiedenen Volkshochschulen die Deutsche Gebärdensprache erlernen. In der Schweiz gibt es Kurse in den größeren Städten wie Zürich oder Bern und ebenso bei den Gehörlosenverbänden.

Tu einfach so, als könntest du hören

BILDUNG

Wenn ich geglaubt hatte, im Kindergarten sei es langweilig und in der Schule könne es nur besser werden, hatte ich mich geirrt: Ohne meine Eltern – ich muss es nochmals betonen – hätte ich die kommenden Jahre sicher nicht geschafft. Aber ich erhielt wunderbare Unterstützung von zu Hause. Meine Eltern gaben mir nie das Gefühl, ich sei anders. Alles war normal, ich war normal, Punkt.

Diese Normalität wurde mir tagtäglich vorgelebt. Meine Eltern gingen sehr offen und selbstverständlich mit der Gehörlosigkeit um. Mein Vater als Bildhauer und meine Mutter als Textildesignerin kommunizierten ständig mit Hörenden. So etwas wie Gebärdensprachdolmetscher engagierte man nur zu ganz besonderen Anlässen wie etwa Hochzeiten oder Gerichtsterminen. Mir war bewusst, dass die Situation in meiner Familie die Ausnahme war, denn meine gehörlosen Freunde lebten ganz anders. Sie bekamen das meiste nicht mit, was zu Hause so gesprochen wurde. Und wenn sie nachfragten, wurden sie mit einem »Ist nicht so wichtig!« ruhig gestellt.

Als ich eingeschult wurde, kamen gehörlose Kinder (wie behinderte Kinder ganz allgemein auch) noch in Sonderschulen.

Damals war man beseelt von dem Glauben an medizinisch-technische Lösungen des »Problems« Gehörlosigkeit: Hörgeräte, Trainingsmaschinen für die Aussprache, verschiedenste Computerprogramme und in letzter Zeit auch Operationen – all das richtet sich ausschließlich auf den nicht vorhandenen Hörsinn und lässt den tatsächlichen Spracherwerb als nebensächlich erscheinen. Audiologen und Mediziner – statt gut ausgebildeten Lehrern und Lehrerinnen – wurden für wichtig erachtet, und Gehörlosenschulen wurden zu Kliniken, die messen, diagnostizieren, behandeln und therapieren sollten und so versuchten, mit allen Mitteln hörende, sprechende Kinder hervorzubringen

Das wollten meine Eltern für mich nicht. Sie waren sehr weitsichtig und zukunftsorientiert, loteten gründlich aus, mit welcher Schulbildung ich die größten Chancen haben würde, mein Potenzial zu nutzen. Mir war das damals nicht bewusst und deshalb war ich sehr überrascht, als mich meine Eltern auf die Schule für schwerhörige Kinder schickten. Es gab also feine Unterschiede: gehörlos – oder schwerhörig? Offensichtlich! Und meine Eltern hatten entschieden, dass ich eine Schule besuchen sollte, an der überwiegend schwerhörige Kinder waren, eben um das schlechte Bildungsniveau der Gehörlosenschule zu meiden. Zum ersten Mal in meinem Leben forderten mich meine Eltern auf, mich als etwas auszugeben, was ich nicht bin – schwerhörig!

Das Vorstellungsgespräch übten wir vorab immer wieder. Was tue ich, wenn der Direktor sich hinter mich stellt und ich nicht von seinen Lippen ablesen kann? Meine Eltern wussten, dass das ein beliebter Trick war, um herauszufinden, ob man schwerhörig oder gehörlos ist. Also drehte ich mich um und sagte irgendetwas, als würde ich das wiederholen, was ich verstanden hatte – selbst wenn es falsch war, wurde ich damit für schwerhörig statt für gehörlos gehalten. Musste die Zukunft mit einer Lüge beginnen?

»Tu einfach so, als könntest du hören.« So etwas hatten mir meine Eltern noch nie zuvor geraten, doch ich folgte ihrem Rat – und tat so als ob. Die Finte gelang, ja, sie war notwendig, um mir eine »Bildung unter jedem Niveau« zu ersparen. Das nämlich war es, was mich auf einer Gehörlosenschule erwartet hätte. Kaum zu glauben, aber wahr, denn unter gehörlosen Menschen ist die Analphabetenrate auch heute noch extrem hoch. Nicht überall – in Skandinavien und einigen Teilen Amerikas sieht es anders aus –, aber in Österreich und auch in Deutschland ist das traurige Realität.

An meinem ersten Schultag kam ich als einziges gehörloses Kind in eine eingeschworene Klassengemeinschaft von schwerhörigen Kindern. In der Schule bekamen wir immer wieder zu hören: »Du bist behindert, dass schaffst du sowieso nicht.« Den Kindern wurde regelrecht ein Minderwertigkeitsgefühl eingeimpft. Damit wollte ich mich natürlich nicht abfinden, ich ging schnurstracks zu meiner Mutter und habe gefragt: »Stimmt das? Ich werde es nie schaffen?« Sie hat mir dann immer erklärt, ich solle nicht auf die Lehrer hören. Und ich hab mir gedacht: ›Wahrscheinlich hat sie recht, Papa hat es zu etwas gebracht, sie hat es zu etwas gebracht – also warum sollte es bei mir anders sein?!‹

Etwas irritiert hat es mich natürlich schon, dass meine Mutter darauf bestand, dass ich in der Schule keine Gebärden verwendete – ich sollte von den Lippen ablesen und mit Stimme sprechen. Später stellte sich natürlich doch heraus, dass ich gehörlos bin. Die Lehrer entdeckten, dass etwas bei mir »nicht stimmte«. Sie beobachteten, wie ich mit meinen Eltern in Gebärdensprache kommunizierte und auch heimlich auf dem Pausenhof Gebärden verwendete. Daraufhin beschwerten sich die Lehrer beim Direktor und forderten, dass ich auf die Gehörlosenschule gehen müsse. Meine Eltern blieben hartnäckig. Sie schlossen mit der Schule oder dem Direktor eine Vereinbarung, dass ich bleiben dürfte, solange ich im Zeugnis nur Einser und Zweier hätte. Wäre ein Dreier im Zeugnis aufgetaucht, hätte ich sofort auf die Gehörlosenschule wechseln müssen. Es gab damals kein Gesetz, was den geforderten Schulwechsel verhindert hätte – aber natürlich auch keines, was durchweg gute Leistungen verlangt.

Durch diese Vereinbarung wurde der Druck auf mich noch größer. Meine Eltern wurden strenger mit mir und verlangten, dass ich noch mehr lernen müsse. Bei den Hausaufgaben, bei den Übungen für die Tests oder Schularbeiten erwarteten sie, dass ich keinen Fehler machte. Und wenn mir doch einer unterlief, musste ich alles wiederholen. Immer wieder und noch mehr lernen – bis alles korrekt war. Das war für mich sehr belastend, aber ich glaube, meine Eltern hatten mindestens ebenso viel Angst davor wie ich selbst, dass ich versagen könnte.

Die Lehrer waren teilweise sehr unfair zu mir. So machten sie viele Sprechübungen und hielten sich dabei die Hand vor dem Mund, sodass nur derjenige die Worte nachsprechen konnte, der sie hörte. Ebenso gab es auch Zwei-Wort-Spiele zum »Schönsprechen«: Hierbei mussten wir zwei bekannte Worte hörend unterscheiden. Darin war ich natürlich nicht gut, da ich gar nichts hören konnte – und musste das schriftlich wieder ausbügeln. Zwei andere Schüler hatten die gleichen Probleme wie ich – sie waren zwar anfangs schwerhörig, wurden aber mit der Zeit gehörlos.

Ich wusste damals noch nicht, welche Art der Vereinbarung meine Eltern mit der Schule geschlossen hatten. Ich empfand das alles als sehr ungerecht. Trotzdem: Kein einziges Mal hatte ich während der Pflichtschulzeit einen Dreier – noch nicht mal im Sport durfte ich mir das erlauben. Heute weiß ich selbst nicht mehr, wie das möglich war.

Man darf nicht davon ausgehen, dass man sein Kind in die Schule schickt und die Lehrer oder die Institution an sich regelt das schon irgendwie, so funktioniert es nicht – und bei gehörlosen Menschen schon gleich gar nicht. Es muss zu Hause nachgearbeitet werden. Natürlich hatte ich nicht immer dazu Lust, aber meine Mutter war unerbittlich. Es gab Zeiten, da habe ich opponiert. Stundenlang habe ich mit meiner Mutter diskutiert, aber sie hat nie lockergelassen, sie sagte: »So, jetzt hast du drei Stunden vertan, fangen wir jetzt endlich an?«

In der Schwerhörigenschule verstand ich zwar im Unterricht (fast) alles, aber nur deshalb, weil meine Mutter so viel mit mir vorgearbeitet hatte – und so war mir in der Schule (wieder mal) langweilig. Parallel zum Unterricht hatte ich einen Privatlehrer, der mich zusätzlich förderte. Vom fünften bis zum achtzehnten Lebensjahr unterrichtete er mich dreimal pro Woche. Er wurde für mich zu einem sehr wichtigen Menschen: Er begleitete mich mein ganzes Schulleben über und sorgte später auch dafür, dass ich studieren durfte. Zugegeben, unser gemeinsamer Start verlief nicht ganz reibungslos: Nachdem meine erste Privatlehrerin nach ihrer Hochzeit aus Österreich wegzog, suchten meine Eltern Ersatz. Doch der war nicht so leicht zu finden beziehungsweise niemand entsprach den Ansprüchen, die meine Eltern stellten. Nachdem wir verschiedene Logopäden ausprobiert hatten, erfuhren meine Eltern von diesem Lehrer. Also schrieb mein Vater ihm einen höflichen Brief – und bekam keine Antwort. Er schrieb noch einmal – wieder nichts. Im dritten Brief schrieb er dann: »Ich bin akademischer Bildhauer und habe eine Antwort verdient.« Diesmal bekamen wir eine Antwort – und wurden eingeladen.

Bei meiner ersten Begegnung mit ihm kam er mir sehr groß vor. Na ja, wahrscheinlich lag das daran, dass ich damals noch ziemlich klein war. Ich war jedenfalls sehr eingeschüchtert, aber ich konnte doch vor seinen strengen Augen bestehen. Fortan arbeitete er zwei- bis dreimal wöchentlich mit mir: Sprachübungen, Englisch, Deutsch, Mathematik – alles, was notwendig war, um die Schule zu meistern. Die meisten Unterrichtsstunden fanden in seinem Haus außerhalb von Wien statt. Seine Wohnung war gemütlich und ein bisschen unheimlich zugleich: Da er viel reiste und schon allerlei exotische Souvenirs mitgebracht hatte, gab es viel für mich zu bestaunen. Er wurde, selbst hörend, später Direktor der Gehörlosenschule in Wien. Nur ihm habe ich es zu verdanken, dass ich Lehrerin werden durfte. Er hatte eine sehr offene, liberale Weltsicht und trat für Chancengleichheit und gegen Diskriminierung ein – für mich ein wahrer Glücksfall.

Die Schule ist für jedes Kind eine große Herausforderung. Jeder Mensch hat seine individuellen Stärken und Schwächen und eine individuelle Förderung des Einzelnen ist im Schulsystem in der Regel nicht möglich. In besonderer Art und Weise gilt das für Menschen mit Behinderung – und Menschen mit Seh- oder Hörstörungen sind bezüglich der Schulbildung noch stärker benachteiligt. Das kommt unter anderen daher, weil sie mehr leisten müssen als alle anderen Kinder. Sehbehinderte und blinde Kinder müssen beispielsweise die Braille-Schrift kennen, um Lesen und Schreiben zu lernen. Hörbehinderte und gehörlose Kinder müssen die Sprache beherrschen, in der der Unterricht stattfindet. Hierzulande ist das die Lautsprache Deutsch. Je nachdem, welche Vorbildung diese Kinder haben, fällt ihnen das leichter oder schwerer.

Ich konnte den Bilingualismus von Gebärden- und Lautsprache recht gut bewältigen, da mir meine Mutter neben der Gebärdensprache schon frühzeitig Lesen und Schreiben beigebracht hatte. Lesen kann man nur durch Lesen lernen, das gilt für hörende wie gehörlose Kinder gleichermaßen. Aber ich zog noch mehr Vorteile aus dem Lesen: Es bot mir eine angenehme Möglichkeit, die Lautsprache und die dazugehörige Grammatik zu verinnerlichen und dadurch mehr Kompetenz in der Schriftsprache zu erlangen. Denn Bücher waren immer schon das Wichtigste in meinem Leben: Sie waren mir das Tor zu einer anderen Welt, ermöglichten mir eine Reise in die Welt der Fantasie. Was sollte ich auch sonst tun? Fernzusehen, so wie hörende Kinder in meinem Alter das taten, kam ja (fast) nicht infrage. Natürlich habe ich – wie alle meine damaligen Freunde – »Heidi« oder »Biene Maja« angeschaut. Ich liebte sie, auch wenn ich dabei nichts verstand, weil damals Kinderfilme und -serien noch gar nicht untertitelt wurden. Ich dachte mir deshalb – durch die Mimik und Gestik der Figuren inspiriert – eine Handlung aus, die da möglicherweise ablief. Ich werde wohl nie erfahren, ob meine Fantasie in die richtige Richtung ging.

Heute denke ich, es ist extrem wichtig, dass auch diese Kinderfilme und Serien für gehörlose Kinder übersetzt angeboten würden. Es geht doch dabei oft um typische Konfliktsituationen, die dann mehr oder weniger originell aufgelöst werden.

Kinder können also etwas daraus lernen – und insbesondere in Sachen »Strategien zur Konfliktlösung« haben gehörlose Menschen einen großen Nachholbedarf.

Doch meine Welt war ohnehin die der Bücher. Ich las so ziemlich alles, was die Stadtbibliothek in Wien hergab. Und wie die meisten Mädchen liebte ich Pferdebücher und später dann die typischen Mädchenbücher wie »Hanni und Nanni«. Als ich älter wurde, mussten es Krimis sein und dann natürlich Liebesromane. Was auch immer ich gerade las, für mich war die Sprache ganz wichtig. Formulierungen, die mir besonders gut gefielen, baute ich gern in meine eigenen Schulaufsätze ein: »Es regnete in Strömen« – von dieser Formulierung war meine Lehrerin in der Volksschule sehr beeindruckt.

Ich nutzte jede freie Minute, um zu lesen, sogar nachts mit der Taschenlampe unter der Bettdecke, wenn es denn sein musste. »Freie« Minuten gab es natürlich nur wenige, denn mein Schul- und Freizeitpensum war enorm. Zweimal pro Woche Sport (Ballett und Turnen) und jeden Tag nach der Schule noch Privatunterricht – und dann noch das Üben. Rückblickend glaube ich, dass es mir manche Lehrer absichtlich schwer machten, auf der Schwerhörigenschule zu bestehen. Ich wurde auch oft angefeindet und die Eltern meiner Klassenkameraden störte es, dass es eine »Gehörlose« in der Klasse gab. Das Gebärden war ihnen unheimlich und sie befürchteten »negative Auswirkungen« auf ihre schwerhörigen Kinder. Was für ein Unsinn! An meiner Schule jedenfalls war keine Gebärdensprache erlaubt, auch nicht in den Pausen. Ich versuchte es natürlich trotzdem immer wieder – und prompt hagelte es Beschwerden von der Elternschaft und insbesondere von den Lehrern. Ich kommunizierte schließlich so, dass ich bestimmte Gebärden und Zeichen mit Stimme unterstützt verwendete. Ein Vehikel, nicht mehr.

Selbstverständlich gab es damals immer auch Kinder um mich herum, mit denen mich eine innige Beziehung verband. Sowohl im Kindergarten als auch in der Schule hatte ich immer beste Freundinnen. Auch heute noch sind meine lieben

FreundInnen essenzielle Bestandteile meines Lebens. Was wäre ich nur ohne meine gebärdensprachkompetente hörende Freundin, die mich immer aufmuntert, wenn ich traurig bin oder es mir nicht gut geht, indem sie für mich Musikstücke übersetzt. Oder meine gehörlose deutsche Freundin, mit der ich mich regelmäßig per Webcam austausche, weil wir wirklich über alles reden können.

Es fiel und fällt mir leicht, Kontakte zu knüpfen, denn ich gehe stets offen auf Menschen zu. Dabei war es mir schon damals nie wichtig, ob jemand hörend, gehörlos oder schwerhörig ist. Ich hatte im Kindergarten eine gehörlose Freundin, in der Schule eine schwerhörige und zu Hause eine hörende Freundin, die im selben Haus wohnte wie ich selbst. Sie erlernte damals mir zuliebe die Gebärdensprache – das fand ich schön. Wir schrieben einander auch kleine Briefchen. Solange wir zu zweit unterwegs waren, war die Welt in Ordnung. Trafen wir dann aber andere hörende Kinder, kam ich mir schnell wie das fünfte Rad am Wagen vor, denn natürlich verfielen dann alle ins Reden und ich stand daneben und verstand nichts.

Während meiner Schulzeit hatte ich außerdem auch sehr viele Brieffreunde. Mit einigen von ihnen habe ich mich später regelmäßig getroffen. Das war dann ein echter Ansporn für mich, auch in Lautsprache zu sprechen.

In Wien gab es früher darüber hinaus auch Plätze, an denen sich gehörlose Jugendliche trafen. Ein wahrer Lichtblick!

Meine Ferien verbrachte ich oft und gern in der Steiermark, genauer gesagt in Graz bei meiner Großmutter. Sie kommunizierte allerdings nur schriftlich mit mir, nie mündlich. Sie konnte nicht gebärden und verwendete nur zwei, drei »hausgemachte« Gebärden – wie beispielsweise »essen« oder »Schau mich an«.

Meine Großmutter war von Beruf Astrologin und lange Zeit nach dem Krieg alleinerziehend. Sie war eine selbstständige und selbstbewusste Frau. Sie muss auch eine gute Astrologin gewesen sein, denn über mangelnde Kundschaft konnte sie sich nicht beklagen. Ihr Warteraum war immer gut gefüllt.

Bei meiner Geburt erstellte meine Großmutter ein Horoskop und sagte dabei voraus, dass ich im Kindesalter einen Unfall haben und daraufhin gehörlos sein würde. Sie schrieb in diesem Horoskop auch, dass ich entweder einen technischen Beruf ergreifen oder Lehrerin sein würde – beides hat sich im Grunde bestätigt. Nur von meiner politischen Karriere hat sie damals nichts erwähnt.

Auch in der Nähe von Schloss Seggau in der Südsteiermark verbrachten wir regelmäßig einige Wochen. Dort auf dem Land, am besten auf einem Bauernhof, fühlte ich mich immer sehr wohl. Gleich nach unserer Ankunft lief ich über die Wiesen und begrüßte alle Kühe persönlich. Zu Hause in Wien durfte ich keine Tiere haben, das fand ich damals sehr schade, aber meine Eltern blieben in diesem Punkt sehr streng. Deshalb war die Vielfalt auf dem Bauernhof natürlich ein Highlight für mich! Neben den Kühen hatten es mir vor allem die Katzen angetan. Sobald ich ankam, schnappte ich mir eine von ihnen und mochte gar nicht mehr aufhören, sie zu streicheln. Wenn ich dann abends im Bett lag, müssen die Katzen vor meiner Zimmertür ein richtiges Konzert gegeben haben. Die ganze Nacht – so erzählte man mir später – hätten sie gemaunzt und miaut. Ich hörte nichts davon, sondern schlief wunderbar – die anderen Hausbewohner konnten dagegen kein Auge zumachen.

Meine Ferienaufenthalte innerhalb Österreichs waren für mich immer wunderschön: Ich lernte dabei viele Kinder kennen, und selbst wenn diese nicht gebärden konnten, so verstanden wir uns doch auch ohne Worte. Überhaupt habe ich die schul- und damit lernfreie Zeit sehr genossen – ich war jeden Tag draußen unterwegs und machte mit meinen Freunden den Wald unsicher.

Wenn ich nach solch einem Spieltag nach Hause kam, war meine Mutter oft wenig begeistert. Ich war ein richtiger Dreckspatz, kein Baum war vor mir sicher und entsprechend sah am Abend meine Kleidung aus. Trotz meiner wilden Seite wollte ich jedoch auch immer hübsch sein. Schon damals hatte ich ein Faible für Schuhe (das hat sich übrigens bis heute nicht geändert) und wenn meine Mutter sich neue kaufte, wollte ich immer genau die gleichen in meiner Größe. Einmal erfüllte mir meine Mutter diesen Wunsch und ich bekam die gleichen weißen Sandalen wie sie. Leider hatte ich die Sorgfalt für die neuen Schuhe schon bald wieder vergessen, denn als wir vom Einkauf kamen, eilte ich gleich zu meinen Freunden zum Spielen. Und es ging querfeldein, ohne Rücksicht auf Kuhfladen – wie meine neuen weißen Schuhe danach aussahen, brauche ich wohl nicht zu erwähnen.

Als ich acht Jahre alt war, flog ich zum ersten Mal in den Ferien weg: Die Reise ging nach Griechenland, genauer gesagt nach Rhodos. Ich fand es grandios: Sonne, Strand und Meer. Während meine Mutter und ich davon nie genug bekamen, verbrachte mein Vater die meiste Zeit lesend auf dem Zimmer. Er verließ es tagsüber nur, um eines der vielen Museen zu besuchen. Das war auch zu Hause seine Lieblingsbeschäftigung, wenn er nicht gerade las oder in seinem Atelier arbeitete. Sonntags gingen wir regelmäßig zusammen ins Museum oder spazierten durch den Prater.

Im Gegensatz zu mir besuchten meine Eltern während ihrer Kindheit und Jugend beide eine Gehörlosenschule.

Damals, als meine Mutter zur Schule ging (es war eine religiöse Schule mit Klosterschwestern), sagten die Nonnen ihr immer wieder, dass sie nicht hübsch sei. Aber das stimmte nicht: Meine Mutter war schon immer groß und blond und gutaussehend, aber als gehörloses Mädchen hätte sie wohl lieber in Sack und Asche gehen sollen, als sich fein zu machen. Eines Tages, sie war vielleicht sechs oder sieben Jahre alt, musste sie zum Schuldirektor. Meine Mutter hatte naturblondes Haar, aber dunkelbraune Augenbrauen. Der Direktor kam gleich auf den Punkt und fragte: »Hast du deine Augenbrauen geschminkt?« Meine Mutter wusste gar nicht, was er wollte, aber meine Großmutter war dabei und sagte: »Nein, sie sieht immer so aus!« Aber der Direktor glaubte es nicht und ordnete an, dass man meine Mutter kopfüber ins kalte Wasser stecken und versuchen solle, »es« abzuwaschen.

Nur ein paar Jahre später, als die Nationalsozialisten das Sagen hatten, geschahen unendliche Gräueltaten. Viele gehörlose Freunde meiner Mutter wurden in »Erholungsferien« geschickt und kamen niemals zurück. Die SS-Uniformierten, die auf den Straßen unterwegs waren, trugen den Totenkopf auf den Schulterklappen – da gehörlose Menschen ihre Umwelt stark durch visuelle Eindrücke erfassen, verdeutlichte dieses Symbol die Bedrohung schon optisch: Sie spürten sofort, dass diese Soldaten Unheil bringen würden.

Meiner Mutter selbst drohte sogar die Zwangssterilisation. Sie sollte als erste Schülerin der Grazer Gehörlosenschule operiert werden, in Wien wurden bereits dutzende Kinder zwangssterilisiert. Es gab eine Altersgrenze von sechzehn oder achtzehn Jahren, die aber in der Praxis oft nicht eingehalten wurde. Meine Mutter war damals erst zwölf Jahre alt und eigentlich noch zu jung für die Zwangssterilisation, aber eines Tages kamen die Nazis einfach in die Schule und funktionierten ein Klassenzimmer in einen Operationssaal um.

Am Tag, als meine Mutter auf der Operationsliste stand, gab es gleich nach Schulbeginn am Morgen einen Fliegeralarm. Die Kampfflugzeuge zogen tief über die Stadt und trafen mit ihren Bomben die Schule – und zwar genau diesen Operationsraum. Das nenne ich Glück!

Der Krieg war natürlich für alle Menschen schrecklich. Damals gab es in der Gebärdensprache viele Gebärden, die die verschiedenen Bombentypen visualisierten. Die Gehörlosigkeit bekam im Krieg noch einmal eine andere Dimension: Denken Sie doch nur einmal an den Fliegeralarm! Der war akustisch, gehörlose Menschen konnten ihn nicht wahrnehmen. Zumeist informierten Nachbarn dann meine Großeltern, und die mussten sich sputen, um noch rechtzeitig in den Keller zu kommen. Meine Mutter entschloss sich irgendwann, gleich im Keller zu übernachten, anstatt mitten in der Nacht aus dem Bett geholt zu werden. Auch wenn die gehörlosen Menschen den Fliegeralarm nicht wahrnehmen konnten: Die Erschütterungen, wenn eine Bombe explodierte, gingen ihnen durch Mark und Bein.

Es war eine schwere Zeit. Auch mein Vater (er wurde 1924 geboren) litt wie so viele Menschen unter dem Hitler-Regime und musste mit Repressalien leben. So bekam er während dieser Zeit einmal eine Einladung, im Rahmen einer »Hitlerjugendführung« nach Auschwitz zu kommen – seine Eltern durchschauten dieses Manöver zum Glück. Er musste in diesen Jahren noch häufiger versteckt werden, um nicht abgeholt zu werden. Seine Eltern waren auch nach seiner Schulzeit sehr kritisch bei der Auswahl der Freunde, mit denen er sich umgeben durfte: Nur absolut vertrauenswürdige Menschen kamen für sie infrage.

In der Gehörlosenschule fühlte er sich etwas unterfordert. Einige der Schüler kamen im Unterricht nicht so gut mit und die Lehrer nahmen auf diese Rücksicht. Der damalige Lehrer meines Vaters beherrschte die Gebärdensprache sehr gut. Ein Großteil der Lehrer gebärdete auch im Unterricht.

Die Begabung meines Vaters zeigte sich schon zeitig: Seine ersten künstlerischen Entwürfe setzte er mit Fensterkitt um. Den pulte er aus den Fensterritzen in seinem Zimmer und modellierte daraus kleine Figuren. Bevor er sein Zimmer verließ, arbeitete er die Miniskulpturen wieder in Fensterkitt um, damit niemand etwas bemerkte. Einmal wurde er jedoch »erwischt« und sein Stiefvater stellte bei dieser Gelegenheit seine einzigartige Begabung fest. Mein Vater hatte Glück: Er wurde für ein Probejahr an der Kunstschule aufgenommen und aufgrund seiner guten Leistungen war bald klar, dass er bleiben konnte. An der Kunstschule hatte er hauptsächlich hörende Kommilitonen, seine Gehörlosigkeit war jedoch nie ein Problem für ihn. Es gab zu dieser Zeit keine Dolmetscher in Gebärdensprache, die bei den mündlichen Prüfungen übersetzten, daher musste mein Vater alles schriftlich absolvieren. Im praktischen Bereich war er ohnehin unschlagbar. So wurde zum Beispiel in der Abschlussprüfung ein interessantes Thema gestellt, die Darstellung von Freude und Schmerz: Mein Vater stellte diese beiden Gefühlszustände sehr prägnant in einer klaren Formensprache dar – die Freude als offene Form, die Trauer geschlossen – und bestand mit Auszeichnung.

Das reichte meinem Vater aber nicht. Er wollte mehr: Er wollte auf eine Akademie, um seine Kenntnisse zu verfeinern. Zur Auswahl standen damals Akademien in München, in der Schweiz und in Wien, für Letztere entschied er sich schließlich. Hier kam er jedoch mit seinem ersten Professor nicht besonders gut zurecht. Nachdem dieser eine Arbeit meines Vaters, und zwar ein Selbstporträt, zertrümmert hatte, war es definitiv Zeit für einen Wechsel: Mein Vater kam dann zu Professor Wotruba, der eine sehr avantgardistische Perspektive vertrat. Meinem Vater lag eigentlich eher der klassische Stil, er konnte sich aber an Professor Wotrubas Auffassung bald gewöhnen. Wotruba bat meinen Vater schließlich sogar ausdrücklich darum, an der Akademie zu bleiben. Später kaufte er meinem Vater eine seiner Arbeiten ab.

Mein Vater wurde während seiner Studien von seiner Familie unterstützt und verdiente sich noch Geld hinzu, indem er Architekturstudenten bei ihren Zeichnungen half. Außerdem bekam er damals schon Aufträge der Stadt Wien, und später kamen jede Menge privater Auftraggeber dazu. Es herrschte zu dieser Zeit große Armut und die Lebensmittelknappheit war für alle zu bemerken – trotz seiner Begabung und der ersten beruflichen Erfolge war dies auch für meinen Vater sehr stark zu spüren. Das Studium zu bewältigen war unter diesen Umständen eine extreme Herausforderung für ihn: Er arbeitete vormittags im Atelier, nachmittags absolvierte er den theoretischen Unterricht und abends musste er die Theorie, die er nicht verstanden hatte, nachlernen. Es muss für ihn ein Déjà-vu gewesen sein, dass es mir in meiner Schulzeit später ebenso erging. Aber er genoss auch die vielfältigen geistigen Herausforderungen an der Akademie: Schließlich hatte er die Gehörlosenschule spielend geschafft und wollte jetzt den Hörenden keinesfalls nachstehen. Er hat zeit seines Lebens gesagt, für ihn sei es zweitrangig, ob die Menschen seiner Umgebung gehörlos oder hörend waren, für ihn zählte eine gewisse »geistige Verwandtschaft«.

Wenn ich meinem verstorbenen Vater heute nah sein will, dann muss ich nur durch Wien gehen. An vielen öffentlichen

Plätzen und vor verschiedenen Häusern stehen seine Arbeiten, so etwa im Laaerbergbad und in Simmering. So bleibt er immer im Bewusstsein der Menschen.

Natürlich versuchte er auch schon früh, künstlerische Ambitionen bei mir zu wecken. Oft habe ich ihn in seinem Staatsatelier in Krieau besucht, ihm beim Arbeiten zugeschaut oder selbst mit Ton etwas modelliert. Meinen Zugang zur Kunst habe ich allerdings erst später im Studium gefunden. Doch wir hatten auch neben der Kunst genug, was uns verband. Ich mochte beispielsweise die Atmosphäre in diesem Künstlerareal im Prater. Dort hatten – unterstützt von der Stadt Wien – viele Künstler ihre Werkstätten. Ich liebte es, dorthin zu kommen und die Künstler beim Diskutieren zu beobachten. Meinen Vater habe ich schon aus der Ferne immer an seiner schwarzen Baskenmütze erkannt. Er war so leidenschaftlich in seiner Arbeit und so zielstrebig in seinem Bemühen. Vielleicht erklärt die Geschichte meines Vaters ein wenig auch meine eigene Hartnäckigkeit. Wenn ich ein Ziel vor Augen habe, dann will ich es auch um jeden Preis erreichen.

Schon als ich klein war, hatte ich den Plan, später einmal zu studieren. Aber dazu brauchte ich zuerst einmal die Matura *(Anmerkung der Redaktion: österreichische Bezeichnung für »Abitur«).* Aber wo? In Österreich gibt es bis heute kein allgemeinbildendes Gymnasium für gehörlose Menschen! Da ich schon immer gern zeichnete, wollte ich am liebsten auf eine Grafikschule mit Abitur – aber das war unmöglich, es gab nämlich keine in Wien. In Graz hingegen wäre es möglich gewesen – weil dort Verwandte wohnten –, diese Hürde tatsächlich zu überwinden! Mein Vater wurde persönlich vorstellig, aber man ließ mich noch nicht einmal zur Aufnahmeprüfung zu. Die Begründung: meine Gehörlosigkeit. Dann hatte meine Mutter die Idee, mich an der Modeschule in Michelbeuern anzumelden, doch die verwiesen auf die Gehörlosenschule in Speising – natürlich gab es dort keine Möglichkeit, das Abitur abzulegen. Außerdem stand noch die sehr renommierte Modeschule in Hetzendorf zur Debatte. Aber auch dort konnte man leider die Matura nicht ablegen! Irgendwer empfahl meinen Eltern schließlich die Höhere Technische Lehranstalt (HTL) in Wien. Der Horror – ich und Maschinenbau-Betriebstechnik, das passte so gar nicht zusammen. Es war das Letzte, was ich wollte, aber schlussendlich das Einzige, was mir blieb.

Auf der Hauptschule hatte ich im Physikunterricht nur Unsinn angestellt. Ich brachte also nicht gerade die idealen Voraussetzungen für diesen speziellen Schultyp mit. Getreu dem Motto »Ich hab eh keine Chance, also nutze ich sie« ging ich mit meinen Eltern zur Direktorin. Die Frau lächelte gütig und sah in meinem Start an der Schule kein Problem.

Bevor ich aufgenommen werden konnte, musste ich zur Schulärztin. Ein Albtraum. Sie musterte mich wie einen Schwerverbrecher und sprach mit zuckendem Mund. Ich verstand überhaupt nichts. Schließlich schlug sie meinen Eltern vor, mich in die Abteilung Lederwarenerzeugung zu schicken (unnötig zu erwähnen, dass man da kein Abitur machen konnte). Ich kochte innerlich vor Wut, ich war zur Untersuchung gekommen und nicht zur Berufsberatung! Nach langem Hin und Her einigte man sich auf ein Probejahr. Zum Abschied gab es keine aufmunternden Worte – stattdessen erklärte mir die Ärztin unverblümt: »Du wirst die Matura nie schaffen!«

Im Alter von vierzehn Jahren kam ich also an die Höhere Technische Lehranstalt, in eine Integrationsklasse – und zwar nicht nur als einzige gehörlose Person, sondern auch als einziges Mädchen. Mein erster Schultag war eine Katastrophe: Der Wecker funktionierte nicht, wir verschliefen und fuhren deshalb mit dem Taxi zur Schule. Knapp vor Beginn der ersten Stunde wurde ich in ein Klassenzimmer geschoben. Dreizehn Augenpaare richteten sich auf mich – wie gesagt: nur Jungen! ›Das geht ja gut los‹, dachte ich, und bei all dem Tuscheln, das ich sah, wurde mir meine Hörbehinderung erstmals schmerzhaft bewusst.

Einerseits war es recht lustig mit den ganzen Burschen, andererseits war es total langweilig, weil mich der Unterricht dort überhaupt nicht interessierte. Das Beste an der Schule waren die Pausen, denn dann konnte ich mit den gehörlosen

Jugendlichen aus den anderen Klassen plaudern. Die Höhere Technische Lehranstalt war einer Art Schulzentrum angegliedert und unter den drei- bis vierhundert Schülern aller Schulbereiche gab es an die vierzig gehörlose MitschülerInnen.

Natürlich blieb den Professoren *(Anmerkung der Redaktion: Im österreichischen Sprachgebrauch werden Lehrer häufig als »Professoren« bezeichnet.)* nicht verborgen, dass mich der Unterricht nicht sonderlich interessierte. Sie warfen mir vor, ich würde nicht aufpassen – aber das stimmte nicht. Ich versuchte tatsächlich, während des Unterrichts von den Lippen zu lesen, aber dafür sprachen sie zu schnell. Außerdem gingen die Lehrer ständig auf und ab, drehten sich zur Tafel – und redeten weiter. Oft musste ich Mitschüler bitten, mir Unterrichtsinhalte zu erklären. Oder ich schrieb von meinem Banknachbarn die Hefteinträge ab. In meinen Heften gab es mehr Kritzeleien als geschriebenen Text.

Besonders monoton waren für mich die Unterrichtsstunden, in denen die Professoren stundenlang referierten und mir nichts anderes übrig blieb, als die Löcher in der Wand des Klassenzimmers zu zählen. Manchmal bekam ich durch Zufall mit, dass es um brandaktuelle Themen ging – und gern hätte ich einen Beitrag geleistet. Aber leider lässt sich mein Gehör nicht einfach bei Bedarf anschalten. Stattdessen boxte ich meinen Banknachbarn in die Seite, der mir dann im besten Falle einige Stichworte zuwarf.

Eines Tages verließ auch noch mein damaliger Banknachbar die Schule und ich musste einen Platz weiterrutschen. Nun saß ich neben einem Knaben, der nur Hieroglyphen aufs Papier brachte: So sehr ich mich auch bemühte, seine Schrift war einfach nicht zu entziffern. Wütend fauchte ich ihn an, er solle mal einen Schönschreibkurs besuchen. Er machte mir jedoch kurz und bündig klar, dass er nur in der üblichen »Normschrift« schreibe (*Anmerkung der Redaktion: Normschrift ist eine standardisierte Schreibweise, die man üblicherweise nur für die Beschriftung technischer Zeichnungen verwendet.*) und dass es wohl mein Problem wäre, wenn ich die nicht entziffern könne. Ich fand das damals gar nicht witzig. Weil für mich der Unterricht nicht nachvollziehbar war, plauderte ich oft mit den Mitschülern. Wir unterhielten uns mithilfe des Taschenrechners, den wir umdrehten, sodass man die Zahlen als Buchstaben sah, oder mittels eines Stück Papiers und einem Stift. Als ich meine Mitschüler besser kannte, redeten wir auch lautsprachlich, was den Professoren natürlich nicht gefiel.

Ein Klassenkamerad fragte mich einmal, wie viele unterschiedliche Gebärden es gäbe. Ich antwortete: »Etwa fünftausend.« Anstatt ihm meine Freude über sein Interesse zu zeigen, hatte ich ihn damit wohl eher verschreckt. Sich diese Menge an Gebärden selbst beizubringen, wäre natürlich auch ein riesiges Unterfangen gewesen, denn zu meiner Schulzeit gab es noch keine Gebärdensprachkurse, so wie heute.

Einzig die Deutschstunden boten mir Entspannung, es wurde diskutiert und wir sahen auch Filme an. Diese waren zwar leider nie untertitelt, der Professor brachte mir jedoch immer ein Buch oder ähnliche Aufgaben mit, damit ich den Film verfolgen oder mich sinnvoll mit dem Unterrichtsstoff beschäftigen konnte. Oder er hatte für mich Materialien besorgt, die ich bearbeiten konnte, indem ich Zusammenfassungen oder Aufsätze schrieb und so den Lehrstoff durchnahm.

Im Grunde kann ich meinen damaligen Lehrkräften keinen Vorwurf machen, sie bemühten sich, bei meinen Klassenkameraden Verständnis für meine besondere Situation zu erzeugen. Es half allerdings wenig: Immer wieder vergaßen meine Mitschüler, mir zu sagen, wann die nächste Prüfung angesetzt war oder dass ein Lehrausgang stattfinden sollte. So erlebte ich manch böse Überraschung!

Natürlich wurde in manchen Fächern auch mündlich abgefragt, dann mussten sich die Lehrer für mich Alternativen einfallen lassen, beispielsweise ließen sie mich stattdessen schriftlich an der Tafel oder im Heft die entsprechenden Aufgaben lösen. Aber nicht alle Lehrer waren so engagiert, manche fragten mich einfach ebenso aus wie die anderen Schüler. Oft halfen mir meine Mitschüler dann mit einer Mischmasch-Kommunikation aus Lippenlesen und Zetteln (mit den Antworten), die sie hochhielten. Als wir später immer öfter Referate hielten, stieß ich auf mehr Verständnis: Ich fertigte diese schriftlich an und der Professor las sie für mich vor.

Auf jeden Fall war ich glücklich, als wir das erste Mal in die Werkstatt gingen: Endlich mal etwas, bei dem es nicht auf Sprache ankam! Die Jungen aus meiner Klasse beäugten mich ganz kritisch: »Na, ob die das wohl schafft?« Leider blamierte ich mich bei meinem ersten Werkstattbesuch auch gleich ziemlich. Ich ging an die Werkbank und zog eine Schublade raus, doch offensichtlich mit so viel Schwung, dass diese prompt auf den Fußboden knallte – und nur wenige Zentimeter vor meinen Füßen landete. Insgesamt war ich dann jedoch ebenso von den Werkstunden enttäuscht: Denn das stundenlange Herumfeilen an diversen Werkstücken war auch nicht wirklich meine Welt.

Als an der Höheren Technischen Lehranstalt schließlich die ersten Prüfungen anstanden, geriet ich ins Schleudern und schaffte die meisten gerade so mit Ach und Krach – und in Chemie und Physik hatte ich völlig versagt. Mein Chemieprofessor empfahl mir ein bestimmtes Chemiebuch und so bestand ich wenigstens den nächsten Test. Auch in Physik galt es, die Fünf auszubügeln. Der Lehrer nahm mich zu Seite und erklärte mir ausführlich, dass ich – falls ich die Nachprüfung nicht schaffen sollte – wohl die Fachschule wechseln müsse. Welch eine Schmach! Das Probejahr war noch nicht einmal rum und nun schon eine solche Ansage!

Mein schönstes und grässlichstes Weihnachtsgeschenk war deshalb in dem Jahr ein Physikbuch mit Übungen. Die Weihnachtsferien waren ausgefüllt: zwei Wochen Büffeln nonstop. Doch der Lohn ließ nicht auf sich warten – ich bewältigte die Nachprüfung! Es war klar, dass ich von nun an mehr Einsatz bringen musste, wenn ich das Probejahr bestehen wollte. Ich meldete mich im Sportverein ab und vergrub mich in meine Bücher. Und ich schaffte den Abschluss, und zwar gar nicht so schlecht.

Eine Schlacht war gewonnen, aber noch lange nicht der Krieg. Im zweiten Schuljahr wurde es noch technischer, es wurde noch mehr geredet und ich verstand wirklich überhaupt nichts mehr. Zudem verlangten die Professoren nun von mir, dass ich sie während des gesamten Unterrichts anschaute. Aber ich verstand trotzdem nichts, weil sie viel zu schnell sprachen – wie sollte ich ihnen das begreiflich machen? Ich hatte keine Idee dazu, schaute sie also einfach an, lächelte und träumte mich dabei ganz weit weg …

In den nächsten Schuljahren hatte ich immer weniger Zeit für private Dinge: Die Tage waren nur noch zum Lernen da – die Nächte übrigens auch. Am Ende meines zweiten Schuljahres erschien eine neue Schülerzeitung und darin wurden wir gehörlosen Menschen als »taubstumm« bezeichnet. Das ließ ich mir natürlich nicht gefallen und schrieb eine ausführliche Entgegnung für die nächste Ausgabe.

In der dritten Jahrgangstufe kamen Referate im Unterricht hinzu – das fand mein Interesse! Mein erster Vortrag behandelte das Thema Gehörlosigkeit und war Protest und Aufklärung zugleich. Mein Deutschprofessor reagierte schriftlich auf mein Referat – das war noch nie passiert. Er gab eine Beurteilung ab und entschuldigte sich zugleich für seine Lehrerkollegen. Das war für mich ein erster Teilerfolg.

Insgesamt ging es jedoch in der Schule so weiter wie bisher: Im Unterricht verstand ich nichts, zu Hause musste ich den gesamten Stoff nacharbeiten. Mit meinen Nachhilfelehrern (waren es dreißig oder vierzig im Laufe der Schulzeit – ich weiß es nicht mehr) konnte ich auch nur schriftlich kommunizieren, denn keiner von ihnen beherrschte die Gebärdensprache. Ich stellte also meine Frage, sie antworteten schriftlich. Das dauerte alles unendlich lange. Auch hatte ich ständig wechselnde Nachhilfelehrer – zum einen, weil für verschiedene Themen unterschiedliche Nachhilfelehrer nötig waren, zum anderen, weil es meist Studenten waren, die nach einiger Zeit den Studienort wieder verließen. Meine Eltern machten immer wieder Aushänge an der Universität, um für »Nachschub« zu sorgen. An einen Nachhilfestudenten kann ich mich noch sehr gut erinnern, der fackelte nämlich nicht lange, sondern schnappte sich den Aushang meiner Eltern und stand vor unserer Tür. Dort erklärte er rundheraus, er hätte sich gedacht, direkt zu uns zu kommen sei die effektivste Art und Weise der Kontaktaufnahme (weil wir ja gehörlos seien). Erst waren meine Eltern leicht irritiert, aber dann fanden sie diese Initiative gut – so vorausschauend hatte noch keiner der Studenten gehandelt. Er hatte den Job und behielt ihn auch ziemlich lang. Allerdings konnte ich ihm in all den Jahren nicht beibringen mit großem Mundbild zu sprechen. Schade, denn wir wurden sogar gute Freunde!

Ein weiteres Thema war die Fremdsprache Englisch, die ich selbstverständlich für die Matura ebenfalls lernen musste. Gehörlose Menschen sollten zu einer neuen Lautsprache immer die dazugehörige Gebärdensprache lernen. Nur so ist auch eine mündliche Kommunikation in dieser Fremdsprache möglich – denn wenn das Sprachenlernen ausschließlich über den schriftlichen Weg erfolgt, werden das Lippenlesen und überhaupt das Verstehen der Zusammenhänge in der Fremdsprache enorm erschwert. Später lernte ich die American Sign Language und das half mir, das Englische als Fremdsprache wirklich zu erfassen. Heute ist natürlich alles etwas einfacher: Durch die internationalen Chatforen, in denen englisch kommuniziert wird, erlangt man schneller mehr Sicherheit in einer Sprache. Der technische Fortschritt hat also durchaus auch Vorteile. Und gerade unter diesem Aspekt ist es so wichtig, dass auch gehörlose Kinder im Englischen unterrichtet werden. Ohne diese Fremdsprache werden sie noch mehr ausgegrenzt und können nicht mehr Schritt halten.

In der vierten Jahrgangsstufe hatten wir fünfundvierzig Stunden Unterricht pro Woche. Aber der Tag hat nur vierundzwanzig Stunden und so musste ich immer öfter bis tief in die Nacht hinein lernen, um mein Pensum zu schaffen. Im Schnitt schlief ich nur noch drei bis vier Stunden. Da ich in den fünfundvierzig Stunden Unterricht quasi nichts mitbekam, musste ich nach der Schule den gesamten Stoff mit Nachhilfelehrern oder allein aus Büchern nacharbeiten – da kamen insgesamt locker neunzig (!) Wochenstunden zusammen.

Im darauffolgenden Jahr bekam unsere Klasse noch dazu den gefürchtetsten Professor der ganzen Schule. Doch – oh, Wunder – gerade dieser Professor artikulierte nahezu perfekt. Zum ersten Mal konnte ich etwa drei Viertel des Stoffes im Unterricht selbst verstehen. Doch weiterhin lagen Sieg und Niederlage für mich nah beieinander: Ich empfand es beispielsweise als erniedrigend, dass wir einen Film im Geschichtsunterricht gezeigt bekamen, von dem ich wusste, dass er mit Untertitelung zur Verfügung stand. Aber der verantwortliche Lehrer hatte einfach nicht daran gedacht, sich darum zu kümmern.

Da kam mir der angekündigte Besuch des Schulinspektors gerade recht: Ich schrieb einen Brief, in dem ich forderte, dass in bestimmten Fächern und allgemein bei Schulveranstaltungen Gebärdensprachdolmetscher für die gehörlosen Schüler eingesetzt werden und Unterrichtsfilme mit Untertitelung gezeigt werden sollten. Auch der Einsatz von Stützlehrern wäre wünschenswert gewesen. Ich sammelte Unterschriften von Mitschülern und übergab dieses Schreiben dem Inspektor. Meine Professoren waren unglaublich stolz auf mich. Genau genommen war das eigentlich meine erste politische Aktion.

Lange geschah nichts, dann bekam ich einen Antwortbrief. Dieser enthielt jedoch lediglich tröstende Worte und den eher allgemeinen Hinweis, alles brauche seine Zeit. Nun, ich habe während meiner Schulzeit nicht mehr erlebt, dass sich etwas verändert hätte …

Doch ohnehin stand für mich nun schon bald die Matura vor der Tür. Ich lernte noch intensiver, noch länger – und hatte schließlich die Reifeprüfung geschafft. Rückblickend betrachtet war das Bestehen der Maturaprüfung meine größte Herausforderung, mein größter Sieg. Noch nicht mal mein erster Auftritt vor dem Parlament konnte dieses Gefühl von damals toppen!

Deaf History – die Geschichte der Gehörlosigkeit[17]

Die Geschichte der Gehörlosigkeit ist so alt wie die Menschheit. Von jeher gab es Menschen, die nicht hören konnten – und von jeher hatten sie ob dieses Mangels gegen Ungerechtigkeit und Ausgrenzung zu kämpfen. Merkwürdigerweise ist es so, dass die Personen, die das Schicksal der gehörlosen Menschen am nachhaltigsten beeinflussten, oft hörend waren. Und nicht selten waren sie Rechtsanwälte oder Geistliche, mitunter auch selbst ernannte Propheten ohne pädagogischen Hintergrund, aber dafür mit viel Sendungsbewusstsein und Charisma. Sie führten auf dem Rücken der gehörlosen Minderheit einen erbitterten Krieg der Ideologien, unter dessen Folgen das europäische Bildungssystem bis heute leidet.

Veraltete Begriffe – hartnäckige Vorurteile

Früher nannte man gehörlose Menschen »taubstumm«. Ich mag dieses Wort nicht – TAUBSTUMM. Für mich schwingt dabei immer die Assoziation »taub gleich dumm« mit.
Überhaupt gibt es einige umgangssprachliche Fehltritte, mit denen sich gehörlose Menschen im Laufe der Jahrhunderte herumschlagen mussten. So bezeichnete man sie beispielweise als »tumb«. Das Wort kommt aus dem Mittelhochdeutschen und ist gleichbedeutend mit dumm. Wer tumb ist, ist taub und dumm – so einfach ist das.
Auch »terrisch« ist so ein abwertender Ausdruck, der überwiegend für schwerhörige Menschen verwendet wurde.
Aber das fehlende Gehör hat überhaupt nichts mit den intellektuellen Fähigkeiten oder dem Intelligenzquotienten eines Menschen zu tun. Gehörlose Menschen sind nicht dumm, nur weil sie nicht hören können!
Und gehörlose Menschen sind auch nicht automatisch stumm, im Gegenteil: Gehörlose Menschen sind laut, sehr laut! Das ist kein Witz! Es liegt einfach daran, dass gehörlose Personen quasi automatisch ihre Gebärden mit »Sprache« unterlegen. Da sie aber kei-

ne Kontrolle (in Form von Gehör) über die Tonlage habe, kann das manchmal ganz schön laut werden.
Die Vorurteile, die gehörlosen Menschen immer noch entgegengebracht werden, haben leider eine sehr lange Tradition: Bereits Platon war der Meinung, dass Menschen schon mit all ihren geistigen Kompetenzen auf die Welt kommen. Doch wer nicht sprechen kann, kann diese Fähigkeiten nicht zeigen. Daher, so schlussfolgerte Platon, verfügen gehörlose Menschen über keine Intelligenz, weil sie sich nicht äußern können. Auch nach Ansicht seines Schülers Aristoteles waren gehörlose Menschen ohne Sinne und unfähig zur Vernunft.[18]

Die Geschichte der Gehörlosigkeit im Europa des Mittelalters

Die Ausgrenzung gehörloser Menschen in Europa war lange Zeit traurige Realität – besonders manifestiert durch den Einfluss der Religion. Denn die Bibel sagt: »So gründet der Glaube in der Botschaft, die Botschaft im Wort Christi.«[19] Und: »Am Anfang war das Wort.«[20] Deshalb glaubte man im Mittelalter, dass nur diejenigen durch Gott erlöst werden, die sein Wort hören können. Und das war gehörlosen Menschen nicht möglich. Selbst Augustinus war der Meinung, dass ein Mensch, der nicht hören kann, auch nicht glauben könne. Da den gehörlosen Menschen die »göttliche« Sprache fehlte, galten sie über Jahrhunderte hinweg nicht als vollwertige Menschen.
Doch es gab auch Positivbeispiele: Fray Pedro Ponce de Léon war ein spanischer Benediktinermönch, der gehörlose Menschen durchaus für lernfähig hielt. Er unterrichtete in seinem Kloster gehörlose Kinder aus wohlhabenden und adligen Familien im Sprechen, und zwar mittels der Schriftsprache. Er gilt übrigens als »Erfinder« des Fingeralphabets. Pedro Ponce de Léons Tätigkeit fand Nachahmer, die seine Grundlagen weiterentwickelten. Ramirez de Carrión und Pablo Bonet verfassten gemeinsam das erste Werk zur Gehörlosenpädagogik. Diese pädagogische Methode wurde als »Spanische Methode« bekannt.

Gebärdensprache oder Oralismus?

1760 nahm sich in Paris der Abbé Charles Michel de l'Epée der systematischen Ausbildung gehörloser Menschen an. Er war überzeugt davon, dass jeder Mensch über eine Sprache des Herzens verfügte, um sich auszudrücken, und sah seine Aufgabe darin, diese Sprache in eine »Form« zu bringen, um eine Kommunikation zwischen hörenden und gehörlosen Menschen zu ermöglichen. Seine Theorie wandte er zunächst im Einzelunterricht an. Er unterrichtete zwei Waisenkinder und beobachtete ihre Gebärdensprache, um diese dann zu verallgemeinern und zu systematisieren. Nach ersten Erfolgen nahm Abbé de l'Epée schon bald weitere gehörlose Schüler auf. Er gründete schließlich 1771 die »Institution Nationale des Sourds-Muets de Paris« – die erste Schule für gehörlose Menschen weltweit.
Abbé de l'Epée orientierte sich an den philosophischen Ansätzen René Descartes' und ging davon aus, dass man Inhalte und Zeichen auf jede Art und Weise willkürlich miteinander verbinden könne. Auf dieser Basis entwickelte Abbé de l'Epée die sogenannten methodischen Gebärden. Um Buchstaben zu erlernen und für das Buchstabieren von Namen nutzte er das Fingeralphabet (l'alphabet manuel) als Hilfsmittel.
De l'Epée begann ein umfassendes Werk über die gängigen Gebärdenzeichen zusammenzustellen, seine Schüler und Nachfolger komplettierten es zum Lexikon der Gebärdenzeichen. So wurde die »Französische Methode« europaweit verbreitet und seine Schüler trugen de l'Epées Lehren in die Welt hinaus. Aus diesem Grund ist die heutige American Sign Language enger mit der französischen Gebärdensprache verbunden als mit der British Sign Language.
Samuel Heinicke als bekanntester Vertreter des Oralismus war der ärgste Gegenspieler von Abbé de l'Epée. Heinicke war Autodidakt und selbst ernannter Lehrer für Schreiben und Musik. Unter anderem unterrichtete er einen gehörlosen Jungen, und zwar nach einer Methode, die er aus dem Lehrbuch des niederländischen Arztes Johann Conrad Ammann entnommen hatte. Der empfahl, gehörlose Kinder in der Lautsprache zu unterrichten. Dabei

dienten Anschauungsobjekte, Bilder und Gebärden dazu, Worte und Begriffe in einen Zusammenhang zu bringen. Doch hatten Gebärden in Heinickes Augen keinen allzu hohen Stellenwert – die Kinder sollten sie daher möglichst wenig benutzen. Weil vor allem die Aussprache und deren Verbesserung im Vordergrund standen, reduzierte sich der Umfang des Lehrstoffs auf das Nötigste. Bekannt wurde Heinicke übrigens vor allem durch die oralistische Erziehung einer jungen Baronesse. Durch seine Erfolge und Veröffentlichungen fand seine Unterrichtsmethode nach 1850 als »Deutsche Methode« viele Nachahmer.

Der Mailänder Kongress[21]

Schon zu Lebzeiten von de l'Epée und Samuel Heinicke galten die beiden als erbitterte Kontrahenten. Erst auf dem Mailänder Kongress im Jahre 1880 wurde jedoch der Kampf ihrer Ideologien zur finalen Schlacht. Das Duell Gebärdensprache versus Oralismus gipfelte in einem Niedergang der segensreichen Lehrmethoden von de l'Epée. Nur ganze 100 Jahre entfaltete seine Methode ihre segensreiche Wirkung, dann obsiegte doch Heinicke mit seiner oralen Variante. Auf diesem »Zweiten internationalen Taubstummen-Lehrer-Kongress« fasste man rigorose Beschlüsse – gegen die Gebärdensprache und für die Oralmethode –, die fast ein ganzes Jahrhundert das Leben und die Ausbildung gehörloser Menschen in Europa überschatteten. Bezeichnenderweise waren gehörlose Lehrkräfte zu diesem Kongress nicht zugelassen und natürlich auch nicht stimmberechtigt – und so waren es wiederum die Hörenden, die über die Zukunft der »Tauben« entschieden.

Der Kongress kam unter anderem zu dem Schluss, dass die Lautsprache auf jeden Fall der Gebärdensprache überlegen sei und man sie schon allein aus diesem Grund vorziehen müsse. Zudem sei nur über die gesprochene Sprache eine Verständigung mit den hörenden Menschen möglich – eine weiterführende Sprachbildung könne deshalb nur durch Lautsprache stattfinden.

Zwar waren die Beschlüsse des Mailänder Kongresses nicht rechtsverbindlich, aber trotzdem verschwand die Gebärdensprache

durch sie fast völlig aus den Gehörloseninstituten in Europa und wurde durch die orale Methode (also das ausschließliche Erlernen von Lautsprache) ersetzt.
Der Begriff »gehörlos« wurde übrigens erst nach der Einführung der allgemeinen Schulbildung gehörloser Kinder gegen Ende des 18. Jahrhunderts geprägt. Da in Folge der Beschlüsse des Mailänder Kongresses die Sprecherziehung mittels der oralen Methode forciert wurde, schaffte man die Bezeichnung »taubstumm« ab, da man den gehörlosen Menschen mit der oralistischen Methode sozusagen eine Stimme gegeben hatte.

Und wie sah es in Österreich aus?
Zur Zeit de l'Epées regierte in Österreich der reformfreudige Kaiser Joseph II., der im Ausland gern inkognito unterwegs war. Er hörte von de l'Epée durch seine Schwester Marie Antoinette in Versailles. Seine Mutter, damals noch Herrscherin, gewährte ihm den Wunsch, nach Paris zu reisen und dessen Schule zu besuchen. Und der angehende Kaiser war fasziniert.
In seiner Zeit als Kaiser ließ Joseph II. 1779 in Wien (per Kaiserlichem Dekret) die landesweit erste Gehörlosenschule gründen – in der Taubstummengasse, die noch heute so heißt. Hier machte man sich auch eigene Gedanken, wie man die Bildung von gehörlosen Kindern am besten fördern könnte. Am Wiener Gehörloseninstitut gaben sich vor allem deutsche Gehörlosenlehrer (unter anderem Freiherr Hugo von Schütz) die Klinke in die Hand. Man unterrichtete eine Mischung aus Schriftsprache und Fingeralphabet, die Begriffsbildung fand durch Gebärden statt. Beim Sprachaufbau legte man jedoch großen Wert auf grammatikalische Regeln. Die deutschen Lehrkräfte zeigten sich irritiert über das österreichische Ansinnen, die Lehren de l'Epées anzuwenden.
Das Resultat all dieser Bemühungen war schließlich die »Wiener Methode«, bei der die Gebärdensprache als Grundlage der Begriffsbildung dient, darauf aufbauend die Schriftsprache erlernt und zuletzt mit der gesprochenen Lautsprache das Gelernte vertieft wird.

Die Geschichte der Gehörlosigkeit und Gebärdensprachen in der Neuen Welt

In Amerika ist das Thema der Gehörlosenbildung eng mit dem Namen Gallaudet verknüpft, da man sich in der Familie Gallaudet über Generationen hinweg für die Sache der gehörlosen Menschen engagierte. Alles begann mit Thomas Hopkins Gallaudet, einem Geistlichen, der 1817 mit dem gehörlosen Laurent Clerc (einem Schüler de l'Epées) eine Schule für gehörlose Kinder in Hartford, Connecticut gründete.

Der hörende Gallaudet besuchte seinerzeit die Yale University und arbeitete als Prediger, als ihn der Vater eines neunjährigen, gehörlosen Mädchens bat, sich nach Unterrichtsmethoden für gehörlose Schüler umzusehen. Gallaudet reiste nach Europa und traf in Paris Abbé Sicard, den Nachfolger de l'Epées, der inzwischen die französische »Institution Nationale des Sourds-Muets« in Paris leitete. Gallaudet war beeindruckt von den dortigen französischen Lehrmethoden. Er nutzte seine ganze Überzeugungskraft, um Laurent Clerc, einen gehörlosen Lehrer dieser Schule, zu einer Reise nach Amerika zu bewegen. Dort angekommen errichteten Gallaudet und Clerc mithilfe von privaten und öffentlichen Spenden in Hartford eine Schule für gehörlose Kinder, heute als »American School for the Deaf« bekannt.

Auch Thomas, der älteste Sohn Gallaudets und ebenfalls Geistlicher, setzte sich für die Belange gehörloser Menschen ein. Im Mittelpunkt seines Engagements stand vor allem die Gründung einer Kirchengemeinde.

Sein jüngster Sohn Edward Miner Gallaudet trat später in die Fußstapfen den Vaters, untersuchte unterschiedliche Lehrmethoden und besuchte verschiedene Institute in Europa. Er kam zu dem Schluss, dass die Sprechfähigkeit zwar schön und gut, aber der Grad der Allgemeinbildung, die vermittelt wird, höher zu bewerten sei. Sein Votum, der gebärdensprachlichen Methode den Vorrang zu geben, beeinflusste die Gehörlosenbildung in Amerika nachhaltig. Zusammen mit Amos Kendall richtete Edward Miner Gallaudet schließlich in einer Schule in Washington, D.C. eine Kollegstufe ein – die erste höhere Bildungseinrichtung für gehörlose Menschen –, das National Deaf-Mute College, später umbenannt in Gallaudet College. 1986 wurde das College offiziell zur Universität. Gemeinsam mit den Studenten eben jener Universität untersuchte William Stokoe, ein eher unkonventioneller Sprachwissenschaftler seiner Zeit, in den 1960er-Jahren die damals verwendete Gebärdensprache, gab ihr den Namen »American Sign Language« und veröffentlichte ein Buch, das begründete, warum seiner Meinung nach die Gebärdensprache eine vollwertige Sprache war.

Eine Insel der Gehörlosigkeit

Die Geschichte der Gehörlosigkeit umfasst viele spannende Phänomene. Eines davon ist Martha's Vineyard – eine knapp 230 Quadratkilometer große Insel vor der Südküste von Cape Cod im US-Bundesstaat Massachusetts. In den Mittelpunkt wissenschaftlicher Neugier rückten die Inselbewohner, als auffällig wurde, dass dort eine Enklave von Gebärdensprachlern entstanden war. Bei näherer Betrachtung fand man heraus, dass die ersten Siedler, die die Insel bevölkerten, alle aus einer kleinen Grafschaft in England stammten, und zwar aus nur sieben verschiedenen Familien. Der daraus entstandene Gen-Pool produzierte im Laufe der Jahrhunderte viele gehörlose Nachfahren und somit war die Notwendigkeit einer nonverbalen Sprache offensichtlich. Nirgendwo sonst war die Gebärdensprache schon so früh so perfekt entwickelt, daher wundert es nicht, dass die Gebärdensprache dieser kleinen Insel auch die American Sign Language beinflusste. Die Martha's-Vineyard-Gebärdensprache gehört heute der Vergangenheit an, obwohl immer noch überraschend viele Bewohner der Insel gebärden können. Die ganze Geschichte rund um Zufall, Genetik und amerikanische Einwanderungsgeschichte hat die Autorin Nora Ellen Groce in ihrem Buch »Jeder sprach hier Gebärdensprache«[22] zusammengetragen.

Gehörlosigkeit und Eugenik

Die meisten von uns wissen, dass behinderte Menschen ebenso wie andere Bevölkerungsgruppen unter der Willkür unmenschlicher Diktaturen furchtbar litten, beispielsweise unter dem Naziregime im Europa der 1930er- und 1940er-Jahre (siehe auch ab Seite 91). Was damals in Europa geschah, war erschütternd und grausam. Doch derlei Gedankengut gab es leider auch zu anderen Zeiten und in anderen Ländern – in Europa genauso wie weltweit! Bereits vor der Zeit des Hitlerfaschismus in Europa gab in den USA eine Eugenikbewegung, die sich gegen behinderte Menschen richtete – unter anderem gegen gehörlose Menschen.

Dabei taucht ein Name auf, den man vielleicht in diesem Zusammenhang nicht vermutet: Alexander Graham Bell – vielen bekannt als Erfinder des Telefons. Bell war Sprechtherapeut, Großunternehmer und Erfinder (zum Beispiel: des Audiometers zum Messen der Gehörleistung).

Sowohl Bells Vater als auch sein Großvater, ein Professor der Rede- und Vortragskunst, interessierten und beschäftigten sich beruflich mit der Sprechtechnik. Alexander Graham Bell trat in ihre Fußstapfen. Er unterrichtete als Gehörlosenlehrer an verschiedenen Schulen und galt dabei als großer Verfechter der oralistischen Unterrichtsmethode. Auch privat hatte er seine Erfahrungen gemacht: Seine Mutter war schwerhörig und seine Frau gehörlos.

Bell sah sich selbst immer gern als ein Förderer der gehörlosen Menschen. Dennoch führte gerade die Verbreitung des Telefons, das zu einem der wichtigsten Kommunikationsmittel in unserer modernen Gesellschaft wurde, für eine lange Zeit zu einer starken Ausgrenzung genau dieser Bevölkerungsgruppe.

Zudem beschäftigte sich Bell mit dem Phänomen der weitverbreiteten Gehörlosigkeit auf der Insel Martha's Vineyard (siehe auch Seite 109) – und geriet dabei auf fatale Weise auf das Gebiet der Eugenik. Obwohl Bell selbst mit einer gehörlosen Frau verheiratet war, sprach er sich daraufhin gegen die Ehe unter gehörlosen Menschen und für eine eugenische Kontrolle von Einwanderern aus. Bells haltlose Theorien zu diesem Thema wurden noch Jahrzehnte später von Rassisten aufgegriffen – die sogar solch furchtbare Verbrechen an gehörlosen Menschen wie Zwangssterilisationen und Massenmorde initiierten.

Deaf Power – Amerika geht voran[23]

Im Jahre 1988 gab es an der Gallaudet University eine Woche vehemente Proteste, als Elisabeth Zinser, selbst hörend, zur Präsidentin der Universität ernannt werden sollte. Studenten wie Universitätsmitarbeiter forderten erfolgreich die Ernennung eines gehörlosen Präsidenten: Irving King Jordan wurde der erste gehörlose Präsident der Gallaudet University. Diese erfreuliche Entwicklung setzte sich fort – an der Gallaudet University wurden seitdem verstärkt gehörlose Menschen in führenden Ämtern eingesetzt. Damit ging das Geschick der gehörlosen Menschen an dieser Universität endlich in die Hände derer über, die wissen, welche Belange und Bedürfnisse diese Menschen haben: die Gehörlosen selbst.

Aus der Bewegung »Deaf president – now« ging der Ausdruck »Deaf Power« hervor. Er gilt als Synonym für eine Bewegung selbstbewusster gehörloser Menschen, die stolz auf ihre Sprache und Kultur sind.

Die UN-Behindertenrechtskonvention

Im Dezember 2006 wurde von der UN das Übereinkommen über die Rechte von Menschen mit Behinderungen (Behindertenrechtskonvention/BRK)[24] verabschiedet (siehe auch ab Seite 156). Bis zum Jahre 2010 haben 140 Mitgliedstaaten – darunter alle Länder der Europäischen Union – dieses Dokument unterschrieben. Die Unterzeichnerstaaten gehen damit eine weitgehende Verpflichtung ein, sich im Sinne der Konvention für Gleichberechtigung auf allen möglichen Gebieten einzusetzen und die Rechte der Menschen mit Behinderung zu schützen – egal ob es sich dabei um bürgerliche, politische, soziale oder wirtschaftliche Rechte handelt. Das heißt: Die Länder, die das Übereinkommen ratifizieren, »… müssen Menschen mit Behinderungen Zugang zu Bildung, Beschäftigung, Verkehr, öffentlichen Infrastrukturen und Gebäuden sowie das Wahlrecht gewährleisten, ihre politischen Mitwirkungsmöglichkeiten verbessern und die uneingeschränkte Rechts- und Geschäftsfähigkeit aller behinderten Menschen garantieren.«[25]

Auch Österreich und Deutschland haben die Behindertenrechtskonvention unterzeichnet und ratifiziert – genauso wie 2010 die Europäische Union als erste staatenübergreifende Organisation. Die Europäische Union hat sich damit verpflichtet, innerhalb ihres Zuständigkeitsbereichs darauf zu achten, dass »... alle Rechtsvorschriften, politischen Maßnahmen und Programme auf EU-Ebene mit den Bestimmungen der Konvention über die Rechte von Menschen mit Behinderungen in Einklang stehen.«[26] Ende 2010 hat die Europäische Kommission außerdem eine neue Strategie vorgestellt, die das Ziel hat, bis 2020 »... Menschen mit Behinderungen dazu zu befähigen, ihre Rechte als gleichberechtigte Mitglieder der Gesellschaft wahrzunehmen, und die Hindernisse auszuräumen, die ihnen den Alltag erschweren. Ferner soll sie die Umsetzung der Konvention in die Praxis auf europäischer und nationaler Ebene begleiten.«[27]

Eine späte Entschuldigung

Im September 2010 fand in Vancouver (Kanada) der 21. Internationale Kongress zur Bildung und Erziehung Gehörloser (ICED) statt. Dabei hob man die Beschlüsse von Mailand – und damit das Gebärdensprachverbot – auf und entschuldigte sich für die Folgen.[28] Der Schaden, der Generationen von gehörlosen Menschen zugefügt wurde, lässt sich damit natürlich nicht mehr rückgängig machen. Und wenn wir ehrlich sind: Der Begriff »taubstumm« (gleich dumm) ist heute immer noch nicht vollständig aus den Köpfen der Menschen verschwunden.

Welche Begriffe sind korrekt: »gehörlos« oder »taub«?

»Gehörlos« – dieses Wort hat sich als gängige Bezeichnung durchgesetzt, und auch der Duden empfiehlt, dieses Wort zu verwenden. Manche gehörlose Menschen haben damit ein Problem, weil es auf einen Mangel hinweist. Dennoch ist dieses Wort beispielsweise dem Wort »taubstumm« in jedem Fall vorzuziehen. Denn »taubstumm« hat in der Gehörlosengemeinschaft einen abwertenden Beigeschmack. Im deutschsprachigen Raum hat man sich seit über hundert Jahren auf die Begriffe »gehörlos« oder »taub« für den korrekten Sprachgebrauch geeinigt. In englischsprachigen Ländern ist hingegen »deaf« (wortwörtlich für »taub«) die richtige Ausdrucksweise. Das folgende kleine Wörterbuch hilft bei der korrekten Wortwahl:

Audismus: Der Begriff wird vom lateinischen »audire« (für »hören«) abgeleitet und beschreibt eine Form der Diskriminierung gegenüber gehörlosen oder schwerhörigen Menschen. Als Audismus bezeichnet man die Einstellung, dass gehörlose Menschen weniger wert sind als hörende Menschen und Letztere sie deshalb als minderbegabt oder lebensunfähig bezeichnen. Dabei geht es vor allem darum, dass das Leben als gehörlose Person weniger wertvoll ist als dasjenige, das hörende Personen führen. Audismus negiert die Gehörlosenkultur und geht davon aus, dass das gesamte Streben gehörloser Menschen der **Angleichung** an hörende Menschen dienen sollte.

Oralismus: Immer dann, wenn gehörlose Kinder darin unterrichtet werden, eine Lautsprache zu sprechen, und diese Unterrichtsmethode konsequent die Gebärdensprache ausklammert, spricht man von »Oralismus«.

deaf/Deaf: Englische Ausdruck für »gehörlos« (wortwörtlich »taub«). Je nach Schreibweise wird der medizinische Aspekt (»deaf«) oder der kulturelle Aspekt (»Deaf«) stärker hervorgehoben.

taub, Taubheit: Ein anderer Begriff für »gehörlos« beziehungsweise »Gehörlosigkeit«, der aber umgangssprachlich auch mit »gefühllos« gleichgesetzt wird. Gehörlosigkeit ist aber nicht gleichbedeutend mit Gefühllosigkeit, während »taub« diese Assoziation erweckt. Der eindeutigere Begriff ist also »gehörlos«. Speziell in Deutschland verwendet die Gehörlosengemeinschaft lieber das Wort »taub«, weil auch in anderen Sprachen immer »taub« benutzt wird wie deaf, dove, sordos.

taubstumm: Dieser Begriff wurde früher für »gehörlos« verwendet, ist aber sehr veraltet und zudem nicht korrekt. Denn gehörlose Menschen können sich in der Sprache ausdrücken und sind in den wenigsten Fällen stumm. Sie können ganz individuell Laute beziehungsweise auch Lautsprache formulieren. Beim Begriff »taubstumm« schwingt die Unterstellung mit, dass die Personen, die keine Lautsprache beherrschen, stumm sind, sich also nicht äußern können. Dies stimmt jedoch nicht, da Gebärdensprachen vollwertige Kommunikationsformen sind, mit denen man alle Inhalte transportieren kann.

schwerhörig: Schwerhörige Menschen sind Personen, deren Hörvermögen aus unterschiedlichen Gründen eingeschränkt ist. Sie sind die bevorzugte Zielgruppe von Hörgeräteherstellern, da für sie diese Geräte eine Verbesserung bewirken. Schwerhörige Menschen kommunizieren meist in Lautsprache oder in lautsprachbegleitenden Gebärden, je nach Hörvermögen und persönlicher Einstellung auch in Gebärdensprache.

Taubstummensprache: Wird umgangssprachlich oft anstatt »Gebärdensprache« benutzt. Das Wort »Taubstummensprache« (manchmal auch als »Stummerlsprache« bezeichnet) gilt als diskriminierend und sollte keinesfalls verwendet werden. Korrekt ist der Begriff »Gebärdensprache«.

Zeichensprache: Dieser Begriff wird häufig aus Unwissenheit als Synonym für »Gebärdensprache« verwendet, doch diese Bezeichnung wird der Komplexität der Gebärdensprache nicht gerecht. Deshalb besser vermeiden.

gebärden: Dass jemand gebärdet, bedeutet, dass er die Gebärdensprache benutzt. Man kann also genauso fragen, ob jemand gebärdet, wie man fragt, ob jemand spricht: »Gebärdest du?« heißt: »Verwendest du die Gebärdensprache?«

gebärdensprachig: Als »gebärdensprachig« werden Menschen bezeichnet, die gebärdensprachkompetent sind. Menschen, die in einer Gebärdensprache kommunizieren können, werden »GebärdensprachbenutzerInnen« genannt.

Leih mir dein Ohr, gib mir deine Stimme

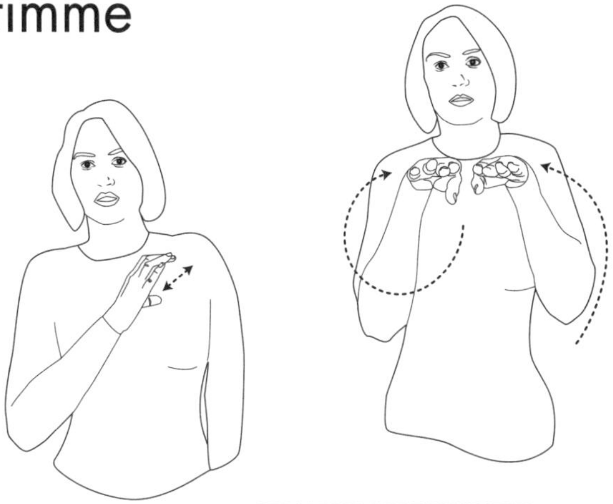

CHANCENGLEICHHEIT

Ich wollte studieren, am liebsten Kunst. Doch meine Eltern rieten mir, zuerst mit etwas Bodenständigerem zu beginnen – zum Beispiel mit Pädagogik – und später dann Kunst anzuschließen. ›Warum eigentlich nicht?‹, dachte ich mir. Vielleicht konnte ich als Pädagogin manches verändern und bewegen?! Wie naiv ich damals noch war! Ich ahnte nicht im Mindesten, mit welchem Goliath ich mich dafür anlegen würde.

Gleich nach meiner Schulzeit wollte ich in die Welt hinaus, etwas sehen, etwas erleben – und vielleicht auch meine Selbstständigkeit unter Beweis stellen. Dafür spricht auch, dass mein zweiter großer Wunsch in dieser Zeit der Führerschein war. Manche Dinge unterstützten meine Eltern nicht – dazu gehörten meine Reisen und eben der Führerschein. So habe ich mir diese beiden Wünsche mit dem Geld erfüllt, das ich während verschiedener Praktika in der Schulzeit verdient hatte.

Also ging es nach der Matura los: Ich zog vier Wochen lang mit dem Rucksack kreuz und quer durch Griechenland. Angst hatte ich keine, aber viel zu wenig Geld. Die griechische

Küche konnte ich deshalb nicht wirklich genießen, vielmehr kann ich seit diesem Trip keine Thunfisch-Sandwichs mehr sehen. Meine Eltern waren recht erschrocken, wie abgemagert ich nach Hause kam.

Wieder zurück in Wien bewarb ich mich an der Pädagogischen Akademie für ein Studium zur »Lehrerin für Mathematik und Bildnerische Erziehung«. Eine gehörlose Studienkollegin hatte die gleichen Ambitionen: Gemeinsam wollten wir die Schule für gehörlose Kinder ein bisschen besser machen. Wir wollten Wegbereiter sein und für eine bessere Bildung mit Chancengleichheit kämpfen. Ja, und kämpfen mussten wir in der Tat von Anfang an – zuerst einmal darum, überhaupt an der Pädagogischen Akademie aufgenommen zu werden: Damals wie heute ist es gehörlosen und anderen behinderten Menschen untersagt, dort zu studieren. Nur **körperlich geeignete** Personen werden an der Pädagogischen Akademie zum Studium zugelassen. Behinderte Menschen dürfen zwar in Österreich Pädagogische Akademien besuchen und dort auch die entsprechenden Prüfungen ablegen, erhalten aber letztendlich keine Lehrbefugnis.

Diese Diskriminierung bewirkt beispielsweise für gehörlose Menschen, dass genau die Personen, die die Situation der zu unterrichtenden Kinder selbst kennen und vor allem eine für die Beziehung zu den Kindern notwendige Sprachkompetenz mitbringen, systematisch aus dem Lehrberuf ausgeschlossen werden. Derzeit haben meines Wissens lediglich sieben gehörlose, gebärdensprachkompetente ÖsterreicherInnen ein Lehramtszeugnis – allesamt durch diverse Sonderregelungen – und davon sind nur vier in Österreich tätig. Andere behinderte Absolventen Pädagogischer Akademien haben »Zertifikate« erhalten oder arbeiten als »Assistenten«, mit Abschlüssen, die sie auf anderen Bildungswegen erworben haben.

Uns kam jedoch damals der Zufall zu Hilfe: Die blinde Tochter der damaligen Gesundheitsministerin durfte an der Pädagogische Akademie studieren. Wie hatte sie das trotz bestehender Richtlinien und Gesetze geschafft? Auf diese Tatsache beriefen wir uns, nachdem unsere Bewerbung zuerst abgelehnt worden war. Wir kämpften ein Jahr lang um unsere Studienplätze. Und als es dann endlich soweit war, dass wir beginnen konnten, verlangte die Akademie plötzlich, dass wir beide jeweils einen Arbeitsplatz für unsere Zeit nach dem abgeschlossenen Studium nachweisen mussten – und zwar schon jetzt vor Studienbeginn!

An dieser Stelle kam mein wunderbarer früherer Privatlehrer ins Spiel. Da er inzwischen der Direktor der Wiener Gehörlosenschule war, gab er uns grünes Licht, indem er schriftlich bestätigte, nach dem Pädagogikstudium Arbeitsplätze an der Gehörlosenschule für uns zur Verfügung zu stellen. Aber wie hätte sich die Situation für uns entwickelt, wenn er nicht in dieser Position gewesen wäre? Das ganze Verfahren war unfair. Denn von anderen angehenden Lehramtsstudenten verlangt schließlich niemand, dass sie Arbeitsplätze für die Zeit nach dem Studium nachweisen müssen, **bevor** sie überhaupt mit dem Studium beginnen dürfen!

Jedenfalls begannen meine Studienkollegin und ich 1990 an der Pädagogischen Akademie in Wien zu studieren, das ist die heutige Pädagogische Hochschule. Wir studierten dort »Lehramt für Hauptschule«, da gehörlose Kinder in Österreich in der Regel nur die Möglichkeit haben, Volks-, Haupt- oder Sonderschulen zu besuchen.

Die verantwortlichen Mitarbeiter der Akademie und der Direktor der Gehörlosenschule hatten sich immerhin Gedanken gemacht, wie man das Studium für unsere Bedürfnisse anpassen könnte. So stellte man uns im ersten Semester gleich vier Tutoren zur Seite, sozusagen als »Einstiegshilfe«. Leider waren diese alle Erstsemester so wie wir – und letztendlich konnten wir ihnen mehr beibringen, als sie uns helfen: Über die Logik der Mathematik beispielsweise vertieften wir unser Wissen mithilfe von Büchern viel mehr, als sie es im Unterricht vermocht hätten. Das Tutorensystem half uns also nicht wirklich weiter, aber unsere Kommilitonen wurden dadurch ein Stück weit für unsere Situation sensibilisiert – und lernten ganz nebenbei die Gebärdensprache. Dadurch öffneten sich für uns auch die Türen zum angenehmen Teil des Studentenlebens: Wir gingen gemeinsam auf Partys und fanden dort immer jemanden zum Plaudern.

Ansonsten gab es neben den gewohnten Schwierigkeiten auch Fächer, in denen das Studium sehr gut lief: Montags stand für mich zum Beispiel immer »Kunst« auf dem Lehrplan. Die Professoren hier sprachen zumeist mit einem deutlichen Mundbild und stellten mir außerdem Bücher zur Verfügung, anhand derer ich den Unterricht gut mit verfolgen konnte. Kunstgeschichte interessierte mich ohnehin sehr und auch die vielen praktischen Übungen lagen mir. Zwar riet mir gleich am Anfang des ersten Semesters ein Professor davon ab, dieses Fach zu belegen, da ich von der Höheren Technischen Lehranstalt käme, an der Kunst nicht unterrichtet wird. Doch dass ich etwas nicht schaffen würde, habe ich schon oft genug gehört – diese Voreingenommenheit hält mich von nichts ab. Dieser Professor entschuldigte sich aber am Ende des Semesters bei mir für sein Vorurteil – und drei Jahre später, gegen Ende des Studiums, empfahl er mir schließlich sogar, ich solle doch Kunst studieren – bei meiner Begabung.

In den Hauptfächern sah es leider etwas anders aus, so etwa in Mathematik: Die ProfessorInnen schrieben Formeln an die Tafel, die wir abschreiben und zu Hause in gewohnter Weise selbst nachlernen mussten. Meine gehörlose Kollegin und ich arbeiteten eng zusammen und tauschten uns über die Inhalte aus, die wir mitbekommen oder nachgearbeitet hatten. In den Seminaren selbst wurde uns natürlich oft langweilig – und so unterhielten wir uns in Gebärdensprache. Bei unseren Kommilitonen rief das manchmal Unverständnis hervor, sodass sie uns anfauchten, wir sollten gefälligst aufpassen. Ich teilte ihnen dann mit, dass wir ohnehin nichts verstünden und deshalb auch nicht aufpassen könnten. Es gab aber auch nette Studienkollegen, die uns ihre Mitschriften überließen, damit wir uns diese dann kopieren konnten. Mit der Zeit hatten wir unter den Kommilitonen unsere Favoriten, von denen wir wussten, dass sie Inhalte am besten transkribieren konnten.

In dieser Hinsicht waren wir als gehörlose Studenten immer wieder von der Sorgfalt anderer abhängig. Ich erinnere mich zum Beispiel noch sehr gut an eine schwierige Situation während einer Prüfung: Es wurde eine Frage gestellt, die wir nicht beantworten konnten, weil die entsprechende Mitschrift unvollständig war. Wir diskutierten so lange mit der Professorin, die dieses Fach unterrichtete, bis wir für die Prüfung eine Ersatzfrage bekamen. Von diesem Moment an ging ich immer schon lange vor den Prüfungen in die Sprechstunden der Professoren und besprach mit ihnen die Prüfungsbedingungen. Natürlich gab es dabei auch immer wieder viele Widerstände, denn für uns mussten das Prüfungssystem und auch verschiedene andere Bedingungen geändert werden. Und alles, was zusätzliche Arbeit verursacht, stößt in der Regel erst einmal auf keine große Gegenliebe.

Einmal pro Woche stand während des Studiums schulische Praxis auf dem Programm – wir gingen also direkt in die Schulen. Während die anderen Studenten an unterschiedlichen Schulen hospitieren durften, waren meine gehörlose Kommilitonin und ich anfangs immer an ein und derselben Schule für gehörlose Kinder in Wien. Es war ein ziemlicher Kraftakt durchzusetzen, dass wir auch andere Schulen in verschiedenen Bundesländern besuchen durften.

Ich reiste schon damals immer wieder auch auf eigene Kosten ins Ausland, nur um zu erleben, wie dort Unterricht für gehörlose Kinder funktionierte. Einmal waren wir allerdings von der Akademie aus für zwei Wochen an einer Gehörlosenschule in Graz, an der wir durchgehend unterrichten durften. Eine gegenteilige Erfahrung machten wir bei einem Schulbesuch in München: Der Direktor unserer Wiener Gehörlosenschule hatte uns dort für eine Hospitation angemeldet. In München angekommen durften wir jedoch nicht in eine einzige Klasse hinein, geschweige denn am Unterricht teilhaben. Die Reise war für uns völlig umsonst! Waren wir als gehörlose Studentinnen etwa unerwünscht?! Das Ganze war ungefähr so, als würde man einem eingeladenen Gast die Tür vor der Nase zuschlagen!

Für die pädagogischen Fächer, in denen ausschließlich Vorlesungen gehalten wurden, beantragte ich für meine gehörlose Kommilitonin und mich eine Befreiung von der Anwesenheitspflicht. Im Gegenzug fertigten wir Seminararbeiten zu den Vorlesungsthemen an. Das war für uns sinnvoller als unsere Zeit einfach nur »abzusitzen«: Diese Erfahrungen, die ich bereits während meiner Schulzeit an der Höheren Technischen Lehranstalt gemacht hatte, wollte ich nicht wiederholen. Es gab damals noch zu wenige DolmetscherInnen und deshalb dolmetschten bei mündlichen Prüfungen oft einige gebärdensprachkompetente LehrkollegInnen für uns.

Obwohl während der Studienzeit also immer wieder die bekannten Barrieren auftauchten, die es aus dem Weg zu räumen galt, empfand ich insgesamt meine Studienjahre an der Akademie als sehr angenehm: Endlich hatte ich Zeit für mich selbst, beispielsweise um (Leistungs-)Sport zu treiben. Wenn ich vom stundenlangen Sitzen und Lernen müde war, ging ich auf den Sportplatz, um Leichtathletik zu trainieren. Beim Sport tankte ich neue Energie fürs Lernen. Und manchmal hatte ich sogar noch Zeit übrig, um mich mit Freunden zu treffen – ein Luxus, den es für mich vorher jahrelang nicht gegeben hatte.

Dann war es soweit: Ich hatte meinen Abschluss an der Pädagogischen Akademie in der Tasche – und endlich konnte ich unterrichten. Ich begann als Lehrerin an der Gehörlosenschule und nahm zeitgleich ein zweites Studium in Angriff, diesmal an der Universität Wien. Ich schrieb mich für Pädagogik ein, mit der Fächerkombination Sonder- und Heilpädagogik. Dass ich das tat, war auch ein bisschen Zufall oder Schicksal: Eine schwerhörige Freundin aus Deutschland war für ein Semester zum Gaststudium nach Wien gekommen und ich begleitete sie zur Universität, um die ganzen Anmeldeformalitäten zu erledigen. Das motivierte mich: Wenn ich schon hier war, warum sollte ich mich nicht gleich auch selbst einschreiben? Und so kam es, dass ich gleich nach dem Abschluss meines ersten Studiums weiterstudierte.

Die Situation war nun anders als auf der Pädagogischen Akademie, da dort eine Anwesenheitspflicht geherrscht hatte und ich mir sowohl die Fächer als auch die Professoren nicht aussuchen konnte. Jetzt hatte ich ein Vorlesungsverzeichnis in der Hand und konnte selbstständig entscheiden, welche Veranstaltungen bei welchen Professoren ich belegen wollte. Ich überlegte mir dafür eine neue Herangehensweise: Zuerst besuchte ich jeweils den Professor in seiner Sprechstunde, erklärte ihm meine besondere Lage und wir trafen gemeinsam eine individuelle Vereinbarung. Aufgrund falscher Mitschriften fast durch die Prüfung zu fallen, so wie es an der Pädagogischen Akademie beinahe geschehen wäre, sollte mir nicht noch einmal passieren. Ich bekam also qualitativ gute Mitschriften der Vorlesungen und zusätzliche Bücher zur Vorbereitung. Ein weiterer Vorteil war, dass ich auf diese Weise immer Kontakt zu allen Professoren hielt, die mich durch die Bank nett aufnahmen – keiner lehnte mich wegen meiner Gehörlosigkeit ab.

So offen waren nicht alle Menschen: Als ich ganz zu Beginn meiner Studienzeit während der Sprechstunde eines Professors in der Warteschlange stand, sah mich dort eine Arbeitskollegin von der Gehörlosenschule. Sie fragte mich, was ich denn da mache. Ich konnte es mir nicht verkneifen, ironisch zu antworten: »Ich warte!« Damit war sie nicht zufrieden und bohrte weiter. Sie wollte wissen, auf wen ich denn warte. Meine Antwort »Auf den Professor« fand sie wohl ebenfalls nicht befriedigend. Sie wiederholte ihre Frage und ich antwortete zuckersüß, dass ich studierte – wie sie ja offenbar auch. Nun schlug mir der blanke Neid entgegen: Es sei einfach unmöglich für mich zu studieren, meinte sie – und dass ich alles in meinem Leben geschenkt bekäme. Jetzt wurde ich sauer und erklärte ihr, dass man mir in meinem Leben noch nichts geschenkt hätte und dass ich mir meine Matura an der Höheren Technischen Lehranstalt hart erkämpft hatte. Wie oft war mir in meinem Leben von vornherein gesagt worden, dass ein gehörloser Mensch zu nichts tauge, nichts schaffen würde: keine

Matura, kein Studium – es war so abwegig, mir zu unterstellen, alles sei mir in den Schoß gefallen … Nach dieser Begegnung fragte ich mich wieder einmal: Was geht in den Köpfen mancher Menschen eigentlich vor?

Meine Vereinbarungen mit den Professoren jedenfalls funktionierten. So schrieb ich Seminararbeiten, kam zu schriftlichen oder mündlichen Prüfungen, die ich jetzt allerdings mit Dolmetschern absolvierte, von denen es nun auch immer mehr gab. Doch selbst das war natürlich keine Garantie für eine erfolgreiche Prüfung, es tauchten neue Probleme auf: Meist absolvierte ich die Prüfungen mit einem Dolmetscher, der selbst lediglich einen Hauptschulabschluss hatte und daher die ganzen Fachbegriffe nicht kannte – gar nicht kennen konnte. Ich versuchte ihm immer von den Lippen abzulesen, ob er ein Fachwort auch richtig übersetzte. Und immer wieder passierte es, dass er ein falsches Wort verwendete, dann musste ich ihn korrigieren und dazu auch selbst sprechen. Am Ende begann der betreffende Professor, dem Dolmetscher die Fachbegriffe zu erklären … Doch trotz solcher Hürden kam ich immer ganz gut durch diese Situationen. Nur ein Professor war sehr skeptisch und ich musste die Prüfung ohne diesen Dolmetscher absolvieren: Ich sprach und der Professor hörte mir zu. Ob er wirklich alles verstanden hat? Immerhin bestand ich die Prüfung.

Ich nutzte auch zu dieser Zeit jede Gelegenheit zum Lernen: Wie gesagt arbeitete ich ja parallel als Lehrerin an der Gehörlosenschule. Mein Weg von zu Hause zur Arbeit war recht weit und so hatte ich immer etwas zum Lernen in meiner Tasche. Ich war froh, die langen Fahrtzeiten sinnvoll nutzen zu können. Auch auf meinen vielen Reisen hatte ich immer meine Studienbücher dabei. Ich lernte also viel allein. Lediglich im Fach Statistik übte ich gemeinsam mit einigen Studienkollegen. Ansonsten hatte ich nicht viel Kontakt zu meinen KommilitonInnen, da ich nicht zu den Vorlesungen ging, obwohl mich manche interessiert hätten. Aber ohne Dolmetscher wäre der Besuch der Vorlesungen für mich einfach nicht sinnvoll gewesen. Mein Ausgleich zum oft einsamen Lernen waren die Kontakte zu gehörlosen und hörbehinderten Studenten aus Deutschland, von denen viele Pädagogik studierten. So konnten wir entsprechend viel über die Studienthemen fachsimpeln und uns austauschen.

Meine Diplomprüfung absolvierte ich vor der Prüfungskommission und mit zwei Professoren. Zu diesem wichtigen Termin hatte ich gleich zwei Dolmetscher mitgebracht. Ich schloss das Studium mit ausgezeichnetem Erfolg ab und bekam als erste gehörlose Österreicherin dafür den Würdigungspreis des Bundesministeriums für Wissenschaft und Forschung verliehen – als Beste meines Jahrgangs in meinem Studienfach Pädagogik. Direkt nach der Prüfung fuhr ich zur Arbeit, als ob nichts gewesen wäre. Nicht einmal meinen Kollegen erzählte ich davon, weil ich keine unpassenden Bemerkungen hören wollte – sie erfuhren erst viel später, dass ich mein Studium abgeschlossen hatte.

Nun hatte ich mir meinen Kindheitstraum erfüllt, ich war am Ziel. Meine Freunde beglückwünschten mich und organisierten eine kleine Überraschungsparty für mich – die eigentliche Sponsionsfeier *(Anmerkung der Redaktion: österreichisch für »Verleihung des akademischen Grades eines Magisters«)* fand einen Monat später im Festsaal an der Hauptuniversität statt, einem ehrwürdig wirkenden Raum. Die Veranstaltung war sehr feierlich, die Rektoren erschienen in Rektorengewändern, eine Rede wurde gehalten. Darin wurde lobend erwähnt, dass ich mein Studium trotz Gehörlosigkeit so erfolgreich abgeschlossen hatte und dass man mit mir stolz darauf sei. Das Zepter wurde herumgereicht und wie alle anderen musste ich die Gelobigungsformel sprechen. Ich sagte diese nur in Österreichischer Gebärdensprache, worüber zuerst einige Gäste irritiert waren, da man plötzlich die Stimme des Dolmetschers aus dem Hintergrund hörte. Mein Festdiplom – in DIN-A2-Format in einer weinroten Schutzhülle – bekam zu Hause einen Ehrenplatz neben dem Diplom meines Vaters, das ich schon immer bewundert habe. Ein Freund aus Deutschland meinte, dass eine solche Zeremonie in Hamburg nicht üblich sei, dort werde das Diplom einfach per Post zugeschickt.

Danach nahm ich tatsächlich noch ein drittes Studium in Angriff, die Theaterwissenschaft. Bereits während des Pädagogikstudiums hatte ich einige Veranstaltungen mit theaterwissenschaftlichen Themen besucht – dieser Bereich interessierte mich! Es gab an der Universität zahlreiche Veranstaltungen zu unterschiedlichen Tageszeiten – und es gab auch immer mehr Dolmetscher, so konnte ich alle Vorlesungen nach der Arbeit besuchen und erstmals meine Mitschriften selbst verfassen. Wieder eine neue Erfahrung für mich! Da ich so oft in der Universität war, hatte ich auch engeren Kontakt zu meinen Kommilitonen als in meinem vorherigen Studium. Und natürlich suchte ich auch weiterhin meine Professoren vorab persönlich auf, um mich mit ihnen abzustimmen. Die Fächer waren einfach fantastisch und so interessant, dass ich mich mit vollem Enthusiasmus in das Studium stürzte. »Entwicklung der Pantomime«, »Lichttechnik« – all das begeisterte mich.

Aber leider stellte ich schon nach einem Jahr fest, dass ich mir in puncto Zeitmanagement wohl doch etwas zu viel zugemutet hatte. Ich musste Prioritäten setzen, denn da ich zeitgleich mit der zweijährigen, berufsbegleitenden Ausbildung zum »Lehramt für die Sonderschule für gehörlose und schwerhörige Kinder« begonnen hatte, wurde es doch ein bisschen viel. Vor allem weil ich bei dieser Ausbildung einmal im Monat eine Woche lang in ein anderes Bundesland reisen musste. Parallel dazu absolvierte ich auch die Ausbildung zur Gebärdensprachdozentin an den Universitäten Graz und Klagenfurt, sodass ich fast jedes zweite Wochenende in einer der beiden Städte war.

Die Lehrerausbildung für gehörlose und schwerhörige Kinder brachte neue Lernerfahrungen mit sich, weil alle Veranstaltungen automatisch gedolmetscht wurden und so nun wirklich keine Veranlassung mehr bestand, während des

Unterrichts zu plaudern. Allerdings ließen die Inhalte zu wünschen übrig: Es gab zum Beispiel keine einzige Stunde zu dem Thema, wie man gehörlose Kindern bilingual unterrichtet, nichts zum Schulfach Gebärdensprache, keine Unterrichtsmaterialen in Österreichischer Gebärdensprache. Das wären die Themen gewesen, die ich nützlich gefunden hätte. Insgesamt stellte sich heraus, dass nur etwa zwanzig Prozent der gesamten Fächer für mich interessant waren. Für mich viel zu wenig! Deshalb wollte ich wenigstens das in der Ausbildung obligatorische Praktikum nicht in Österreich, sondern in Schweden absolvieren, um mich in bilingualen Unterrichtmethoden weiterzubilden. Dies durfte ich aber nicht; stattdessen hätte ich ein weiteres Praktikum an Schulen in Österreich absolvieren müssen, die ich aber bereits alle gut kannte – weshalb ich darin keinen Sinn sah. Ich begehrte deshalb dagegen auf und reiste trotzdem nach Schweden, doch das Praktikum wurde nicht anerkannt. Für mich war es aber auf jeden Fall ein Vorteil, mich persönlich weiterbilden zu können!

Das Ende vom Lied: Zwei Lehrbeauftragte wollten ausgerechnet meiner gehörlosen Kollegin und mir kein Zeugnis aushändigen, und ohne Zeugnis wäre die ganze Ausbildung umsonst gewesen. Der Direktor der Gehörlosenschule verhalf uns zu unserem Recht und so bekamen wir schließlich doch noch das Lehramtszeugnis. Dass die hörenden Kollegen die Gebärdensprache im Unterricht gar nicht anwenden konnten, störte dagegen keinen.

Jahre später, nämlich 2008, wurde diese Lehrerausbildung reformiert und da ich sie bereits absolviert hatte und mich damit auskannte, schrieb ich im Namen des Österreichischen Gehörlosenbundes eine Stellungnahme mit Verbesserungsvorschlägen an das Ministerium für Unterricht, Kunst und Kultur. Ein Beamter des Ministeriums sagte mir in einem Gespräch, dass man das Angebot für die Österreichische Gebärdensprache von vierzig auf siebzig Stunden aufstocken würde. Das war es dann auch schon! Ich halte diese »Verbesserung« für einen Tropfen auf den heißen Stein: Welche Fremdsprache kann man in siebzig Stunden schon erlernen, geschweige denn sie dann auch unterrichten? In Skandinavien müssen angehende Lehrer zwischen fünf- und sechshundert Stunden investieren, um die Gebärdensprache zu erlernen, bevor sie gehörlose Kinder unterrichten dürfen! In Österreich wird noch nicht einmal eine Prüfung verlangt, um die Sprachkompetenz zu testen. Man absolviert einfach einen externen Kurs – und muss anschließend lediglich eine Teilnahmebestätigung vorlegen! Das bedeutet in letzter Konsequenz, dass man gar nicht wirklich regelmäßig an dem Kurs teilnehmen muss.

Auf die Frage von mir, warum in der Reform der Lehrerausbildung nicht ein einziges verpflichtendes Modul zum bilingualen Unterricht eingebaut ist, kam der trockenen Kommentar, dass man den LehrerInnen nicht zumuten könnte, dafür auch noch viele Stunden zusätzlich abzuleisten. Aber was ist mit den Kindern? Denen kann man Lehrerinnen und Lehrer zumuten, die ungenügend in Gebärdensprache und Zweisprachigkeit ausgebildet sind?

Die Ausbildung zum Gebärdensprachdozenten, die ich außerdem innerhalb eines Projekts der Europäischen Union damals noch absolvierte, war für mich dagegen viel spannender und auch ein neues Erlebnis: Viele meiner Lehrer und Dozenten waren selbst gehörlos oder gebärdensprachkompetent und kamen teilweise aus fortschrittlicheren Ländern der Europäischen Union. So bekam ich die Lehrinhalte praktisch aus erster Hand vermittelt. Das war für mich ein riesiger Unterschied zur Lernmethodik meiner Schulzeit: Ich brauchte kaum einmal etwas nachzuarbeiten, da ich im Unterricht alles verstand und nur ab und an noch etwas nachlesen musste, um die Prüfung erfolgreich bestehen zu können.

Mein Studium der Theaterwissenschaften habe ich zwar nicht beendet, weil die Zeit dafür einfach nicht reichte. Allerdings schrieb ich in dieser Zeit drei Theaterstücke für hörende und für gehörlose Menschen. Mein Lieblingsstück darunter heißt »TAUBstumm«, und es handelt von der Diskriminierung durch dieses Wort, von der jahrhundertelangen

Diskriminierung der gehörlosen Menschen. »TAUBstumm« ist ein Aufbegehren gegen die Bevormundung und Unterdrückung durch die Gesellschaft hin zu mehr Selbstbestimmung. Es war das Produkt all meines Wissens und all meiner Bestrebungen für eine bessere Zukunft. Ich spannte darin den Bogen von der systematischen Unterdrückung gehörloser Menschen bis hin zu deren Vernichtung im Dritten Reich. Auch das Aufbegehren der Deaf-Power-Bewegung in den USA wird thematisiert und führt im Verlauf des Stücks zur Eliminierung des Anhängsels »stumm« aus dem Titel »TAUBstumm« (siehe auch Informationskapitel »Deaf History« ab Seite 103).

Unsere dazugehörige Theatergruppe nannten wir DEAF ACT. 1995 wurde das Stück im Rahmen des Weltkongresses der Gehörlosen in Wien mit großem Erfolg uraufgeführt. Es folgten weitere Aufführungen im Theater Akzent und vor größerem Publikum. Ich war fasziniert davon, wie ich durch das Stilmittel des Theaters noch mehr Menschen für das Thema Gehörlosigkeit sensibilisieren konnte.

Früher gab es auf der Bühne Aufführungen mit lautsprachbegleitenden Gebärden. Das erste Theaterstück, das ich als Kind angeschaut habe, war von einem deutschen Gehörlosentheater. Sie hatten ein Gastspiel in Salzburg und gaben »Carmen«. Ich war etwa acht, neun Jahre alt und meine Mutter hatte mir den Inhalt des Stücks vorher erklärt. Von der Loge aus konnte ich alles mitverfolgen und es faszinierte mich, dass alle Schauspieler gehörlos waren und auch gebärdeten. Mein zweites Theatererlebnis hatte ich mit der Aufführung von »Gottes vernachlässigte Kinder« am Wiener Volkstheater. In diesem Stück spielte nur eine gehörlose Schauspielerin mit, Ingeborg Podehl. Sie war fantastisch. Nach der Aufführung konnte ich zu ihr hinter die Bühne gehen und wir plauderten backstage. Als gehörloser Mensch vor einem hörenden Publikum aufzutreten, erfordert viel Mut. Ingeborg Podehls Gebärdensprache wurde dem Publikum damals von den hörenden Schauspielkollegen übersetzt.

Die seltenen Theaterbesuche liebte ich als Kind heiß und innig – aber nur wenige Aufführungen waren für gehörlose

Menschen wirklich barrierefrei zugänglich, obwohl wir in Wien lebten. Das Jahr 1990 revolutionierte in dieser Hinsicht das Bewusstsein in Österreich, als das erste Stück von ARBOS, der Gesellschaft für Musik und Theater in Österreich, in der Österreichischen Gebärdensprache uraufgeführt wurde. Die Österreichische Gebärdensprache etablierte sich damit als formelle Sprache. Bis dahin wurden als Bühnensprache neben der Lautsprache lediglich die lautsprachbegleitenden Gebärden benutzt. In den Neunzigerjahren fand die Gebärdensprache nach und nach Anerkennung in der Kunst und hielt als Metasprache auf der Bühne Einzug. So wurden beispielsweise abstrakte, stakkatoartige Gebärden eingesetzt oder Gebärdensprache als Hintergrundchor wie im französischen Theater verwendet.

Als ich 1996 mit zwei Freunden zusammensaß und wir über das Theater diskutierten, schwelgten wir in Erinnerungen, wie schön es war, ein Jahr vorher als Theatergruppe DEAF ACT auf der Bühne zu stehen, wie sehr wir den unerwarteten Erfolg genossen hatten. Nun musste etwas Neues beginnen – und so wurde die Idee zu D.E.A.F. (Deaf European Artists Feature) geboren. Wir gründeten einen Verein und wussten durchaus, dass die Umsetzung unserer Idee mit viel Verantwortung und Risikobereitschaft verbunden war. Doch aufgeben kam nicht infrage, denn: Wer nicht wagt, verliert! Um Visionen wahr werden zu lassen, braucht es Mut, und unsere Vision von D.E.A.F. hieß »Visual World – visuelle Welt«. Wir wollten möglichst vielen Menschen zeigen, wie groß, vielfältig und schön unsere Welt ist. Wir verstanden uns als »Brücke zwischen der gehörlosen und der hörenden Welt«. Um das zu sein, mussten wir Grenzen überschreiten, sowohl geografische als auch geistige. Eine Entwicklung braucht immer Beweggründe, um nicht stehenzubleiben.

Und so kam es zum »D.E.A.F. – dem ersten Gebärdensprachfestival«. Es sollte den hörenden Zuschauern die Möglichkeit geben, sich in die Welt der gehörlosen Menschen einzufühlen. Dahinter stand das Bestreben, dass gebärdensprachkompetente Menschen als sprachliche Minderheit anerkannt

Nur wenige Wochen alt und rundum glücklich – ich war ein zufriedenes Baby.

Ich war schon immer eine »Süße«. Zum ersten Geburtstag gab es einen Gugelhupf mit einer Kerze.

En vogue! Mit drei Jahren präsentierte ich stolz das selbst gemachte Modell meiner Mutter.

Sonne, Sand und Schwimmbad – im Sommer war das Stadionschwimmbad unser zweites Zuhause.

Musikstunde mal anders – im Kindergarten lernten wir als gehörlose Kinder Flöten spielen.

Von wegen ich könne nicht Fahrrad fahren. Mein erstes Fahrrad bekam ich mit fünf Jahren.

Überall in meinem Zimmer hingen Lernbilder, die meine Mutter gemalt hatte. So konnte ich bereits mit vier Jahren lesen.

Sprechübungen vor dem Spiegel: Stundenlang trainierte ich mit meiner Logopädin das Mundbild und somit die Aussprache.

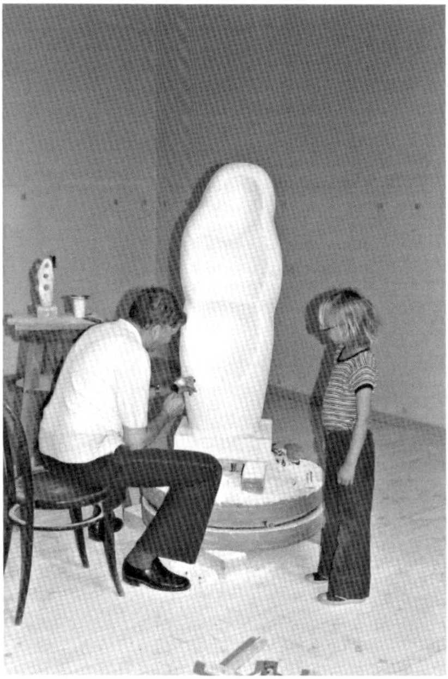

Wann immer möglich besuchte ich meinen Vater in seinem Atelier und schaute ihm bei der Arbeit zu.

Wir fuhren oft zu unseren Verwandten nach Graz. Hier zeigt mir meine Mutter vom Schlossberg aus die Stadt.

Urlaub in Österreich: 1979 waren wir mit den Großeltern gemeinsam auf Schloss Seggau (Steiermark).

Und noch einmal Urlaub! Gemeinsam mit meinen »Sport-Onkel« Hugo Haubner, seiner Frau Anna und ihrem Sohn Othmar (1981).

Glückliche Zeiten! 2002 feierten meine Eltern ihre goldene Hochzeit.

Es lebe der Sport! Mein Onkel Hugo Haubner hat seine Leidenschaft an mich weitergegeben.

Große Emotionen: Bei der Fußball-Europameisterschaft 2008 war ich natürlich auch gemeinsam mit meinem Mann im Stadion.

Meine spanische Familie ist mir sehr ans Herz gewachsen. Wann immer es geht, verbringen wir gemeinsam Zeit.

Drei Generationen: Die traditionellen spanischen Familienbande – hier bin ich mit meiner Schwiegermutter und der Großmutter meines Mannes zu sehen – sind eine große Bereicherung für mein Leben.

Ich war ein echter Wildfang und immer mit meinen Freunden unterwegs in der freien Natur.

1983 ging es zum ersten Mal hinaus in die »weite Welt« – in diesem Sommer hieß unser Ziel Kreta.

Mädchen und Pferde – das ist immer eine ganz besondere Geschichte. Warum sollte es bei mir anders gewesen sein?

Schwindelfrei! Für mich war kein Baum zu hoch und der Hochsitz vergleichsweise eine leichte Übung.

Fernweh – Reisen in andere Länder waren immer ein Highlight. Dieses Mal fuhren wir in die Türkei.

Ganz die brave Schülerin? Auf dem Foto schon, aber sonst …

Den langen Haaren, die mir ins Gesicht hängen, habe ich meinen Gebärdennamen zu verdanken.

Auslandserfahrung: Wie werden gehörlose Kinder in Indonesien unterrichtet? Ich wollte es wissen – und bin hingereist.

New York, New York – für gehörlose Menschen schon damals mehr als eine Reise wert. Die Gehörlosenschule in Manhattan hat mich nachhaltig beeindruckt.

Feierlicher Abschluss eines harten Studienwegs! Hier bekomme ich 1998 mein Diplom überreicht.

Leidenschaft! Sport im Allgemeinen und Skifahren im Besonderen ist für mich immer ein großes Vergnügen.

Gemeinsam mit Freunden organisierte ich 2002 das zweite Gebärdensprachfestival in Wien.

Ganz großes Theater – mein Stück »TAUBstumm« wird uraufgeführt.

Meine politische Heimat fand ich bei den Grünen – hier beim Wahlkampf 2008.

Mein großer Tag: die Angelobung im Nationalrat 2009.

Und ein Jahr später: Die politische Arbeit hat begonnen, bei Plenartagen bin ich nun regelmäßig anzutreffen.

Ganz wichtig: Pressearbeit. Ich nutze jede Gelegenheit, um auf die Situation behinderter Menschen aufmerksam zu machen.

Regelmäßig treffe ich mich auch mit politischen Vertretern anderer Länder; so auch mit der Schweizer Nationalratspräsidentin Pascale Bruderer Wyss und ihren Mitarbeitern und politischen Kollegen.

werden sollten – und wir wollten hörenden Menschen einen unmittelbaren Eindruck von unserer Sprache und Kultur vermitteln. Außerdem sollte das Festival eine positive Identifikationsplattform für gehörlose Menschen und die Gebärdensprachgemeinschaft allgemein bieten. Das Gebärdensprachfestival wurde in Form eines Wettbewerbs für Gebärdensprache gestaltet. Gehörlose Menschen gebärdeten und die Gebärden wurden dabei parallel in Lautsprache übersetzt. Es wurden dann unter anderem der Inhalt, die Ästhetik und Stimmung des Ausdrucks und die Dramaturgie der Darstellungen bewertet. Auch die hörenden Zuschauer hatten die Gelegenheit, sich selbst einmal im Gebärden zu versuchen. Beim folgenden Festival konnten zusätzlich gebärdensprachkompetente, hörende Menschen mit auftreten. Das Festival war ein voller Erfolg. Am Abend gab es eine Gala mit Preisverleihung, zudem wurden künstlerische Arbeiten gehörloser Künstler gezeigt. Der Preis, der den Gewinnern des Wettbewerbs verliehen wurde, war eine »Goya«-Statuette. Mein Vater hatte sie entworfen, die Idee dazu kam von den drei Gründungsmitgliedern von D.E.A.F.: Der spanische Maler Goya schuf seine beeindruckendsten Werke, nachdem er ertaubt war. Die »Goya«-Statuette zeigt einen aufrecht gehenden Menschen mit hoch erhobenem Kopf, der in einer Hand eine brennende Fackel trägt. Die Flammen der Fackel wiederum stellen zwei Hände dar, als Symbol für die Gebärdensprache. Die Figur trägt die Fackel in der linken Hand, auf der Seite des Herzens.

In Deutschland gibt es übrigens auch das Berliner Gebärdensprachfestival, das seit 1991 alle drei bis vier Jahre stattfindet. Dort können Künstler in verschiedenen Kategorien (Kinder, Jugendliche und Erwachsene) die »Goldene Hand« für eine Präsentation in Gebärdensprache gewinnen.

Während meiner gesamten Studienzeit und auch danach reiste ich sehr viel. Ich schaute mich in der Welt um, weil ich entdecken wollte, wie man als gehörloser Mensch einen Platz findet, von dem aus man selbstbestimmt für den Fortschritt kämpfen kann. Ich war in New York und Washington, in Indien und Indonesien, fuhr nach Schweden und nach Deutschland. Mit ein paar schönen Grillen im Kopf kam ich immer wieder nach Wien zurück.

Eine meiner wichtigsten und prägendsten Erfahrungen war dabei mein Amerikabesuch im Jahr 1998 während meiner Ausbildung zur Gebärdensprachdozentin. Ich reiste durch die USA, um mir selbst ein Bild davon zu machen, was im »Land der unbegrenzten Möglichkeiten« für gehörlose Menschen tatsächlich alles möglich ist. Dabei stellte ich fest, dass man in den USA in vielerlei Hinsicht fortschrittlicher als in Europa ist. Das liegt sicherlich zum Teil daran, dass man sich dort in der Gehörlosenbildung schon sehr früh für eine gebärdensprachunterstützte Lehrmethode entschieden hatte (siehe auch Informationskapitel »Deaf History« ab Seite 103). Ich hatte jedenfalls schon sehr viel über das Leben der gehörlosen Menschen in Amerika gelesen und Reportagen gesehen – und für mich stand fest: Da musste ich hin. Und ich war tatsächlich begeistert. Der unterschiedliche Entwicklungsstand in den USA und Mitteleuropa in puncto Barrierefreiheit für gehörlose Menschen ist immens. Wäre es nicht wunderbar, wenn beispielsweise alle Polizisten, Notärzte und Feuerwehrleute gebärden könnten? Für uns in Österreich und Deutschland noch unvorstellbar – in Amerika im Jahr 1998 bereits ganz normaler Alltag.

Die erste Station meiner Reise war Washington. Dort gibt es die weltweit einzige Universität für gehörlose und schwerhörige Studenten und die einzige, die ihr gesamtes Programm und sämtliche Leistungen speziell auf diese Studenten angepasst hat, die Gallaudet University (siehe auch ab Seite 108). Die Anzahl der gehörlosen Studenten in Österreich kann man fast an zwei Händen abzählen – und dann sieht man, dass es auch ganz anders geht. Quasi als Einstieg besuchte ich an der Universität einen zweiwöchigen Intensivkurs, um mich in der amerikanischen Gebärdensprache fortzubilden. Mich beeindruckte der wirklich gute Kurs und auch, dass der Unterricht durch die Gehörlosen-Community vor Ort unterstützt wurde und wie der tägliche Umgang miteinander auf dem Campus sich darstellte. Interessant waren natürlich auch die vielen Gespräche, die ich dort mit den Dozenten und Dozentinnen über Unterrichtsmethodik und Didaktik führen konnte.

Mich faszinierten auch die Sommerkurse, die dort abgehalten wurden. Da gab es beispielsweise eine amerikanische und eine indischen Theatergruppe, die miteinander arbeiteten. Die Vielfalt der kulturellen Angebote war wirklich beeindruckend. Tagelang stöberten wir durch die Universitätsbibliothek, lasen Fachliteratur und schauten Kinderbücher mit Gebärdensprachzeichnungen an. Die umfangreiche Videothek war ebenso beeindruckend wie die angegliederten Filmstudios der Universität. Hier bekamen wir wirklich einen Eindruck davon, was Gehörlosenkultur alles vermag.

Mich als Pädagogin interessierten natürlich besonders die Schulen, die der Universität angegliedert sind. Die Messlatte liegt dabei in den USA – gerade im Vergleich zur europäischen Gehörlosenbildung – ziemlich hoch. Der zweisprachige Unterricht in Grund- und Oberschulen fördert eine erstaunliche Lese- und Rechtschreibkompetenz zutage, die hierzulande fast unvorstellbar erscheint. Auch das Thema Frühförderung mittels Baby Sign Language (siehe auch ab Seite 42) wird in Amerika sehr offensiv betrieben.

Die Reise durch Amerika bot weitere beeindruckende Erfahrungen: Das Rochester National Institute of Technology (speziell für gehörlose und schwerhörige Studenten) beispielsweise hat einige tausend gehörlose Studenten, etwa zehn Prozent davon kommen aus dem Ausland. Zu den Vorlesungen werden Dolmetscher zur Verfügung gestellt. In Rochester gibt es als logische Konsequenz besonders viele Gebärdensprachdolmetscher und die Hälfte der Bevölkerung kann gebärden. Solche Zahlen kennt man ansonsten vielleicht noch von Martha's Vineyard (siehe auch Seite 109).

In Boston stand »Mental Health« auf unserem Reiseprogramm, und das Serviceangebot für gehörlose Menschen dort war tatsächlich beeindruckend. Neben Dolmetscherdiensten und Leseförderkursen bietet man in Boston beispielsweise auch AIDS-Aufklärung in Gebärdensprache an.

Ein paar Tage später besuchten wir dann New York, dort war die Hospitation an der New Yorker Gehörlosenschule – die von einem gehörlosen Schuldirektor geleitet wurde, dessen Stellvertreter ebenfalls gehörlos war – insbesondere für mich ein Highlight. Und schon an der Eingangstür haben mein Kollege und ich herzlich gelacht. Dort stand nämlich auf einem Schild zu lesen: »sign in – sign out«. *(Anmerkung der Redaktion: Die Formulierung ist doppeldeutig, wortwörtlich übersetzt bedeutet sie »Anmelden – Abmelden« – im übertragenen Sinn wird jedoch dadurch darauf hingewiesen, dass innerhalb des Gebäudes die Gebärdensprache gilt.)*

Mit den gehörlosen Lehrern konnte ich viele pädagogische Fragen erörtern und sammelte eifrig Ideen, was wir in Europa von den Amerikanern lernen können. Am liebsten hätte ich das ganze Lehrerteam gleich mit nach Österreich genommen.

Neben dieser beeindruckenden Reise in die USA gab es für mich weitere Gelegenheiten, die Situation gehörloser Menschen weltweit näher zu betrachten: In Indonesien, dort in Sulawesi, das früher einmal Celebes hieß, besuchte ich die Gehörlosenschulen in Ujung Pandang. Kaum zu glauben, aber dort gab es relativ nah beieinander drei solcher Bildungseinrichtungen. Gleich am Morgen machte ich mich zur ersten Schule auf. Dort erlebte ich erst einmal mein »blaues Wunder«. Die Schülerinnen und Schüler traten in dunkelblauen Röcken beziehungsweise Hosen und blütenweißen Blusen militärisch geordnet zur Begrüßung für mich an. Zu Ehren meines Besuchs führten die Lehrer die lautsprachlichen Fertigkeiten ihrer gehörlosen Schützlinge vor. Nur leider verstand ich kein Wort: Den Umstand, dass ich ebenfalls gehörlos bin, hatten die Lehrerkollegen einfach nicht bedacht. Im Unterricht verwendeten die Kinder Gebärdensprache, allerdings auf niedrigerem Niveau als in österreichischen Gehörlosenschulen. Es gab keine Schulbücher, nur einen Ordner. Ich fragte mich, wie dort wohl der Unterricht normalerweise ablief, denn ich konnte mir selbst überhaupt kein Bild davon machen, da aufgrund unseres Besuches die ganze Schule unterrichtsfrei bekam.

Weiter ging es dann mit der Fahrradrikscha zur nächsten alten Institution in einer Seitengasse. Und diese Schule konnte ich zunächst einmal gar nicht als solche identifizieren. Das Gebäude hatte eindeutig schon bessere Tage gesehen und der Schuldirektor, der mir im traditionellen Sarong und barfuß entgegenkam, machte nicht viel Aufhebens um den Besuch aus Österreich. Hier trugen die Kinder alte Schuluniformen, hatten kein modernes Klassenzimmer, aber dafür gebärdeten sie alle. Ich fühlte mich hier gleich zu Hause, auch wenn ich die einheimischen Gebärden natürlich nicht wirklich verstand.

Die dritte Schule, die wir auf dieser Reise besichtigten, befand sich schließlich in einem modernen Gebäude, es gab saubere Klassenzimmer und einen Unterricht, in dem sowohl Laut- als auch Gebärdensprache eingesetzt wurden. Ich kam zu dem Schluss, dass selbst im entlegensten Winkel Indonesiens der Ideologiestreit rund um die Gehörlosenbildung angekommen war.

Aber ich musste gar nicht immer erst ans andere Ende der Welt reisen, um Eindrücke zu sammeln: So fuhr ich oft auch mit dem Zug ins Nachbarland Deutschland. Da ich als gehörlose Studentin in Österreich eher die Ausnahme war, fehlte mir der Austausch mit anderen Studenten. Den Ausgleich dazu fand ich in Deutschland. Dort gab es damals schon einen Studentenverein für gehörlose und schwerhörige Menschen, die Bundesarbeitsgemeinschaft hörbehinderter Studenten und Absolventen (BHSA). Was übrigens nicht heißt, dass die Situation für gehörlose Studenten in Deutschland recht viel besser ist als in Österreich. Auch dort schafft es nur ein Bruchteil der Schüler – verglichen mit der Anzahl gehörloser Menschen – an die Universität.

In der Bundesarbeitsgemeinschaft konnte ich mich mit anderen Studenten intensiv über Pädagogik austauschen und wir diskutierten nächtelang – das war eine große Bereicherung für mich. Außerdem wurde ich auf diese Art und Weise quasi gezwungen, auch die Deutsche Gebärdensprache (DGS) zu lernen. Was sich gerade am Anfang ganz schön schwierig gestaltete. Man glaubt nicht, wie unterschiedlich die Österreichische und die Deutsche Gebärdensprache sind, obwohl wir doch eine gemeinsame Schriftsprache, nämlich Deutsch, haben. Damals ist es mir oft passiert, dass ich aus Deutschland zurück nach Wien kam und hier dann erst einmal die Deutsche Gebärdensprache verwendet habe – die versteht in Wien kein Mensch!

Über lange Zeit »pilgerte« ich auch regelmäßig nach Freiburg, um dort unterstützt von der »Stiftung zur Förderung der Hochbegabten« logopädisch gefördert zu werden. Es war aufgefallen, dass ich in der deutschen Schriftsprache eine sehr hohe Kompetenz entwickelt hatte, meine Lautsprache diesem Können jedoch gar nicht entsprach. Experten bemühten sich um mich und ich stellte fest, dass ich meine Sprechleistung tatsächlich deutlich verbessern kann, wenn ich regelmäßig, das bedeutet mehrmals pro Woche, logopädisches Sprechtraining absolviere. Aber sobald ich mit dem Training aufhöre, ist der Erfolg auch sehr schnell wieder hinfällig. Wozu also? Ich komme mit der Gebärdensprache bestens zurecht. Logopädie ist sicherlich ein wichtiger Baustein, doch dauerhaft gute Ergebnisse erreicht man nur, wenn man wirklich regelmäßig übt. Und da stellt sich mir die Frage: Was ist relevanter: Sprachkompetenz oder Sprechleistung?

Meiner Meinung nach ist, **was** man sagt, wichtiger, als **wie** man es sagt. Und dafür stehen mir inzwischen einige Sprachen zur Verfügung: Schriftsprache Deutsch, Lautsprache Deutsch, Schriftsprache Englisch, Österreichische Gebärdensprache, Deutsche Gebärdensprache, American Sign Language und Internationale Gebärden. Und – was mir besonders am Herzen liegt – die Lengua de signos española, denn in dieser Sprache spreche ich mit meinem Mann. Ihn habe ich übrigens auch auf einer Reise kennengelernt. Wir trafen uns zum ersten Mal in Rom. Er kam aus Madrid – und ich aus Wien.

Ich habe feststellen müssen, dass das gesprochene Wort bei uns in Europa sehr wichtig ist. Das gilt vor allem für den deutschsprachigen Raum. In Asien beispielsweise ist das anders, dort gibt es viel weniger Berührungsängste und viel weniger Hemmungen, auch über offensichtliche verbale Barrieren hinweg Kontakt aufzunehmen, unter anderem in schriftlicher Form oder durch Gebärden. Selbst die Händler am Straßenrand oder auf dem Markt ziehen sofort Stift und Papier heraus und unterbreiten ihre Angebote schriftlich, wenn es eben verbal nicht möglich ist. Auf meine gebärdete Frage »Was kostet ein Wasser?« hatte der Kellner in einer kleinen Strandbar am Ende der Welt sofort einen Stift in der Hand und antwortete mir schriftlich. Und anschließend kam er in regelmäßigen Abständen vorbei und fragte durch Botschaften auf kleinen Zetteln: »Hat das Essen geschmeckt?« – »Darf ich Ihnen noch etwas bringen?« Hierzulande ist man dagegen eher froh, wenn ich mich im Restaurant nicht zu Wort melde.

Von Bali habe ich ein besonders rührendes Erlebnis in Erinnerung: Bei der Abreise winkte uns die Rezeptionistin des Hotel zu sich heran und überreichte uns feierlich einen Brief. Darin stand: »Vielen Dank für Ihren Besuch! Schön, dass Sie unsere Gäste waren. Auf Wiedersehen und gute Reise.« So etwas ist mir in Deutschland oder in Österreich noch nie passiert. Eine typisch deutsche Szene erlebte ich dagegen gleich bei der Rückreise: Bei der Ankunft in Deutschland (und vor dem Weiterflug nach Wien) gingen mein Mann und ich am Flughafen in ein Geschäft, um uns darin etwas anzusehen. Als der Verkäufer sah, dass wir gebärdeten, wendete er uns erst einmal den Rücken zu. Schließlich sprach er doch mit uns, sah uns dabei aber nicht direkt an und seine Aussprache war sehr undeutlich – ich musste wirklich meine Augen »spitzen«, um mitzubekommen, was er sagte. Mein Mann meinte nur: »Willkommen in Europa!«

Bildung auf dem Sonderweg

Auf den ersten Blick scheinen die Bildungssysteme in Österreich und Deutschland vergleichbar, zumindest in Bezug auf die Bildung von Kindern mit Behinderungen: Diese werden frühzeitig aus dem regulären Schulbetrieb aussortiert, weil sie einen besonderen Förderbedarf haben. Auf die Einführungen solcher Sonderschulen war man in den 1960er-Jahren sogar besonders stolz, so wie man sich ohnehin mit der Bildung im Land zufrieden zeigte.
Und dann kamen die PISA-Studien – und damit die große Ernüchterung: Deutschland lag in allen Bereichen hinter dem OECD-Durchschnitt und auch Österreich war nicht unter den Spitzenreitern. Seitdem feilt man an einer besseren Bildungspolitik – in Deutschland mit mehr, in Österreich mit sehr wenig Erfolg. Besonders erschütternd für mich: Was dabei immer unangetastet blieb, war die Sonderschulregelung.
Durch das Übereinkommen über die Rechte von Menschen mit Behinderungen – die Behindertenrechtskonvention –, das von beiden Ländern verabschiedet und unterzeichnet wurde, erhoffte man sich Bewegung in der Sache. Dabei scheinen die verantwortlichen Politiker nicht genau hingeschaut zu haben, denn sonst hätten sie erkannt, dass dadurch in puncto Bildung für Kinder mit Behinderungen nichts so bleiben kann, wie es war – und dass ein solcher Wandel wirklich Arbeit und Engagement kostet.
Doch um das ganze Ausmaß des Dilemmas zu begreifen, muss man die betreffenden Schulsysteme kennen.

Das österreichische Bildungssystem

Ab dem dritten Lebensjahr besucht ein Teil der österreichischen Kinder den Kindergarten. Gesetzlich verpflichtend ist mindestens ein Kindergartenjahr vor dem Schuleintritt. Mit dem sechsten Lebensjahr beginnt dann die allgemeine Unterrichtspflicht.
Die anschließende Volksschule besuchen die Kinder in Österreich vier Jahre lang. Noten erhalten die Schüler von der ersten Klasse

an. Allerdings gibt es in Österreich nur fünf Notenstufen (sehr gut, gut, befriedigend, genügend und nicht genügend). Auf die Note »ungenügend« (in Deutschland die Note »Sechs«) wird verzichtet.
Nach der Volksschule können die Kinder zwischen der Hauptschule, der Unterstufe der Allgemeinbildenden Höheren Schule (AHS), die der Unterstufe an deutschen Gymnasien entspricht, und der neuen Mittelschule wählen. Dabei ist in Österreich die schulische Bildung an Hauptschulen anerkannter als in Deutschland und der Hauptschulbesuch schließt in Österreich auch eine spätere Qualifikation mit Matura-Abschluss nicht aus.
Außerdem wird der Erhalt von »Zwergelschulen« (also sehr kleinen Schulen) befürwortet, damit auch in entlegenen Alpentälern die Bildung wohnortnah stattfinden kann. Auch setzt man in Österreich auf eine berufsspezifische Hinführung der Schüler auf das Arbeitsleben. Das ist übrigens etwas, was dem starren dreigliedrigen System in Deutschland fast völlig fehlt ebenso wie die verpflichtende vorschulische Erziehung.
Deutschland und Österreich unterscheiden sich außerdem in der Länge der Schulpflicht: Während diese in Österreich lediglich neun Jahre umfasst, dauert sie in einigen deutschen Bundesländern dagegen zehn Jahre (daran anschließend folgt die ausbildungsbegleitende Berufsschulpflicht).

Österreichische Besonderheiten

Die Unterstufe der Allgemeinbildenden Höheren Schulen wird vier Jahre lang besucht, ebenso lange wie die alternative Hauptschule. Nach dem erfolgreichen Abschluss der achten Schulklasse erfolgt dann noch einmal eine Differenzierung. Unter anderem gibt es diese Möglichkeiten: Berufsschulen und Lehre (duales System), die Oberstufe der Allgemeinbildenden Höheren Schulen, die Berufsbildende mittlere Schule (BMS), die Berufsbildende höhere Schule (BHS) oder die Polytechnische Schule.
Gleichwohl für welche Schule man sich entschließt, die Hochschulreife kann man auf den meisten Wegen erreichen, lediglich mit einem etwas unterschiedlichen Zeitaufwand.

Das deutsche Bildungssystem

Der formale Unterschied zwischen den Schulsystemen in Österreich und Deutschland besteht darin, dass in Deutschland die Bildung Ländersache ist. Das bedeutet, es gibt durchaus Unterschiede zwischen den einzelnen Bundesländern.
Da die Vorschulzeit im Kindergarten nicht verpflichtend ist, beginnt die Schulzeit mit und ohne Vorschuljahr mit dem sechsten Lebensjahr (die Stichtage sind unterschiedlich, auch eine frühere Einschulung ist möglich). Die Grundschule dauert fast überall vier, in Berlin und Brandenburg sechs Jahre, wobei in den ersten zwei Schuljahren in den meisten Bundesländern keine Noten, sondern nur Bewertungen erteilt werden. Stichtag für die weitere Schulkarriere ist der Tag Mitte der vierten Klasse, an dem die sogenannten Übertrittszeugnisse verteilt werden. Dann entscheidet sich, ob das Kind eine weiterführende Schule – Gymnasium oder Realschule – besuchen darf oder in den anschließenden fünf Schuljahren auf eine Hauptschule geht. Letzteres ist in Deutschland quasi ein Knock-out-Kriterium, denn die Chancen auf einen Ausbildungsplatz sind für Hauptschulabsolventen in der Regel schlecht. Die Realschule endet nach der zehnten Klasse mit der Mittleren Reife, das Gymnasium nach Abschluss der zwölften Klasse (G8) mit dem Abitur.

Deutsche Besonderheiten

Das bundesdeutsche Schulsystem wirkt zwar durchlässig, ist es aber in der Praxis nicht. Möglichkeiten zum Quereinstieg und Wechseln gibt es oft nur auf dem Papier. Nach der Mittleren Reife besteht immerhin die Möglichkeit, eine fachgebundene Hochschulreife zu erlangen, und zwar in den Fachbereichen Wirtschaft, Soziales, Gestaltung und Technik.

Schulformen für behinderte Kinder

Kinder mit besonderem Förderungsbedarf werden – in Österreich wie in Deutschland – an Sonderschulen unterrichtet. Das betrifft auch gehörlose Kinder.

Im bundesdeutschen Schulsystem gibt es zwar mehr Unterschiede (weil Schule Sache der Bundesländer ist), aber eben auch mehr Möglichkeiten in Bezug auf die Integration behinderter Kinder. Allerdings nutzt man diese Chancen nicht! Obligatorisch ist der Besuch einer Sonder- oder Förderschule für gehörlose Schüler oder andere Kinder mit speziellem Förderbedarf. Zwar mag der Lehrplan ein anderer als in Österreich sein, eine Sackgasse ist dieser Schulweg in beiden Ländern. Es ist häufig allein dem Engagement der Eltern zuzuschreiben, wenn beispielsweise gehörlose Kinder einen höheren Bildungsabschluss (etwa nach dem Besuch einer der wenigen Schulen mit Integrationsunterricht) erlangen. Deshalb ist es auch nicht verwunderlich, dass gehörlose Akademiker hierzulande eher die Ausnahme sind – genauso wie blinde Menschen oder Menschen mit einer anderen Behinderung.
Weltweit die einzige Universität für gehörlose Studenten gibt es übrigens in den USA. Die Gallaudet University in Washington, D.C. ist die erste Universität für gehörlose und schwerhörige Studenten und die einzige, die ihr gesamtes Programm speziell an diese Studenten angepasst hat (siehe auch ab Seite 108). Darüber hinaus gibt es in den USA jedoch auch viele Universitäten, die unter anderem Servicezentren und Dolmetscherdienste anbieten, sodass dort auch sehr viele gehörlose Menschen studieren.
Was die Schulbildung betrifft, geht es also auch anders: Es gibt sehr wohl eine Möglichkeit, dass eine Integrationsklasse nach dem Sonderschullehrplan unterrichtet wird!

Was geschieht in Integrationsklassen?

Integrationsgruppen in Kindergärten, Grund- und Hauptschulen werden heute an immer mehr Bidungseinrichtungen initiiert. Und immer mehr Eltern sehen die reinen Förderschulen eher kritisch. Man ist daher bemüht, Integration voranzutreiben, um behinderte und nicht behinderte Kinder und Jugendliche zusammenzuführen. Integration bedeutet aber nicht, um beim Beispiel gehörloser Menschen zu bleiben, einfach gehörlose Kinder und Jugendliche in »hörende« Klassen zu setzen.

Integrationsklassen müssen von verschiedenen Lehrkräften geführt, die Schüler individuell unterstützt werden. Bei gehörlosen Kindern benötigt man Lehrer, die gleichzeitig parallel auf Deutsch und in der entsprechenden Gebärdensprache unterrichten. Solche Modelle funktionieren sehr gut, die Bildungserfolge behinderter Schüler und Schülerinnen in diesen Klassen sprechen für sich. Gleichzeitig verschlechtern sich die Ergebnisse der nicht behinderten Kinder nicht! Dennoch ist dieses Modell in Österreich und in Deutschland noch lange nicht zum Regelfall geworden.

Was muss sich ändern?

Wer die Bildungssituation behinderter Menschen reformieren möchte, kommt an der Behindertenrechtskonvention nicht vorbei. Sie ist die Messlatte, an der sich alle Bemühungen künftig ausrichten müssen. Um das Anforderungsprofil der UN-Behindertenrechtskonvention zu verstehen, muss man sie gelesen haben. Artikel 24 behandelt das Thema Bildung:[29]

> »(1) Die Vertragsstaaten anerkennen das Recht von Menschen mit Behinderungen auf Bildung. Um dieses Recht ohne Diskriminierung und auf der Grundlage der Chancengleichheit zu verwirklichen, gewährleisten die Vertragsstaaten ein integratives Bildungssystem auf allen Ebenen und lebenslanges Lernen mit dem Ziel, (…) Menschen mit Behinderungen ihre Persönlichkeit, ihre Begabungen und ihre Kreativität sowie ihre geistigen und körperlichen Fähigkeiten voll zur Entfaltung bringen zu lassen; (…)«

Darauf folgt die konkrete Handlungsanweisung:

> »(2) Bei der Verwirklichung dieses Rechts stellen die Vertragsstaaten sicher, dass
> a) Menschen mit Behinderungen nicht aufgrund von Behinderung vom allgemeinen Bildungssystem ausge-

schlossen werden und dass Kinder mit Behinderungen nicht aufgrund von Behinderung vom unentgeltlichen und obligatorischen Grundschulunterricht oder vom Besuch weiterführender Schulen ausgeschlossen werden;
b) Menschen mit Behinderungen gleichberechtigt mit anderen in der Gemeinschaft, in der sie leben, Zugang zu einem integrativen, hochwertigen und unentgeltlichen Unterricht an Grundschulen und weiterführenden Schulen haben;
c) angemessene Vorkehrungen für die Bedürfnisse des Einzelnen getroffen werden;
d) Menschen mit Behinderungen innerhalb des allgemeinen Bildungssystems die notwendige Unterstützung geleistet wird, um ihre erfolgreiche Bildung zu erleichtern;
e) in Übereinstimmung mit dem Ziel der vollständigen Integration wirksame individuell angepasste Unterstützungsmaßnahmen in einem Umfeld, das die bestmögliche schulische und soziale Entwicklung gestattet, angeboten werden.«

Das bedeutet im Detail:

»(3) Die Vertragsstaaten ermöglichen Menschen mit Behinderungen, lebenspraktische Fertigkeiten und soziale Kompetenzen zu erwerben, um ihre volle und gleichberechtigte Teilhabe an der Bildung und als Mitglieder der Gemeinschaft zu erleichtern. Zu diesem Zweck ergreifen die Vertragsstaaten geeignete Maßnahmen; unter anderem
a) erleichtern sie das Erlernen von Brailleschrift, alternativer Schrift, ergänzenden und alternativen Formen, Mitteln und Formaten der Kommunikation, den Erwerb von Orientierungs- und Mobilitätsfertigkeiten sowie die Unterstützung durch andere Menschen mit Behinderungen und das Mentoring;
b) erleichtern sie das Erlernen der Gebärdensprache und

die Förderung der sprachlichen Identität der Gehörlosen;
c) stellen sie sicher, dass blinden, gehörlosen oder taubblinden Menschen, insbesondere Kindern, Bildung in den Sprachen und Kommunikationsformen und mit den Kommunikationsmitteln, die für den Einzelnen am besten geeignet sind, sowie in einem Umfeld vermittelt wird, das die bestmögliche schulische und soziale Entwicklung gestattet.
(4) Um zur Verwirklichung dieses Rechts beizutragen, treffen die Vertragsstaaten geeignete Maßnahmen zur Einstellung von Lehrkräften, einschließlich solcher mit Behinderungen, die in Gebärdensprache oder Brailleschrift ausgebildet sind, und zur Schulung von Fachkräften sowie Mitarbeitern und Mitarbeiterinnen auf allen Ebenen des Bildungswesens. Diese Schulung schließt die Schärfung des Bewusstseins für Behinderungen und die Verwendung geeigneter ergänzender und alternativer Formen, Mittel und Formate der Kommunikation sowie pädagogische Verfahren und Materialien zur Unterstützung von Menschen mit Behinderungen ein.
(5) Die Vertragsstaaten stellen sicher, dass Menschen mit Behinderungen ohne Diskriminierung und gleichberechtigt mit anderen Zugang zu allgemeiner Hochschulbildung, Berufsausbildung, Erwachsenenbildung und lebenslangem Lernen haben. Zu diesem Zweck stellen die Vertragsstaaten sicher, dass für Menschen mit Behinderungen angemessene Vorkehrungen getroffen werden.«

Zusammengefasst fordert diese Konvention also: Behinderte Kinder haben ab sofort das Recht, gemeinsam mit nicht behinderten Kindern eine allgemeinbildende Schule zu besuchen. Und dieser Anspruch gilt für jedes Kind – unabhängig von anders lautenden Schulgesetzen. Auch deshalb sollten die Regierungen daran interessiert sein, die geforderte »Inklusive Bildung« zu verwirklichen und dafür Qualitätsstandards festzulegen.

Und was ist tatsächlich schon passiert?

Wenig, viel zu wenig, wie sich in Österreich in Bezug auf gehörlose Schüler zeigt. Die aktuelle Situation im deutschsprachigen Europa: Behinderte Kinder bleiben immer noch außen vor.
Gehörlose Pflichtschulabgänger (von vierzehn oder fünfzehn Jahren) haben den Wortschatz und die Schriftsprachkompetenz, die mit der von acht- bis neunjährigen hörenden Schülern vergleichbar ist. Noch fühlen sich Gehörlosenschulen in Österreich »alten Idealen« verpflichtet und erteilen Gebärdenverbote. Das dürfte auch daher rühren, dass die Gebärdensprachkompetenz bei Lehrkräften an Gehörlosenschulen zu wünschen übrig lässt. Gehörlose Menschen werden häufig nur als Hilfspersonal eingesetzt, selten als LehrerInnen. Oft landen Schulabgänger in weniger qualifizierten Berufen – es gibt nur sehr wenige gehörlose Studenten oder Akademiker.
Lehrer werden in Österreich an Pädagogischen Hochschulen ausgebildet. Die spezifische Qualifikation erwerben die Absolventen dann durch eine zweijährige berufsbegleitende Ausbildung. Lehrer an Gehörlosenschulen können einen externen, kostenpflichtigen Gebärdensprachkurs absolvieren, der jedoch ohne Prüfung anerkannt wird, es reicht, an dem Kurs einfach nur teilzunehmen. Es gibt keinen Unterricht zu Themen wie Gehörlosengemeinschaft und -geschichte, keine Unterweisungen in Sachen Bilingualität. Ab 2011 wird es in Österreich nun zwar ein einjähriges, begleitendes Wahlfach »Bilinguale Erziehung« geben, abgehalten von der Universität Klagenfurt – der Haken daran ist allerdings, dass es freiwillig und noch immer nicht verpflichtend für die StudentInnen ist! Das wird in Skandinavien und Amerika schon seit vielen Jahren ganz anders gehandhabt: Dort sind diese Kurse verpflichtend, können von den StudentInnen kostenlos besucht werden und am Ende des Kurses wird deren Sprachkompetenz in der Gebärdensprache geprüft – eben genau wie in jeder anderen Fremdsprache.
In Deutschland indes sieht es ähnlich aus wie in Österreich, allerdings wird dort immerhin ein Hörgeschädigten-Pädagogikstudium angeboten, sodass die LehrerInnen bereits mit theoretischer Erfah-

rung ins Berufsleben einsteigen können – im Gegensatz zur Situation in Österreich, da hier die berufsbegleitende Ausbildung oft wegen einer bestehenden Warteliste erst nach Jahren absolviert werden kann! Und in Deutschland gibt es bereits einige bilinguale Klassen in verschiedenen größeren Städten wie Hamburg, Berlin oder München.

Doch wie sollte sich in Österreich auch etwas Grundlegendes verändern, wenn für Gehörlosenschulen doch immer noch der Lehrplan aus dem Jahre 1990 gilt – und dieser entspricht dem Niveau der Sonderschule. »Da der Aufbau der Lautsprache in der Sonderschule für gehörlose Kinder viel Zeit erfordert, ist eine sinnvolle Auswahl des Bildungsgutes zu treffen. Nicht die Fülle des Stoffes ist entscheidend, sondern seine formende Kraft, die nur durch eine klare sprachliche Durchdringung des Bildungsgutes erreicht werden kann.«[30] Immer noch wird eine Entscheidung zwischen Lautsprache und Gebärdensprache impliziert, kein Sowohl-als-auch, sondern ein striktes Entweder-oder ist die Folge. Dass man dadurch die Separation eher unterstützt, als dass man Integration fördert, auf diese Idee ist offenbar noch niemand gekommen.

Auch die Novellierung des Lehrplanes im Jahr 2008 brachte nicht viele Ergebnisse, lediglich die diskriminierende Bezeichnung »taubstumm« ist verschwunden, statt der Bezeichnung »Gebärdenpflege« für das entsprechende Unterrichtsfach verwendet man nun den Begriff »Gebärdensprache« – inhaltliche Auswirkungen auf den Unterricht hatte diese sprachliche Anpassung jedoch nicht.

Die aufgeführten Beispiele machen deutlich, dass Österreich noch weit von den Vorgaben der Behindertenrechtskonvention im Bereich Bildung entfernt ist.

Insbesondere mangelt es an geeignetem Unterrichtsmaterial, das für ein höheres Bildungsniveau überhaupt nötig ist. Bislang ist lediglich Unterstufenmaterial vorhanden. Das Bundesministerium für Unterricht, Kunst und Kultur hat deshalb nun eine Arbeitsgruppe gegründet, um alle bereits vorhandenen Materialien für den möglichen Schulunterricht zu durchforsten. Ich erwarte aber einen klaren Auftrag, um neue Materialien zu erstellen.

Und in Deutschland?

Hier hat man zunächst einmal »um-etikettiert«: Aus Sonderschulen wurden Förderschulen beziehungsweise sonderpädagogische Bildungszentren und diese gehören damit zum allgemeinbildenden Schulsystem – wodurch die Förderschüler nun ganz offiziell regulär unterrichtet werden und nicht mehr, wie man gemeinhin behauptet: abgeschoben. Doch bei genauer Betrachtung hat sich bis auf die Bezeichnung nur wenig geändert: Rund 85 Prozent aller behinderten Kinder landen auf Förderschulen, nur 15 Prozent sind in integrativen Schulmodellen untergebracht[31] – damit ist Deutschland europaweit das Schlusslicht. Und nun fordert die Behindertenrechtskonvention, dass behinderte Kinder – egal, ob geistig oder körperlich behindert – an regulären Schulen unterrichtet werden. Warum aber hält man in Deutschland an den Sonderschulen fest? Tatsache ist: Wer sich an den Vorgaben der UN-Behindertenrechtskonvention orientiert, müsste Veränderungen befürworten. Und warum sollte man das tun, hat man sich doch mit diesem System so wunderbar arrangiert?! Die Wurzeln reichen zurück bis ins Jahr 1961, als das Bundessozialhilfegesetz (BSHG) mit seinen Regelungen den Ausbau des Sonderschulwesens unterstützte. Es wurden in der Folge Sonderschulen – auch in privater Trägerschaft – gegründet, mit denen man den Rechtsanspruch auf eine angemessene Schulbildung für behinderte Kinder durchsetzte. Langfristig hatte das zur Folge, dass ein bundesweites Netz dieser besonderen Schulform entstand. Mit den Jahren verselbstständigte sich das Ganze und dort, wo es viele Sonderschulen gibt, da gibt es bis heute auch viele Sonderschüler.

Gern übersieht man dabei, dass Förderschulen keine überzeugenden Ergebnisse liefern, denn mehr als 80 Prozent der Absolventen finden keinen Arbeits- oder Ausbildungsplatz. Nach neueren Untersuchungen tut sich der Verdacht auf, dass in diesen Spezialschulen zu viel behütet und zu wenig gefordert wird – und das bedeutet schlussendlich: zu wenig Förderung.[32]

Hinzu kommt, dass Förderschulen inzwischen auch gern als Auffangbecken für all jene herhalten müssen, die den »normalen«

Schulbetrieb stören: Problemschüler als lernbehinderte Kinder. Dazu gehören Kinder aus sozial benachteiligten Familien ebenso wie diejenigen mit Migrationshintergrund.[33]
Das zentrale Problem ist aber sicher, dass sich Deutschland ein »dreigliedriges« (rechnet man die Förderschulen mit: ein viergliedriges) Schulsystem leistet, das vor allem der Separation sozialer Schichten dient und so aus der Schulart, die ein Mensch besucht, schon wieder die Zugehörigkeit zu einer bestimmten Schicht manifestiert. Dieses System bietet sozialen Zündstoff – und könnte zu einer tiefen Spaltung der Gesellschaft führen. Gleiches gilt übrigens auch für das Schulsystem in Österreich!
In Deutschland werden Kinder unterrichtet, als ob sie von Natur aus alle »gleich gestrickt« wären und als ob bei einem zehnjährigen Kind die endgültige Prognose für dessen Zukunft möglich wäre. Dabei übersieht man, dass so wertvolle Talente und besondere Begabungen verschenkt werden! Ein Land, dem es schon jetzt an Fachkräften mangelt, leistet sich eine schulische Ausfallquote von 15 Prozent.[34] Von der Schule direkt in die Unterstützungsschiene des Sozialstaats – Zukunft sieht anders aus.
Mehr Vielfalt würde allen Kindern nützen. Und eine Schule für alle wäre eine Schule der Zukunft. Man kann sich in Deutschland sträuben, wie man will: Die Messlatte der UN-Behindertenrechtskonvention ist die, nach der man sich strecken muss. Bildung ist ein Menschenrecht – Anspruch darauf haben alle Kinder, auch Kinder mit Behinderungen.

Schwarz auf weiß: Ergebnisse der Kinderkommission

Im November 2010 äußerte sich die Kinderkommission des Deutschen Bundestages zum Thema inklusive Bildung in einer öffentlichen Anhörung – das Ergebnis war eine Bankrotterklärung der momentanen Verhältnisse in Hinblick auf die Forderungen, die sich aus der Behindertenrechtskonvention ergeben. Die Erkenntnisse lassen sich in einem Satz zusammenfassen: Das deutsche Schulsystem benachteiligt behinderte Kinder. Am schwersten davon betroffen sind nach wie vor die lern- und sprachbehinderten (also auch die gehörlosen) Schüler, da sie sich nicht so einfach in das Regelschulsystem integrieren lassen. Die Experten stellten fest, dass nur sehr wenige behinderte Kinder wirklich einer speziellen Förderung bedürfen, und somit forderten sie eine sofortige Abschaffung von Sonderschulen und die Umverteilung der Sonderpädagogen an Regelschulen.

Der Sachverständige Wolfgang Blaschke prognostizierte: »Wenn die Inklusion erfolgreich durchgesetzt wird, dann wird es die unterschiedlichen Schultypen in Deutschland nicht mehr geben.«[35]

Dabei wären die Rahmenbedingungen so einfach herzustellen: Barrieren für sprachbehinderte Kinder könnte man abschaffen, indem man räumliche Verhältnisse verändert, Hintergrundgeräusche vermeidet und angepasste Arbeitsmaterialien sowie visuelle Angebote einsetzt.

Als Kernproblem bei der Umsetzung der inklusiven Bildung machten die Experten einstimmig die föderale Struktur des Bildungswesens in Deutschland aus. Jedes Bundesland interpretiere die Konvention unterschiedlich. Aber: »Wir brauchen ein einheitliches Leitbild«, forderte Wolfgang Blaschke und bat die Kinderkommission des Bundestages, das Thema durch bundespolitische Initiativen voranzubringen.[36]

Ein Blick nach Skandinavien

Die skandinavischen Länder sind in vielen Dingen anderen europäischen Ländern voraus, besonders in Sachen Bildung und Integration. Auch an der schwedischen Gehörlosenbildung kann man sich durchaus ein Beispiel nehmen. So setzt man sich dort beispielsweise aktiv für Bilingualismus in Schulen und anderen Bildungseinrichtungen ein. Die schwedische Gebärdensprache ist nicht durch Hörgeräte, Implantate oder andere technische Hilfsmittel zu ersetzen, darüber ist man sich einig.

Es zeigt sich also, dass andere Länder eine andere Herangehensweise haben und sie uns vorbildlich vorleben, gerade auch beim Thema Gehörlosigkeit: Bilingual sein, also die nationale Gebärdensprache und die Lautsprache des jeweiligen Landes zu sprechen, bedeutet für das Individuum eine größere Möglichkeit, an der Gesellschaft teilzuhaben. In Skandinavien ist man daher der Meinung, allen gehörlosen oder schwerhörigen Kindern sollte bereits in früher Kindheit die Möglichkeit zum Gebärdenspracherwerb gegeben werden. Selbstverständlich muss dieser Hand in Hand mit einer Aufklärung und einem angemessenen Informationsangebot gehen. Jeder gehörlose Mensch hat damit am Ende seiner Schulausbildung nicht nur die Wahl zwischen zwei Sprachen, sondern genauso selbstverständlich die Möglichkeit, in beiden problemlos zu kommunizieren.

Bildungsziel Inklusion

Inklusion bedeutet per Definition so viel wie »Einbeziehung«, »Einschluss«, »Dazugehörigkeit«. Inklusion hat zum Ziel, dass alle Menschen trotz ihrer Verschiedenheit, trotz unterschiedlicher sozialer, regionaler, nationaler, religiöser und kultureller Herkunft, verschiedener Fähigkeiten und unterschiedlicher Beeinträchtigungen gemeinsam leben, lernen und arbeiten.

Für die gehörlosen Menschen begann der Ausschluss (also das Gegenteil von Inklusion) bereits mit den Beschlüssen des Mailänder Kongresses von 1880 (siehe auch ab Seite 106). Damals wurde die Gebärdensprache aus den Schulen verbannt und die Ausgrenzung gehörloser Menschen im Bildungssystem vorangetrieben. Es dauerte eine Weile, bis die Beschlüsse umgesetzt wurden, doch in der Konsequenz bedeutet es, dass Bildung für gehörlose Kinder mit den Jahren immer schlechter statt besser wurde. Und das hatte Auswirkungen auf das Leben gehörloser Menschen weltweit.

Man versuchte schließlich, diese Situation zu verbessern: Zunächst probte man Integration (»Herstellung eines Ganzen«), indem einzelne gehörlose oder anderweitig behinderte Kinder in eine Gruppe von nicht behinderten, beispielsweise hörenden Kindern, integriert wurden. Das gelang selten vollständig, denn es gab zu wenig Förderstunden, um die Diskrepanz auszugleichen. Offensichtlich wird bei solchen Versuchen: Integration muss man lernen. Theoretische sind behinderte Menschen in unsere Gesellschaft integriert, praktisch sind sie jedoch unsichtbar! Behinderte Kinder spielen nicht einfach so auf der Straße und auf Spielplätzen, auch in Sportvereinen und Jugendgruppen findet man sie nicht. Ab dem sechsten Lebensjahr werden sie in Förderschulen ganztags unterrichtet und bleiben bis zum Schulabschluss »unter sich«. Die Gesellschaft, die »Welt da draußen«, ist für sie ein unbekanntes Terrain – fremd und unheimlich. Und umgekehrt: Die meisten Menschen reagieren verunsichert und irritiert, wenn sie behinderten Personen begegnen, schauen lieber weg als sich zuzuwenden. Und Kinder machen es selbstverständlich den Erwachsenen nach. So wird Integration nicht gefördert, sondern behindert.

Ziel der Inklusion ist jedoch das Prinzip der Wertschätzung von Unterschieden. Wie man das anstellt? Zum Beispiel durch einen Paradigmenwechsel, also eine **Änderung des Blickwinkels.** In Bezug auf die Rechte der Menschen mit Behinderung bedeutet das: Wir müssen von der medizinisch orientierten Betrachtungsweise Abstand nehmen und zu einer sozialen Sichtweise gelangen.

Zwar haben Österreich und Deutschland die Behindertenrechtskonvention ratifiziert, aber darüber hinaus ist nicht viel geschehen. Offensichtlich hat sich niemand damit befasst, wie viel Arbeit in der Umsetzung steckt. Allein die Rechtsbereinigung (in Bezug auf Begrifflichkeiten) in Österreich und Deutschland dürfte noch einige Zeit in Anspruch nehmen (zumal sie noch nicht wirklich begonnen hat). Wichtig wäre, dass Vertreter aller Behindertenverbände an den nötigen Gesetzesänderungen beteiligt sind, dass alle an einem Strang ziehen. Ziel sollte schließlich die wirkliche Teilhabe aller Menschen am gesellschaftlichen Leben sein, sodass jeder seine eigene Persönlichkeit entfalten kann. Laut der Behindertenrechtskonvention muss jedem Kind freie und unentgeltliche Schulbildung zur Verfügung stehen sowie inklusiver und hochwertiger Unterricht. Die Bedürfnisse und Fähigkeiten jedes Einzelnen stehen dabei im Mittelpunkt und damit auch die notwendige individuelle Unterstützung. Speziell zum Bildungsbereich sollte es einen Inklusionsfahrplan geben, der festlegt, wann was zu tun ist.

Hoffnungsschimmer: Deaf Studies

Es gibt immer wieder Lichtblicke, die mir Hoffnung machen. Der Studiengang **Deaf Studies** ist zum Beispiel mein Traum! In Deutschland wurde er bereits wahr, leider (noch) nicht in Österreich. Seit 2006 gibt es diesen Studiengang an der Berliner Humboldt-Universität, und zwar am Institut für Rehabilitationswissenschaften. Das Fach Deaf Studies ist neu und wurde bislang nur im englischen Sprachraum angeboten. Einzigartig ist auch, dass hier hörende und gehörlose Studierende gleichberechtigt lernen. Das Dozententeam setzt sich ebenfalls aus hörenden und gehörlosen Mitarbeitern zusammen. Es ist zudem ein Studiengang, der gezielt auf die spätere Ausbildung von Gebärdensprachdolmetschern zugeschnitten ist.

Unter Deaf Studies versteht man einen Studiengang, in dem die Gehörlosengemeinschaft mit ihrer Sprache, Geschichte und Kultur im Mittelpunkt steht und aus unterschiedlichen Blickwinkeln und mit verschiedenen Schwerpunkten betrachtet wird. Verpflichtend sind für alle Studenten zumindest Grundkenntnisse in Deutscher Gebärdensprache, die dann während des Studiums intensiviert werden müssen. Im Kernstudium findet man Fächer, die sich mit der Gehörlosengemeinschaft auseinandersetzen – im Bereich Soziologie, Pädagogik, Psychologie oder Geschichte. Parallel dazu gibt es praktischen Gebärdensprachunterricht sowie beispielsweise in dem Fach Gebärdensprachlinguistik eine theoretische Auseinandersetzung damit.

Für die Absolventen des Bachelor-Studienganges eröffnen sich unterschiedliche Berufsfelder: bei Interessenverbänden, Integrationsämtern und Integrationsfachdiensten, Beratungsstellen für Hörgeschädigte, an Frühfördereinrichtungen, Kindergärten oder Schulen, in Wohngruppen und Altersheimen sowie anderen sozialen, kulturellen, rehabilitativen oder medizinischen Einrichtungen. Allerdings braucht man je nach Bereich noch spezielle Kenntnisse beziehungsweise Zusatzausbildungen. Der Deaf-Studies-Studiengang ist vor allem gut für Menschen, die noch nicht genau wissen, ob sie DolmetscherInnen werden wollen, aber trotzdem an der

Gebärdensprache und Kultur interessiert sind. Außerdem ist es natürlich sinnvoll, wenn möglichst viele Menschen mit anderen Fachkompetenzen ebenfalls eine fundierte Ausbildung in der Sprache und Kultur der Gehörlosengemeinschaft erfahren, um mehr und mehr die (Sprach-)Barrieren abbauen zu können und wahre Inklusion zu schaffen.

Bildung für sehbehinderte und blinde Kinder

In meinen Beispielen konzentriere ich mich stark auf die Situation gehörloser Menschen, einfach weil ich aufgrund meiner Biografie aus zahlreichen eigenen Erfahrungen schöpfen kann. Doch wer glaubt, schlechte Bildung oder die Abschiebung auf Sonderschulen seien ein besonderes Problem gehörloser Menschen, der irrt sich. Davon betroffen sind alle Behindertengruppen.

Sowohl Deutschland als auch Österreich haben zum Beispiel auch ungeheuren Nachholbedarf bei der Integration blinder und sehbehinderter Kinder in den Regelschulbetrieb. Das beginnt schon damit, dass beispielsweise in Deutschland ein Mensch erst dann als blind gilt, wenn sein »besseres Auge« weniger als 2 Prozent Sehkraft hat beziehungsweise sein Gesichtsfeld nur noch 5 Prozent beträgt. Das sind Werte, die wirklich inakzeptabel sind, wenn man bedenkt, dass in den USA ein Restsehvermögen von 10 Prozent als Grenze festgeschrieben ist.

Ähnlich wie gehörlose wurden auch blinde Menschen seit jeher von normaler und umfassender Bildung ausgeschlossen. Die Schüler werden seit Mitte der 1950er-Jahre überwiegend in Sonderschulmodellen unterrichtet. Das Problem ist immer das gleiche: Auch an diesen Instituten ist es nur schwer möglich, einen qualifizierten Schulabschluss zu erlangen. Entsprechend eingeschränkt sind die Zukunftsaussichten der Kinder. Nach wie vor ist später für die meisten kein Auskommen mit dem Einkommen möglich. Dabei sind auch blinde Kinder selbstverständlich nicht weniger lernfähig als sehende. Nach wie vor fehlt behinderten Menschen eine starke Lobby.

In Großbritannien gibt es immerhin eine politische Leitfigur für sehbehinderte Menschen: David Blunkett. Er war zuerst Innen-, dann Arbeitsminister – und er ist von Geburt an blind. Aber auch seine Biografie beweist, dass es nur dem unendlichen Bemühen seiner Eltern zu verdanken ist, dass er es so weit gebracht hat.
Dabei wäre es möglich, sehbehinderte Kinder in Regelschulen zu unterrichten. Das Unterrichtsmaterial müsste angepasst werden (in Braille-Schrift vorliegen) und man müsste auf verbale Kommunikation und akustische Vermittlung setzen. Hörbücher gibt es doch auch, warum also keine Hörschulbücher – und ebenso sinnvoll sind hörgestützte Computerprogramme. Hier sind wir einfach noch viel zu unflexibel.
Zugegeben, man kann nicht alle Schulmaterialien in Brailleschrift herstellen. Die Punktschrift wurde übrigens vor 150 Jahren von dem blinden Franzosen Louis Braille entwickelt und sie besteht aus erhabenen Punktekombinationen, die mit den Fingerkuppen gelesen werden können. Blinde Kinder lernen diese Schrift von Anfang an in der Schule. Sie können damit dann ebenso schnell schreiben und lesen wie sehende Schüler mit der von ihnen genutzten Schrift. Wenn man noch jung genug und der Tastsinn in den Fingern nicht beeinträchtigt ist, braucht man ungefähr ein Jahr, um Punktschriftnutzer oder Brailleschrift-Leser zu werden. Punktschriftbücher sind übrigens dicker als normale Bücher. Sie brauchen etwa 30- bis 50-mal mehr Platz als ein Buch in Schwarzdruck.
Übrigens, da fällt mir noch eine berühmte Vorbildfigur für behinderte Menschen ein: Helene Keller. Sie verlor ihr Gehör und ihr Augenlicht in frühester Kindheit, war also taubblind, aber so voller Lerneifer, dass sie als erster Mensch mit dieser speziellen Behinderung so gut Lesen und Schreiben lernte, dass sie einen Universitätsabschluss erreichte und im Laufe ihres Lebens zahlreiche Bücher veröffentlichte. Ihr Lebensthema: der Kampf um die Verbesserung der Lebensbedingungen blinder Menschen.

Immer noch die Ausnahme – eine gehörlose Lehrerin

INKLUSION

Parallel zu meinem Studium arbeitete ich als Lehrerin an der Gehörlosenschule. Mit der Möglichkeit, gehörlose Kinder zu unterrichten, ging ein Traum für mich in Erfüllung. Ständig mit dem System und den mir auferlegten Beschränkungen zu leben, fiel mir jedoch ausgesprochen schwer. Vielleicht bin ich deshalb schließlich Politikerin geworden, um diesen »Maulkorb« endlich hinter mir zu lassen. Denn durch meine Erfahrungen als gehörlose Lehrerin kristallisierten sich für mich zentrale Themen heraus, die ich immer dringender verändern wollte. Mittlerweile habe ich klare Vorstellungen davon, wie die optimale Bildung für gehörlose Kinder aussehen müsste – nämlich ganz anders, als es derzeit der Fall ist!

Man möchte es nicht glauben, aber gerade die Tatsache, als **gehörlose Lehrerin** an einer **Gehörlosenschule** zu unterrichten, war wirklich eine Herausforderung: Ich stellte schnell fest, dass die oft verletzende Ignoranz und die damit einhergehende Diskriminierung auch im Berufsleben anzutreffen sind. Man traute meiner gehörlosen Kollegin und mir nicht einmal zu, wirklich allein und selbstständig den Unterricht vorbereiten und durchführen zu können. Wir mussten zum Beispiel jeweils eine von fünf Stunden Mathematik an eine hörende Lehrerin abtreten, damit diese »auffangen« konnte, was in unserem Unterricht gegebenenfalls »schief gelaufen war«. Ein völlig überflüssige Maßnahme, die zum Glück nach einem Schuljahr wieder gestrichen wurde. Interessant war jedoch, dass andererseits niemand auf die Idee kam, von den hörenden Kollegen eine gewisse Kompetenz in der Österreichischen Gebärdensprache zu verlangen! Offensichtlich ging man davon aus, dass sie problemlos ihre Klasse führen würden. Wie die Kommunikation zwischen Lehrern und Schülern ablaufen sollte, fragte sich offenbar niemand. In der Praxis sah das dann so aus, dass die Lehrerin die Kinder immer wieder nach dem Gebärdensprachenvokabular fragen musste – anstatt dass sie ihnen etwas hätte beibringen können. Insgesamt ist das ungefähr die gleiche Situation, als würde man eine Lehrerin aus China, die kein Wort Deutsch spricht, an einer Österreichischen Volksschule einstellen, um sie das Fach Deutsch unterrichten zu lassen. Sie müsste dann sehr wahrscheinlich auch die Kinder nach der Bedeutung einzelner Worte fragen. Was für eine verkehrte Welt: Hörende Lehrer, die die Gebärdensprache nicht beherrschen, sind qualifizierter, gehörlose Kinder zu unterrichten, als gehörlose Lehrer?

Das Problem liegt jedoch im Schulsystem, nicht an einzelnen LehrerInnen: In Österreich wurde bisher in keiner Lehrerausbildung bilingualer Unterricht angeboten (also Laut- und Gebärdensprache parallel)! Ab 2011 gibt es nun an der Universität Klagenfurt einen einjährigen freiwilligen Lehrgang zum Thema bilingualer Unterricht – immerhin endlich ein erster Fortschritt! Aber immer noch ist dieser Part der Ausbildung für die StudentInnen nicht verpflichtend. Damals wie heute wurde und wird es in Österreich nicht als notwendig angesehen, dass gehörlose Kinder auch in Gebärdensprache unterrichtet werden. Im »Lehrplan der Sonderschulen für Gehörlose« wurden bis 2008 gehörlose Kinder als **taubstumm**, manchmal auch als **taub** bezeichnet! Und die Gebärdensprache, die ja immerhin seit 2005 in Österreich offiziell anerkannt ist, wird zur **Zeichensprache** disqualifiziert. Und in diesem Lehrplan steht die Österreichische Gebärdensprache nach wie vor nicht auf dem Stundenplan. Ja, schlimmer noch: Die dort eingesetzten Lehrkräfte müssen die Gebärdensprache noch nicht einmal beherrschen. Auch eine spezielle Ausbildung, die hörende Studenten auf den Umgang mit gehörlosen Kindern vorbereiten würde, wäre meiner Meinung nach mehr als notwendig. Ganz davon abgesehen ist es ohnehin ein Problem, als angehender Lehrer in Österreich die Österreichische Gebärdensprache zu erlernen. Es gibt nur wenige Angebote und noch dazu müssen die StudentInnen die Gebärdensprachkurse in den meisten Fällen aus eigener Tasche bezahlen.

Letztendlich ist meiner Meinung nach schon die Tatsache ein Skandal, dass es nicht verpflichtend ist, die Österreichische Gebärdensprache zu erlernen, wenn man Lehramt für gehörlose und schwerhörige Kinder studiert! Wie soll man den Schülern Lesen und Schreiben beibringen, wenn man nicht mit ihnen in ihrer originären Sprache kommunizieren kann? Natürlich werden gehörlose Kinder in Österreich im Lesen und Schreiben unterrichtet, aber der Erfolg beziehungsweise Misserfolg spricht für sich: Zwei Drittel der Schüler gelten als Analphabeten und das in Zeiten von E-Mail und SMS, die die Kommunikation erleichtern könnten – vorausgesetzt, man kann schreiben!

Das bedeutet also nicht nur, dass es im Laufe der letzten Jahrzehnte in diesem Bereich keinerlei Fortschritt gab, sondern sogar einen Rückschritt! Denn früher beherrschten die hörenden Lehrer für gehörlose Schüler die Gebärdensprache. Mein Vater erzählte oft aus seiner Schulzeit: Da gab es Lehrer mit Herz, die nicht nur Dienst nach Vorschrift absolvierten, sondern sich insgesamt auch viel mehr mit den Schülern beschäftigten. Als sich mein Vater später zu meiner Schulzeit wieder mit dem Bildungssystem auseinandersetzen musste, fiel ihm auf, dass das Niveau nicht gestiegen, sondern – im Gegenteil – eher gesunken war.

Vor fünfzehn Jahren war es für gehörlose Menschen auch noch einfacher, einen Beruf zu erlernen oder einen Ausbildungsplatz zu finden. Es gab sehr viele unterschiedliche Berufsangebote – ich schätze, es waren über fünfzig verschiedene Ausbildungsmöglichkeiten, die gehörlosen Schulabsolventen direkt von den Gehörlosenschulen angeboten wurden. Jetzt sind die Gehörlosenschulen kleiner und die Schüler können maximal zwischen zwei bis drei Berufen wählen. Das ist zu wenig! Handwerkliche Berufe werden heute fast nicht mehr offeriert. Dazu kommt: Weil gehörlose Schüler heute ein schlechteres Bildungsniveau haben, haben sich auch ihre Berufschancen insgesamt verschlechtert. In der Folge haben Absolventen der Gehörlosenschule wirklich große Schwierigkeiten, ins Berufsleben einzusteigen. Vorhandene Integrationshilfen (siehe auch ab Seite 258) werden von Arbeitnehmer- und Arbeitgeberseite viel zu selten genutzt.

Ungeachtet dessen, dass die Nachteile der lautsprachigen Unterrichtsmethode gravierend und bekannt sind – und auch große Probleme, wie das gesunkene Bildungsniveau, nach sich ziehen –, ist es bis heute die übliche Unterrichtsmethode hierzulande, ein deutliches Mundbild einzusetzen, unterstützt durch ein paar Gebärden. Erschwerend kommt hinzu, dass an jeder Schule andere Wege eingeschlagen werden. Diese Auswahl ist für den Laien verwirrend. Die Möglichkeiten reichen von Gebärden-unterstützter Kommunikation (GuK) über die Verwendung lautsprachbegleitender Gebärden (LBG) bis hin zum bilingualen Unterricht, bei dem Lautsprache und Österreichische Gebärdensprache benutzt werden, um den Kindern eine vollständige, ihnen entsprechende Kommunikation und damit Bildung zu ermöglichen. Die Tendenz zum bilingualen Unterricht ist glücklicherweise steigend – aber längst noch nicht überall Realität! Und er ist nicht verbindlich geregelt: Verschiedene Schulen setzen die Gebärdensprache ab der ersten Klasse ein, andere erst in der achten oder neunten. In vielen Schulen gilt der bilinguale Unterricht noch als Pilotprojekt, mit dem man erst einmal Erfahrungen sammeln will, bevor die Gebärdensprache in anderen Klassen eingeführt werden kann (siehe auch Informationskapitel »Bildung auf dem Sonderweg« ab Seite 152).

Die halbherzige Art, in der Gehörlosenbildung erfolgt, hat drastische Konsequenzen: Denn die Qualität, in der gehörlose Menschen eine Sprache beherrschen, ist abhängig vom Umfang der Förderung, die sie bekommen. Die meisten gehörlosen Menschen sind hierzulande überwiegend **semilingual**. Das hört sich erst einmal interessant an, ist aber ziemlich traurig, denn semilingual ist ein Mensch, der keine einzige Sprache so gut beherrscht, wie es seinem Alter oder Bildungsstand entspricht. Für gehörlose Menschen bedeutet es, dass sie weder in Deutsch noch in der Gebärdensprache (also der Österreichischen Gebärdensprache oder der Deutschen Gebärdensprache) kompetent genug sind, um sich darin angemessen und verständlich auszudrücken.

Ein Beispiel aus meiner Zeit als Lehrerin: Ich unterrichtete eine Klasse, in dieser waren acht bis zehn Kinder zwischen elf und dreizehn Jahren. Ich legte ihnen eine einfache Bildgeschichte von »Vater und Sohn« vor. In dieser Bildgeschichte ging es darum, dass zwei Buben miteinander Murmeln spielen, sich dann streiten, sodass schließlich jeder zu seinem Vater rennt und sich über den jeweils anderen Jungen beschwert. Auf dem letzten Bild streiten sich dann die Väter – während die Söhne unbeteiligt daneben stehen, denn sie haben sich inzwischen längst wieder versöhnt.

Diese Geschichte sollten mir die Kinder nacherzählen – und das Ergebnis war erschreckend. Eigentlich heißt es, dass hörende Kinder zwischen sechs und acht Jahren eine zusammenhängende Geschichte so erzählen können, dass man sie gut nachvollziehen kann. Die meisten meiner schon deutlich älteren Schüler waren nur in die Lage, sehr allgemeine Aussagen zu gebärden wie »Bub spielen« – »Bub böse« – »Vater sprechen« – »Vater böse«. Bei solch einer einfachen Geschichte macht es einen großen Unterschied, ob ein Kind sagen kann »Die Buben spielen mit Murmeln«, »Die Jungen spielen mit Bällen« oder nur »Der Junge spielt«. Doch die meisten meiner

Schüler beherrschten keine ausreichend gute Gebärdensprache, keine Grammatik, keinen Dialog, in dem die Kinder in der Geschichte in Interaktion mit den Vätern treten. In den Nacherzählungen meiner Schüler blieben die Personen einzelne Figuren, die nichts miteinander zu tun hatten.

Dabei ist gerade diese Beziehungsebene zwischen Personen in der Gebärdensprache ein wichtiges Thema: Man weist den Personen, um die es geht, am Anfang eine Position zu. Diese sogenannte **Deduktion der Gebärden** *(Anmerkung der Redaktion: deduzieren von lateinisch »deducere«, im Deutschen so viel wie »herabführen«, »fortführen«, »den Ursprung von etwas ableiten/herleiten«, also in diesem Fall: »einen Zusammenhang herstellen«)* fand in den Erzählungen meiner Schüler nicht statt. Es gab in der Klasse nur zwei oder drei Kinder, bei denen ich während der Nacherzählung ansatzweise eine Geschichte erkennen konnte. Das heißt, die Gebärdensprachkompetenz aller Kinder war katastrophal – und die Lautsprachkompetenz leider ebenso.

Bei den Nacherzählungen meiner Schüler fällt mir ein anderes Erlebnis ein: Ein Bekannter aus Amerika kam zu Besuch. Er ist gehörlos, seine Frau und sein zweijähriger Sohn sind hörend, alle drei kommunizieren in Gebärdensprache miteinander. Der Kleine sah bei unserem Ausflug in den Prater zum ersten Mal in seinem Leben ein Riesenrad und gebärdete: »Ah, ein ›Wagon Rad‹!« (Am Riesenrad hängen wagonähnliche Kabinen.) In der Gebärdensprache wird man sprachlich kreativ, das gehört zur normalen Sprachermittlung. Aber diese Kreativität fehlte meinen Schülern damals völlig.

Und ebenso fehlen ihnen gehörlose Menschen als Vorbilder: Als ich zum Beispiel als Lehrerin an der Schule anfing, waren die Kinder zuerst total verblüfft. Sie fragten: »Wie kannst du Lehrerin sein? Du bist doch gehörlos?« Sie nannten mich auch nie »Frau Jarmer«, sondern immer »liebe Frau gehörlose Lehrerin«. Das war schon eine Auszeichnung, eine Anerkennung, aber das hat mir langfristig nicht genügt. Ich wollte mehr erreichen – nicht nur für mich persönlich, sondern für alle gehörlosen Menschen.

Worauf es mir ankommt, wenn ich solche Episoden wiedergebe: Es wird oft behauptet, dass die Gebärdensprache nicht so schwierig sei, die Schüler könnten diese später noch lernen. Das hat zur Folge, dass viele erst im Alter von achtzehn Jahren oder noch später damit beginnen. Was aber lernen sie dann vorher, während der Schulzeit? Die Lautsprache, also eine Fremdsprache, mit der sie ebenso wenig umgehen können! Warum also nicht erst das scheinbar Einfache gut lernen und dann die Fremdsprache perfektionieren?

Unabhängig davon verhält es sich bei der Gebärdensprache wie bei jeder anderen Sprache: Je später man sie erlernt, desto schwieriger wird es. Dadurch fehlt vielen gehörlosen Kindern die Kompetenz in beiden Sprachen – in der deutschen Laut- und Schriftsprache, weil sie für sie eine Fremdsprache ist und damit das Erlernen entsprechend mühsam, und in der Gebärdensprache, weil sie nicht frühzeitig genug unterrichtet wird.

Daher ist das Recht auf zweisprachigen Unterricht an Gehörlosenschulen bei meinen Forderungen essenziell: Die erste Sprache an Gehörlosenschulen muss die Gebärdensprache sein – inklusive Grammatik und Vokabular –, zweite Sprache die Lautsprache. Auch Poesie und Kultur der Gebärdensprache müssten an Gehörlosenschulen unterrichtet werden, ebenso Musik. Allein das Rhythmusgefühl sollte viel intensiver geschult werden! Und ein weiterer wichtiger Punkt: Englisch. Diese Fremdsprache verschwand vor einigen Jahren in Österreich quasi vom Stundenplan für gehörlose Kinder. Inzwischen wird Englisch immerhin im Rahmen der Sonderschullehrpläne individuell abhängig vom Niveau der Kinder wieder unterrichtet, auch in den Integrationsklassen der Gehörlosenschulen kommt diese wichtige Sprache wieder zum Einsatz. Das müsste noch viel mehr intensiviert werden, denn gerade in Zeiten von Internet und weltweit funktionierender Kommunikation via Mail, Chat und Ähnlichem ist diese Sprache mehr als notwendig!

Zentral ist für mich außerdem die Integration – genauer gesagt: die Doppelintegration. Das bedeutet: Gehörlose und hörende Kinder lernen gemeinsam unter der Voraussetzung, dass **beide** zweisprachig unterrichtet werden. Gehörlosenschulen, also Spezialschulen, geben den gehörlosen Kindern nach wie vor nicht das, was sie brauchen – beispielsweise viel mehr Kommunikation. Und dazu Aufklärung und Unterstützung! Aber das, was sie schließlich am dringendsten benötigen, geht weit über den schlichten Unterrichtsstoff hinaus. Man muss sich ihnen zuwenden und versuchen, ein soziales Miteinander zu stiften.

Wenn zum Beispiel zwei gehörlose Kinder streiten, kann man deshalb als Lehrkraft die Sache nicht einfach laufen lassen, man muss sich einmischen. Es gilt, den Konflikt zu besprechen und gemeinsam mit den Kindern konstruktive Lösungen zu finden. Aber wenn die Lehrer nicht gebärdensprachkompetent sind, fehlen ihnen in solchen Situationen die Worte. Es genügt nicht zu erklären, dass Streit nicht gut ist und dass der Verursacher eine Strafe bekommt. Das ist einfach, aber langfristig fatal. Die Schule muss auch fürs Leben bilden und nicht nur Lautsprachkompetenz vermitteln. Gehörlose Menschen leben oft viel zu isoliert und entwickeln ihre sozialen Fähigkeiten daher erst verspätet, aber im Erwachsenenalter lässt sich nur schwer nachholen, was man als Kind verpasst hat. So werden einige gehörlose Menschen dann auch im Berufsleben zum Spielball intriganter Kollegen, haben kein Vertrauen in die eigenen Fähigkeiten und Möglichkeiten. Wir brauchen deshalb Bildung, bei der ein Mensch in seiner Gesamtheit gesehen und gefördert wird. Und das nicht nur für behinderte Menschen – eine solche Bildung brauchen alle Kinder!

Im Mittelpunkt steht dabei die »soziale Kompetenz«. Was aber ist soziale Kompetenz überhaupt? Auf den ersten Blick nicht mehr als ein Schlagwort und auf den zweiten ein Fachbegriff aus der Verhaltenspsychologie. Er wird auch gern in der Pädagogik und in der Berufswelt verwendet und fasst zusammen, was eigentlich bei jedem sozialen Wesen »normal« sein sollte. Betrachtet man die beiden Worte getrennt, so wird das Bild ein wenig klarer: Soziale Kompetenz meint die Fähigkeit, im zwischenmenschlichen Bereich kompetent zu agieren.

De facto können das aber immer weniger Menschen. Soziale Kompetenz umfasst – im Hinblick auf die eigene Person – ein gesundes Maß an Selbstwertgefühl und Selbstvertrauen, Eigenverantwortung und Selbstdisziplin. Im Umgang mit anderen verfügen sozial kompetente Menschen über Einfühlungsvermögen, Kompromiss- und Konfliktfähigkeit, Menschenkenntnis und Kritikfähigkeit, Respekt und Toleranz. Nur ein gelungenes Miteinander aller Menschen führt dazu, dass Kinder diese Eigenschaften entwickeln können. Behinderte Kinder vom normalen Schulbetrieb auszugrenzen, nimmt daher auch allen nicht behinderten Kinder eine wertvolle Chance: nämlich das Zusammenleben unterschiedlichster Individuen zu lernen.

Wenn wir unseren Kindern also die Möglichkeit des gemeinsamen Unterrichts geben, ist das eine Investition in die Zukunft. Was Heranwachsende dabei voneinander lernen können, steht in keinem Lehrplan: mehr Toleranz und weniger Vorurteile, den Abbau von Berührungsängsten und den Aufbau eines Gemeinschaftsgefühls. Eine Utopie? Keineswegs. Immer wieder gibt es Modellversuche, die den Erfolg dieses Vorgehens beweisen. Auch andere Länder – allen voran Skandinavien, aber auch die USA – zeigen, dass Integration gelingen kann. Langfristig ist eine wirkliche Integration für behinderte Menschen eine Chance, vom Rand der Gesellschaft wegzukommen und in die Gemeinschaft aufgenommen zu werden. Es wird Zeit, Menschen mit Einschränkungen aus der »Behindertenecke« herauszuholen und dabei auch von ihren vielseitigen Talenten zu profitieren.

Doch was machen wir stattdessen? Wir schieben behinderte Kinder auf Sonderschulen ab. Schon allein, wenn ich diesen Begriff lese, bekomme ich eine Gänsehaut. Heute nennt man sie überwiegend Förderschulen, was die Sache nicht besser macht, denn: Wo Förderschule draufsteht, ist immer noch Sonderschule drin. Aber warum wehrt man sich eigentlich so sehr dagegen, dieses veraltete Schulmodell abzuschaffen? Die Bildungssysteme werden reformiert und erneuert, nur die Förderschulen bleiben, was sie sind: die Abstellgleise der Gesellschaft. Dort wachsen die Kinder isoliert auf, haben keine Ahnung von der Welt und auch nicht davon, dass es noch mehr zu erreichen, mehr zu lernen gibt, als ihnen angeboten wird. Werden behinderte Kinder erwachsen, haben sie kaum Aussicht auf eine lukrative Beschäftigung. Sie bleiben häufig zu Hause wohnen oder in einer staatlich unterstützten Heimunterbringung, weil sie sich etwas anderes gar nicht leisten können und weil sie nicht zur Selbstständigkeit erzogen wurden. Eine echte Zukunftsperspektive – da werden Sie mir recht geben – sieht wahrlich anders aus.

Auch die nicht behinderten Kinder bleiben unter sich, kennen Behinderung nur vom Hörensagen, empfinden sie schlimmstenfalls als bedrohlich, ordnen sie aber keinesfalls dem »normalen« Leben zu. Ähnlich sieht es mit den Eltern aus: Selbst wenn man sie davon überzeugen kann, dass integrative Schul- und Lernkonzepte für die Entwicklung der sozialen Kompetenz bestens geeignet sind, bleibt bei vielen in der Regel die Frage stehen: »Soziale Kompetenz ist gut und schön, aber sinkt nicht das Lernniveau, wenn ständig Rücksicht auf lernschwächere Schüler genommen werden muss?« Als studierte Pädagogin und erfahrene Lehrerin ist meine Antwort darauf eindeutig: Nein! Mit den richtigen Bildungskonzepten und entsprechend exzellent ausgebildeten Lehrkräften steigt das Bildungsniveau beim integrativen Unterricht sogar!

Und ich stelle überdies Gegenfragen: Wollen wir wirklich in einer Gesellschaft leben, in der ein Teil der Menschen aussortiert wird? Wollen wir wirklich, dass Bildung generell wieder zum Privileg der sozial besser gestellten Stände wird? Ich kann es mir beim besten Willen nicht vorstellen, aber warum begehrt niemand dagegen auf?

Neben der Integration kommt es mir auch auf die persönliche Förderung an – besonders im normalen Regelschulbetrieb, denn wenn individuellere Charaktere und Menschen in den Klassen gemeinsam lernen, brauchen diese immer auch ganz unterschiedliche Unterstützung. Die UN-Behindertenrechtskonvention (BRK, siehe auch ab Seite 111) verlangt ausdrücklich nach inklusiver Bildung. Jedes Kind sollte individuell gefördert werden und benötigt individuelle Zuwendung. Das bedeutet beispielsweise für ein körperbehindertes Kind: ein barrierefrei zugängliches Schulgebäude und eine persönliche Assistenz. Was dieses Kind dagegen nicht braucht, ist eine Befreiung vom Turnunterricht, sondern es müssen alternative körperliche Betätigungen angeboten werden. Blinden Kindern wiederum müssen angepasste barrierefreie Lernmittel in Form von Hörmaterialien, Computerbrillen und Büchern in Brailleschrift zur Verfügung gestellt werden. Schwerhörigen Kindern Induktionsschleifen in den Klassen, eine Versorgung mit guten Hörgeräten, zusätzlich hörgerichtete und gegebenenfalls individuelle Förderung. Gehörlose Kinder benötigen Lehrer mit Gebärdensprachkompetenz, um den Unterricht verfolgen zu können, und visuelle Lernmaterialen. Zentral ist eine vorurteilsfreie Integration in den Regelklassen – also nicht nur scheinbare, sondern echte Integration.

Dabei sind Integrationshelfer (in Österreich auch bekannt unter dem Begriff »persönliche Assistenten«) für eine echte inklusive Bildung wesentlich, denn dadurch eröffnen sich für Kinder mit besonderem Förderbedarf beim Besuch einer Regelschule ganze neue Perspektiven. Ein Integrationshelfer ist eine Person, die je nach Bedarf die gesamte Dauer des Schultages (einschließlich des Schulwegs) oder einen Teil des Tages beim Schüler ist, um Defizite zu kompensieren und Hilfestellung zu leisten. Häufig sind Integrationshelfer junge Menschen, die einen freiwilligen sozialen Dienst ableisten.

Integrationshelfer gibt es zwar schon seit längerem, aber bislang sind die bürokratischen Schranken für Eltern, die eine solche Hilfe für ihr Kind wünschen, sehr hoch. Oft wissen die betroffenen Eltern überhaupt nicht, an wen sie sich wenden sollen, auch die zuständigen Ämter und Sozialverwaltungen zeigen sich häufig überfordert. Planen Eltern eine solche Assistenz für ihr Kind, so steht am Anfang des Behördenwegs erst einmal die Schulwahl. Diese muss mit dem zuständigen Schulamt abgestimmt werden. Schon dabei muss besprochen werden, dass ein Integrationshelfer eingesetzt werden soll.

Danach stellt man beim Sozialamt einen entsprechenden Antrag auf finanzielle Unterstützung. Dafür gibt es zumindest in Deutschland eine rechtliche Grundlage. Das Hauptproblem liegt also nicht darin, dass theoretisch die Möglichkeiten für einen Integrationshelfer fehlen, sondern dass praktisch diese Lösungen immer noch schwierig umzusetzen sind und oft an bürokratischen Hürden scheitern.

In Österreich gestaltet sich die Situation noch einmal ganz anders, denn hier gibt es noch nicht einmal einen Rechtsanspruch für einen persönlichen Assistenten!

Als Lehrerin bestand mein größter Gewissenskonflikt darin, dass ich nicht über die Bildungssituation gehörloser Kinder sprechen durfte. Wer mich kennt, weiß, wie schwer mir das gefallen ist. Einmal ist es mir dann doch passiert, als ich das D.E.A.F.-Festival organisierte. Dazu gehörte auch eine Pressekonferenz, auf der ich gefragt wurde, warum die Bildungssituation in Österreich für gehörlose Menschen so schlecht sei. Ich antwortete, dass Österreich in Bezug auf die Gehörlosenbildung eben ein Entwicklungsland sei. Gar nicht gut – fand mein Dienstherr. Ich bekam daraufhin auch Probleme in der Schule: Es gab eine Sonderkonferenz, auf der man mir nahelegte, künftig zu diesem Thema zu schweigen. Immerhin war ich Lehrerin und konnte nicht alles so sagen, wie es mir auf den Herzen lag. Am Herzen aber lagen mir damals vor allem auch die Kinder – und ich war hin und her gerissen zwischen der Arbeit an der Basis (in der Schule) und dem Bemühen, etwas Grundlegendes zu verändern.

Deshalb musste etwas Neues beginnen: Gemeinsam mit einigen Eltern und mit Unterstützung des amtsführenden Präsidenten des Stadtschulrates suchte und fand ich eine Schule, die bereit war, gehörlose Kinder mit hörenden Kindern in einem Klassenverband zu integrieren – das bedeutete Doppelintegration, da alle Kinder eine Fremdsprache erlernen mussten: die hörenden Kinder die Österreichische Gebärdensprache, die gehörlosen die deutsche Lautsprache. Für das Projekt wurde eine Volksschule mit über vierhundert Schülern in Wien ausgewählt. Eine weitere Besonderheit war, dass dieses Klassenprojekt von einer gebärdensprachkompetenten Sprachwissenschaftlerin über mehrere Jahre hinweg begleitet wurde, die auch ihre Dissertation[37] darüber schrieb. Sie kam einmal in der Woche und filmte den Unterricht.

Die Klasse mit hörenden und gehörlosen Kindern wurde von der (hörenden) Klassenlehrerin der Schule, von mir als gebärdensprachkompetenter (gehörloser) Lehrerin sowie einer Dolmetscherin mit halber Lehrverpflichtung betreut. Die hörenden Kinder der Klasse bekamen zusätzlichen Unterricht in Österreichischer Gebärdensprache, die gehörlosen Kinder Unterricht in beiden Sprachen (Deutsch und Gebärdensprache). Die Dolmetscherin schließlich übersetzte, damit die gehörlosen Kinder den Unterricht wie ihre hörenden Klassenkameraden mitverfolgen und auch verstehen konnten, was diese sagten. Dass dieses Projekt so erfolgreich funktionierte, war ein enormer Fortschritt – und für mich stellt meine Lehrtätigkeit mit der bilingualen Doppelintegrationsklasse eine der spannendsten Erfahrungen dar, die ich je gemacht habe.

Konkret sah der bilinguale Unterricht so aus: Zuerst wurde eine Geschichte in Österreichischer Gebärdensprache erklärt, um den Inhalt zu verdeutlichen. Dann las man den Text mithilfe lautsprachbegleitender Gebärden vor. Wörter, die die Kinder nicht kannten, erläuterten das Lehrerteam in Österreichischer Gebärden. Teilweise buchstabierten wir einzelne Wörter mit dem Fingeralphabet vor. Es ist klar, dass die Herausforderung für die gehörlosen Kinder um ein Vielfaches größer war. Insbesondere das Lesen übten wir sehr intensiv. In der Klasse gab es auch Kinder mit Migrationshintergrund. Für sie kam als weitere Herausforderung dazu, dass die Unterrichtssprache Deutsch war.

Den spannendsten Job von uns Erwachsenen hatte sicher – zumindest in der Anfangszeit – die Gebärdensprachdolmetscherin. Sie vermittelte zwischen meiner Lehrerkollegin und mir, zwischen hörenden und gehörlosen Schülern sowie zwischen den hörenden Kindern und mir. Sie kam vorwiegend in Unterrichtsfächern wie Wochenenderzählung, Sachunterricht und Gesprächsrunden zum Einsatz, weniger dagegen im Sport oder beim Werken.

Anfangs hatte ich vor allem Angst vor praktischen Themen, dachte zum Beispiel: »Oh Gott, allein in einer Volksschule mit rund vierhundert Kindern einmal pro Woche mit der Kollegin die Pausenaufsicht übernehmen – wie soll das funktionieren?« Aber dann war es doch relativ einfach und eine durchweg gute Erfahrung. Vor allem die Mädchen mochten mich gern, scharten sich in den Pausen um mich, wollten das Fingeralphabet lernen und ein paar einfache Gebärden. Als Dank dafür bekam ich Abziehbildchen und selbstgemalte Bilder geschenkt. Weniger offen waren ganz am Anfang die LehrerkollegInnen, sie hatten offenbar Berührungsängste. Sie tauten aber bald auf und verhielten sich stets höflich und grüßten nett. Ich rechne ihnen hoch an, dass sie nie behauptet haben, dass ich etwas nicht könnte.

Meine Klassenlehrerkollegin verstand mich (und ich sie) mit der Zeit auch ohne Dolmetscher recht gut und wir konnten direkt kommunizieren. Genauso funktionierte es mit den Schülern. Und dadurch, dass das gesamte Projekt auch gefilmt wurde, konnte man im Laufe der Zeit einige interessante Erkenntnisse gewinnen. So lernten beispielsweise die Mädchen der Klasse die Gebärdensprache schneller als die Buben und gingen damit auch selbstbewusster um. Einmal war die Dolmetscherin krank und fiel daher im Religionsunterricht aus: Ihren Job übernahm dann eine hörende Schülerin, die zwischen gehörlosen Kindern und der Lehrkraft übersetzte. Ein anderes Mal sagte die Lehrerin etwas zum Unterrichtsende, vergaß aber, die gehörlosen Kinder ebenfalls darüber zu informieren – das gaben dann die Kinder untereinander weiter. Ich glaube, dass die gehörlosen Kinder sehr davon profitiert haben – und sie strengten sich auch entsprechend an, wollten sie doch um jeden Preis mit den hörenden Kindern mithalten.

Es gab auch schwierige Situationen, zum Beispiel wenn es zu Konflikten zwischen den Kindern kam. Doch oft liefen diese glimpflicher ab, als von uns Erwachsenen erwartet. So beschwerte sich einmal ein Mädchen bei einem gehörlosen

Schulkameraden, dass er beim Essen so laut schmatze. Statt sauer zu sein, war der gehörlose Schüler peinlich berührt – noch nie hatte es jemand gewagt, ihn darauf aufmerksam zu machen. Es entstand ein reger Austausch zwischen den Kindern und sie lernten so ganz einfach gegenseitige Rücksichtnahme und Verständnis.

In der Gehörlosenschule hatte ich immer erläutern müssen, dass die Welt draußen anders aussieht, aber wie sollten die Kinder mir das glauben, wenn sie es nie erleben konnten? Hier in der Doppelintegrationsklasse bewiesen sie sich selbst und der Welt das Gegenteil …

Die Schulklasse erhielt übrigens vom Unterrichtsministerium für dieses Projekt den Sprachsiegelpreis. So viel positives Feedback! Man sollte glauben, dass die Eltern und Lehrerkollegen über unsere Initiative des bilingualen Unterrichts froh gewesen wären. Das waren aber offensichtlich nicht alle: Es gab Briefe an den Direktor und offene Anfeindungen aus dem Kollegium, in denen uns direkt das Misstrauen ausgesprochen wurde. Man unterstellte, dass die bilinguale Klasse nicht gut funktionieren würde. Wie immer gab es also bei viel Licht auch reichlich Schatten.

Ich war mit Leib und Seele Lehrerin: Insgesamt elf Jahre habe ich unterrichtet – und ich möchte diese Zeit nicht missen. Aber davon einmal abgesehen, wurde für mich die Situation an der Schule immer unerträglicher. Ich wollte so viel tun und konnte doch so wenig verändern.

Am meisten vermisse ich rückblickend die Kinder. Es war so schön zu sehen, wie sie sich durch den Gebrauch der Gebärdensprache öffneten und die Welt völlig neu entdeckten. Gern erinnere ich mich an eine kleine Geschichte am Rande, die aber symbolisch für meine Arbeit als Lehrerin steht: Ein Schüler gebärdete mir die Frage: »Kannst Du nicht abends mal bei mir zu Hause vorbeikommen?« – »Warum?« – »Du kannst so schön Geschichten gebärden, dass ich die gern vor dem Einschlafen sehen würde!« Ein größeres Kompliment kann eine Lehrerin kaum bekommen!

Behindertenpolitik: behindert sein – behindert werden

Im deutschen Sprachgebrauch unterscheidet man zwischen »behindert sein« und »behindert werden«. Der kleine sprachliche Unterschied ist in der Realität ein großer: Viele behinderte Menschen haben kein so unüberwindliches Problem damit, behindert zu sein, dafür umso mehr damit, behindert zu werden. Sie fühlen sich in ihrem Umfeld eingeschränkt, von Barrieren umgeben, zur Abhängigkeit verurteilt. Der Begriff »behindert werden« ist das genaue Gegenteil von Selbstbestimmung und schließt auch die Chance aus, Eigenverantwortung zu übernehmen.

»Behindert werden« findet in zwei Dimensionen statt: einmal durch widrige Umweltbedingungen (zum Beispiel fehlende Rampen für Rollstuhlfahrer), die den Aktionsradius einschränken. Zum anderen durch das Verhalten der Mitmenschen, die auf sozialer Ebene behinderten Menschen deren Selbstbestimmung verwehren.

Behinderung hat also unterschiedliche Aspekte: Medizinische, soziale und bauliche Faktoren spielen eine Rolle. Nicht allein die Eigenschaften und Fähigkeiten einzelner Personen sind relevant, sondern eben auch das Umfeld, das zusätzliche Barrieren bereit hält. Das alles kommt in dem Terminus »behindert werden« im Gegensatz zu »behindert sein« zum Ausdruck.

Wer ist behindert?

Es wäre alles viel einfacher, wenn es klare Aspekte gäbe, die Behinderung von Nicht-Behinderung trennen. Diese gibt es aber nicht. An einer allgemeingültigen Definition von Behinderung scheiden sich schon immer die Geister. Natürlich agiert man mit Richtwerten und Indikatoren, leider sind diese dann aber wiederum von der Art beziehungsweise von der medizinischen Diagnose der Einschränkung abhängig.

Offensichtlich behindert sind Menschen, die ein augenscheinliches körperliches Defizit aufweisen. Wer im Rollstuhl unterwegs ist, an Krücken geht oder eine Hand nicht nutzen kann, ist behindert. Menschen, die nicht sehen können, haben einen Stock oder den Blindenführhund dabei, der ihnen bei der Orientierung hilft; schwerhörige Menschen tragen Hörgeräte – und gehörlose Personen gebärden.

Personen mit geistiger oder seelischer Behinderung dagegen sind weniger offensichtlich eingeschränkt. Das volle Ausmaß ihrer Einschränkung ist in der Regel nicht sichtbar und deshalb noch weniger in feste Definitionen zu fassen als das von Menschen mit körperlichen Behinderungen. Menschen, die an schweren chronischen Erkrankungen leiden, zählen ebenfalls zum Kreis der Betroffenen.

Es gibt natürlich noch viel mehr zu bedenken, nämlich beispielsweise: Wann wurde die Behinderung »erworben«? Bereits im Mutterleib, während der Geburt oder in den ersten Lebensmonaten, aufgrund von Erkrankung, durch einen Unfall oder durch das Älterwerden? Sehr viele Faktoren spielen hier mit. Kurz: Es lässt sich kaum in eine Definition pressen, was so viele unterschiedliche Gesichter hat.

Im österreichischen **Bundes-Behindertengleichstellungsgesetz (BGStG)** heißt es dazu: »Behinderung im Sinne dieses Bundesgesetzes ist die Auswirkung einer nicht nur vorübergehenden körperlichen, geistigen oder psychischen Funktionsbeeinträchtigung oder Beeinträchtigung der Sinnesfunktionen, die geeignet ist, die Teilhabe am Leben in der Gesellschaft zu erschweren. Als nicht nur vorübergehend gilt ein Zeitraum von mehr als voraussichtlich sechs Monaten.«[38]

Im bundesdeutschen Recht wird die Behinderung im **Sozialgesetzbuch IX (SGB)** so definiert: »Menschen sind behindert, wenn ihre körperliche Funktion, geistige Fähigkeit oder seelische Gesundheit mit hoher Wahrscheinlichkeit länger als sechs Monate von dem für das Lebensalter typischen Zustand abweichen und daher ihre Teilhabe am Leben in der Gesellschaft beeinträchtigt ist. Sie sind von Behinderung bedroht, wenn die Beeinträchtigung zu erwarten ist.«[39]

Aber werden diese Definitionen allen Behinderungsformen gerecht? Nicht wirklich, wenn man deren Vielfalt bedenkt.

Ein sensibles Thema: die korrekte Wortwahl

Das Kind beim Namen zu nennen – das fällt in Bezug auf Menschen mit Behinderung oft schwer. Nicht etwa, weil es zu wenig Auswahl gäbe, vielmehr, weil sich manche Worte so in den Sprachgebrauch eingeschlichen haben, dass man sie nur schwer ausmerzen kann. Wenn wir ehrlich sind: »Taub« ist in den Köpfen der Menschen immer noch ebenso präsent wie »gehörlos«. Außerdem macht man sich im täglichen Sprachgebrauch meist nicht wirklich Gedanken darüber, welchen Eindruck die Wortwahl wohl beim Gegenüber hinterlassen könnte.
So sollte man beispielsweise nicht »behindertengerecht« sagen, sondern besser den Begriff »barrierefrei« verwenden. Denn: Barrierefreiheit betrifft alle Menschen und beschränkt diese gewünschte »Freiheit« nicht auf eine spezielle Zielgruppe. Wortklauberei? Mitnichten, denn wie abschätzig klingt beispielsweise »Liliputaner«. Der Begriff ist nun wirklich veraltet, denn eigentlich sind diese Menschen »kleinwüchsig«. Noch dazu gibt es nirgendwo ein Volk der Liliputaner, der Begriff ist also unwissenschaftlich, herabsetzend … wirklich in keiner Weise angemessen! Hier liegt also auf der Hand, dass man korrekt formuliert.
Ein gutes Beispiel ist auch die Umbenennung der ehemaligen deutschen »Aktion Sorgenkind« in die heutige »Aktion Mensch – das Wir gewinnt«! Diese Bezeichnung lässt positive Assozationen zu – so wird ein Name zum Programm. Andere Varianten zur richtigen Wortwahl gehen da schon schwerer von der Zunge, etwa »pflegebedürftige Person« statt »Pflegefall«. Bewusst und mit Verstand zu formulieren, macht einen großen Unterschied. Allerdings muss man sich von dem Eindruck befreien, man müsse den Dingen nur einen anderen Namen geben und gleich sähe die Welt viel schöner und weniger diskriminierend aus.
In jedem Fall wäre es ein Fortschritt, wenn wir es endlich schaffen würden, überall wertfreie Begrifflichkeiten durchzusetzen – es wäre ein Anfang, wenn auch ein kleiner. Denn es würde bedeuten, dass wir wirklich denken, bevor wir reden – dass wir nachdenken über den anderen Menschen.

Dringend benötigt: eine soziale Sicht

Bislang wird Behinderung in erster Linie als Mangel definiert und mit Krankheit gleichgesetzt. Man betrachtet die jeweilige Behinderung oft nur aus medizinischer Sicht. Was wir aber zukünftig dringend brauchen, ist ein sozialer Ansatz, der davon ausgeht, dass eine Behinderung auch aus der Wechselwirkung zwischen Menschen mit Einschränkungen einerseits und umweltbedingten sowie gesellschaftlichen Barrieren andererseits entsteht: behindert sein – behindert werden.

Der Wandel in den Köpfen hat noch nicht stattgefunden. Vorherrschend ist immer noch der Fürsorgegedanke, doch auch der muss zugunsten des Menschenrechtsansatzes überdacht werden. Menschen mit Behinderung brauchen kein Mitleid, sondern sie brauchen Chancengleichheit.

Nichts ist beständiger als der Wandel!

In der UN-Behindertenrechtskonvention über die Rechte von Menschen mit Behinderung heißt es unter anderem in der Präambel: »(…) *in der Erkenntnis*, dass das Verständnis von Behinderung sich ständig weiterentwickelt und dass Behinderung aus der Wechselwirkung zwischen Menschen mit Beeinträchtigungen und einstellungs- und umweltbedingten Barrieren entsteht, die sie an der vollen, wirksamen und gleichberechtigten Teilhabe an der Gesellschaft hindern (…)«[40]

Mit der UN-Behindertenrechtskonvention haben daher die Vereinten Nationen den Regierungen weltweit eine permanente Aufgabe mit auf den Weg gegeben. Nämlich nicht nur die Leitlinien auf nationaler Ebene umzusetzen, sondern diese auch ständig neu den veränderten Bedingungen anzupassen.

Deshalb ist jede Regierung verpflichtet, alle vier Jahre einen Bericht an die UN abzuliefern, jeder Behindertenverband kann parallel einen sogenannten Schattenbericht dazu erstellen, der das Thema vonseiten der Betroffenen beleuchtet. Diese Berichte zeigen, wie der Stand der Entwicklung in Bezug auf das Behindertenumfeld in den jeweiligen Ländern ist und auch, ob die Punkte der UN-Behindertenrechtskonvention tatsächlich schrittweise umgesetzt werden beziehungsweise ob bereits Veränderungen zu erkennen sind. Behindertenpolitik ist also ein höchst spannendes Betätigungsfeld.

Barrierefreiheit – was heißt das?

Barrierefreiheit soll allen Menschen, auch Menschen mit Behinderungen, gleiche Chancen im beruflichen und privaten Alltag ermöglichen. Das ist ein hoher Anspruch, der nur durch die tatsächliche Einbindung betroffener Personengruppen bewältigt werden kann. Das österreichische Bundes-Behindertengleichstellungsgesetz definiert »barrierefrei« folgendermaßen: »Barrierefrei sind bauliche und sonstige Anlagen, Verkehrsmittel, technische Gebrauchsgegenstände, Systeme der Informationsverarbeitung sowie andere gestaltete Lebensbereiche, wenn sie für Menschen mit Behinderung in der allgemein üblichen Weise, ohne besondere Erschwernis und grundsätzlich ohne fremde Hilfe zugänglich und nutzbar sind.«[41]

Demnach bedeutet »barrierefrei« alles und nichts zugleich. Es umfasst bauliche und technische Anpassungen, aber fordert genauso die Weiterentwicklung von Verkehrsmitteln und Informationstechnologien. Eine klare Handlungsanweisung enthält der Begriff jedoch nicht, man steckt nur die Rahmenbedingungen fest: »ohne besondere Erschwernis und grundsätzlich ohne fremde Hilfe zugänglich und nutzbar«. Aber was heißt das? Auch in diesem Fall bedarf es wieder einer Spezifikation für die unterschiedlichen Behinderungsarten. Im Artikel 2 versucht die UN-Behindertenrechtskonvention eine solche zu leisten:

»Im Sinne dieses Übereinkommens (…)

bedeutet ›angemessene Vorkehrungen‹ notwendige und geeignete Änderungen und Anpassungen, die keine unverhältnismäßige oder unbillige Belastung darstellen und die, wenn sie in einem bestimmten Fall erforderlich sind, vorgenommen werden, um zu gewährleisten, dass Menschen mit Behinderungen gleichberechtigt mit anderen alle Menschenrechte und Grundfreiheiten genießen oder ausüben können;

bedeutet ›universelles Design‹ ein Design von Produkten, Umfeldern, Programmen und Dienstleistungen in der Weise, dass sie von allen Menschen möglichst weitgehend ohne eine Anpassung oder ein spezielles Design genutzt werden können. ›Universelles Design‹ schließt Hilfsmittel für bestimmte Gruppen von Menschen mit Behinderungen, soweit sie benötigt werden, nicht aus.«[42]
Um es auf den Punkt zu bringen: Barrierefreiheit bedeutet, Barrieren aus dem Weg zu schaffen – und das in allen Lebensbereichen. Ob es jedoch überhaupt möglich sein wird, das Behindertwerden ganz zu eliminieren, bleibt fraglich. Auf so vielen Gebieten besteht ein erheblicher Nachholbedarf!

Chancengleichheit im Beruf

Nach wie vor haben es gehörlose Menschen und Menschen mit Behinderungen allgemein schwer, beruflich Fuß zu fassen und sich ihren Lebensunterhalt auf dem freien Arbeitsmarkt zu verdienen. Diese Situation zu verbessern, ist die ständige Aufgabe der Gehörlosenverbände (ebenso wie aller anderen Verbände für Menschen mit Behinderungen), denn bisher haben viele behinderte, also auch gehörlose Menschen eine mangelnde Bildung erhalten. Darüber hinaus sind gehörlose Arbeitnehmer mit Vorurteilen der Arbeitgeber konfrontiert, welche oft aus Unwissenheit resultieren. Das stellt eine weitere Hürde auf dem Arbeitsmarkt dar. So schiebt man Menschen mit Behinderungen immer noch in geschützte Werkstätten ab, wo sie für ein Taschengeld ihre Arbeit verrichten. Das wäre nicht nötig, wenn man die gesetzlichen Möglichkeiten optimal ausnutzen würde.
Darüber hinaus fehlt es auch an »role models«, also Vorbildern, die zeigen, wie es funktionieren kann. Ohne solche Vorbilder kann sich auch in den Köpfen der Arbeitgeber nichts ändern. »Integrationshelfer«, »begleitende Hilfen« oder »persönliche Assistenz« sind die Schlagworte, die ein inklusives Leben in Zukunft ermöglichen werden – ein barrierefreies Leben für alle Menschen (siehe auch ab Seite 258).

Bisher ist jedoch noch nicht einmal eine einheitliche Regelung für persönliche Assistenzen vorhanden. Es sind unterschiedliche Förderstellen für den beruflichen oder privaten Bereich zuständig, wobei die Kosten für das Berufsleben eher übernommen werden, für das Alltagsleben dagegen nur im begrenzten Maße – und die Chancen auf die Kostenübernahme regional sehr unterschiedlich sind. Allerdings gibt es für beide Bereiche keinen Rechtsanspruch auf die Förderung! Natürlich wäre gerade diese Unterstützung auch für erwachsene Personen mit Behinderungen eine große Bereicherung und die Möglichkeit der Hinführung zu einem selbstständigen Leben. Jeder hat doch unterschiedliche Bedürfnisse und individuelle Einschränkungen. Der eine braucht morgens Unterstützung, um sich für den Tag bereit zu machen, der andere Hilfe bei Behördengängen, der dritte wiederum ist auf eine Rund-um-die-Uhr-Betreuung angewiesen. Gehörlose und schwerhörige Menschen wiederum brauchen Kommunikationsassistenz oder DolmetscherInnen. Zusammengefasst: Allen behinderten Menschen wäre mit einem verbindlichen Rechtsanspruch auf persönliche Assistenz gedient.

Das Ziel: Selbstbestimmung und Eigenverantwortung

Jeder Mensch hat das Recht, selbstbestimmt zu leben, also eigene Entscheidungen darüber zu treffen, wie er leben möchte. Eine Gesellschaft sollte allen ihren Mitgliedern die Rahmenbedingungen für diese Selbstbestimmung eröffnen, etwa durch rechtliche Regelungen und auch durch den gleichberechtigten Zugang zu Bildung und Arbeitsmarkt.

Der Kampf für Menschen mit Behinderungen steht nicht gerade an erster Stelle, wenn man sich auf politischem Parkett profilieren will. Das Hauptproblem: Es gibt zu viele Projekte und Probleme, die eigentlich gleichzeitig in Angriff genommen werden müssten – und die wenigsten Politiker, die sich mit diesem Themenbereich beschäftigen, sind selbst behindert. Auch ist Behindertenpolitik keine Sparte, die auf den ersten Blick mit Prestige verbunden ist.

Weltweit ist die Anzahl von Politikern mit Behinderungen noch immer verschwindend gering – und es gibt meines Wissens nur sieben gehörlose Politiker, die in den diversen Parlamenten sitzen, lediglich drei davon sind Frauen.
Nicht alle Politiker mit Handicap sind auch Behindertensprecher. Aber alle Behindertenvertreter sind unbequem, da sie sich – der Natur der Sache folgend – in alle Ressorts einmischen (müssen), um ihre Anliegen voranzutreiben.

Mein Weg auf das politische Parkett

BARRIEREFREI

Jeder Mensch hat etwas, das ihn antreibt. »Fortschritt«, »Bewegung«, »Entwicklung« sind die Vokabeln, die ich gern und oft benutze, benutzen muss, damit sich etwas ändert: Die Sache der gehörlosen Menschen ist zu lange nicht von der Stelle gekommen. Während meiner Zeit als Studentin und Lehrerin wurde für mich immer deutlicher, dass ich dringend etwas bewegen wollte. Ich bin nicht der Typ, der resigniert und denkt: ›Gut, es ist so, wie es ist, dann muss ich mich mit der Situation abfinden.‹ Nein! Wenn es auf dem einen Weg nicht vorangeht, dann probiere ich einen anderen aus. Es gibt eine Lösung für jedes Problem – und oft sogar mehrere. Dann muss man sich auf diejenige konzentrieren, die für möglichst viele machbar ist. Ich bin hartnäckig und mit dieser Eigenschaft kann ich vielleicht am meisten bewegen – auch in der Politik.

Zu der kam ich 1997 auf Umwegen. Damals studierte ich Theaterwissenschaft an der Universität Wien. Eines Tages besuchte ich eine Vorlesung, weil ich im Anschluss daran mit der Professorin sprechen wollte. Wir verstanden uns gut und sie erzählte mir unter anderem, dass sie ein behindertes Kind habe. Mit der Zeit wurde unser Kontakt immer intensiver und so stellte sie mir eines Tages eine Kollegin vor, die sich politisch sehr engagierte, und zwar im Liberalen Forum (LIF). Gemeinsam organisierten wir eine Veranstaltung, die ziemlich gut besucht war. Dabei diskutierten gehörlose Menschen darüber, was ihnen im Alltag am meisten fehlt. Der zentrale Punkt in dieser Diskussion war die barrierefreie Kommunikation mit Medizinern beziehungsweise die Probleme dabei – zumindest in Wien. Die Lösung war eine Gehörlosenambulanz, so wie es sie zum damaligen Zeitpunkt nur in Linz gab. So etwas brauchten wir in Wien auch! Da meldete sich ein Landtagsabgeordneter und Nationalratsmitglied des Liberalen Forums in der Runde und versprach, sich dieses Themas anzunehmen. Er meinte nur, er hätte gern einen Experten an seiner Seite, der ihn fachspezifisch informieren könnte. Die Wahl fiel auf mich und so arbeitete ich von diesem Tag eng mit ihm zusammen und nahm auch an Sitzungen der Gesundheitskommission im Wiener Stadtrat teil.

Mein hohes persönliches Engagement in dieser Sache kam nicht von ungefähr, sondern basierte auch auf eigenen Erlebnissen: Wie fatal sprachliche Missverständnisse sein können, hatte ich schon recht früh an eigenem Leib erfahren. Ich war immer ein sehr lebhaftes Kind, deshalb versuchte ich auch früh (also mit etwa zehn Monaten), eigene Wege zu gehen. Ich zog mich also im Laufstall hoch, fiel um und brach mir dabei den Arm. Meine Eltern hatten das nicht bemerkt und wunderten sich, als ich nur noch mit einem Arm krabbelte. Schnell war ihnen klar, dass der Arm verletzt sein musste, denn auch bei leichten Berührungen fing ich an zu weinen, und so brachten meine Eltern mich ins Spital. Die Ärzte untersuchten mich, konnten aber die Ursache für diese »Empfindlichkeit« nicht ausmachen – und schicken uns wieder nach Hause. Ich krabbelte einarmig weiter. Meine Eltern gingen daraufhin mit mir in ein Unfallkrankenhaus. Diesmal machten die Ärzte sogar Röntgenbilder vom Arm. Und wieder wollte man uns nach Hause schicken. Mein Vater bestand jedoch darauf, die Röntgenbilder selbst zu sehen. Dabei entdeckte er eine sehr feine Linie und der Arzt musste zugeben, dass er diese übersehen hatte. Er entschuldigte sich und bestätigte, dass mein Arm wohl doch gebrochen sei. Sechs Wochen lang hatte ich einen Gips und musste den Arm in einem Dreieckstuch tragen. Das hinderte mich aber nicht daran, herumzukrabbeln.

Ich wusste also genau, wofür ich mich bei unserem Kampf für die Gehörlosenambulanz einsetzte: Gemeinsam besuchten der Politiker des Liberalen Forums und ich die Gehörlosenambulanz in Linz, trafen uns dort mit dem Primarus *(Anmerkung der Redaktion: österreichische Bezeichnung für »leitender Chefarzt«)*, der gebärdensprachkompetent ist. Wir drehten einen Demofilm, der zeigte, welche Probleme Kommunikationsschwierigkeiten zwischen einem gehörlosen Patienten und einem hörenden Arzt auslösen können. Damit wollten wir die Notwendigkeit der direkten Kommunikation zwischen Arzt und Patienten verdeutlichen. Ich war in meinem Element, schrieb Briefe und nahm an Sitzungen mit Politikern des Liberalen Forums teil. Jetzt hatten wir ein gemeinsames Ziel: Wien sollte endlich eine Gehörlosenambulanz bekommen.

Diese Arbeit hatte Erfolg, schon bald wurde eine Gehörlosenambulanz im Krankenhaus der Barmherzigen Brüder eingerichtet und ich unterrichtete das Krankenhauspersonal in Gebärdensprache. Durch unseren engen Kontakt bei diesem Projekt wurde mein Kollege vom Liberalen Forum zu meinem ersten politischen Förderer. Er besorgte mir mein erstes Handy, mit dem ich Mails, SMS und Faxe schrieb. Darauf war ich unglaublich stolz und mein Leben veränderte sich grundlegend. Endlich konnte ich direkt und rasch mit meinem politischen Kollegen kommunizieren.

Fast als logische Folge meines Einsatzes engagierte ich mich im Wahlkampf und besuchte Pressekonferenzen. Mein politischer Förderer war stets an meiner Seite und zeigte mir, **wie** man Politik macht. Nach dem schlechten Abschneiden des Liberalen Forums bei den Nationalratswahlen 1999 ging mein politischer Mentor ins Ausland. Ich blieb noch recht lange mit dem Liberalen Forum im Kontakt. Als ich viele Jahre später,

2009, Nationalratsabgeordnete wurde, schrieb mir mein ehemaliger Mentor: »Jetzt bist du da, wo du hingehörst.«

Doch vor meiner Tätigkeit als Abgeordnete gab es noch einen weiteren entscheidenden Schritt in meiner politischen Laufbahn. Ich studierte an der Universität und arbeitete gleichzeitig als Lehrerin, als vom Österreichischen Gehörlosenbund (ÖGLB) das Angebot kam, dort als Generalsekretärin zu arbeiten. Ich war total verblüfft und konnte mir das zuerst überhaupt nicht vorstellen. Mein Vater aber meinte: »Ja, mach das doch …«, und das gerade von ihm, der doch mit den ganzen Gehörlosenvereinen nichts am Hut hatte! Ich und Verein – das passte eigentlich nicht zusammen. Aber das Angebot schmeichelte mir auch und ich sah die Möglichkeit, mehr als bisher zu verändern, deshalb nahm ich es an. Für mich eröffnete sich dadurch eine ganz neue Welt. Zusammen mit den Vorstandsmitgliedern reiste ich zu den internationalen Treffen der European Union of the DEAF (EUD) und der internationalen Verbände. Ich war vor allem davon beeindruckt, wie man im großen Rahmen gebärdend zusammenkam.

Vier Jahre später stand dann die Neuwahl des Präsidenten beim Österreichischen Gehörlosenbund an und die LandesverbandsleiterInnen schlugen vor, ich solle doch kandidieren: »Was, ich?«, fragte ich verblüfft. Nie im Leben wäre ich auf diese Idee gekommen. Ich hatte doch ganz andere Ambitionen. Ehe ich mich versah, stand ich mit auf der Kandidatenliste und ich hatte, das erleichterte mich ein bisschen, noch drei Mitbewerber. In der Nacht vor der Wahl konnte ich vor Bauchschmerzen nicht schlafen. Ich war doch noch keine dreißig Jahre alt, und dann so ein bedeutendes und hohes Amt? Und auch noch ehrenamtlich, wie sollte das funktionieren? Ich musste schließlich auch irgendwie meinen Lebensunterhalt verdienen und ich war mir sicher, dass ich keine geringe Anzahl an Wochenstunden in die ehrenamtliche Tätigkeit als Präsidentin investieren musste und wollte.

Am Tag der Wahl geschah das Unglaubliche: Ich wurde mit hundert Prozent der Stimmen gewählt! Mit hundert Prozent!

Das war der Wahnsinn! Vor allem vor dem Hintergrund, dass ich ja noch drei Mitkandidaten hatte. Eindeutiger kann eine Entscheidung nicht ausfallen und so war ich mir der enormen Verantwortung bewusst.

Schon an meinem ersten Arbeitstag als Präsidentin des Österreichischen Gehörlosenbundes wurde mir klar: Hier gibt es viel zu tun! Ich begann damit, die unzeitgemäße Büroorganisation zu aktualisieren. Und auch die finanzielle Situation des Vereins musste rasch verbessert werden – denn auf dem Vereinskonto sah es eher mau aus. Grau raus, Farbe rein – das war eines meiner ersten Projekte hier. Die Wände bekamen frische Farbe und wir bauten Büromöbel zusammen. Viel schwieriger gestalteten sich andere Probleme. Zuerst beantragte ich Fördermittel vom Staat, aber das war bei Weitem nicht so einfach wie gedacht. Ich klapperte Ministerien und Ämter ab, um Geldquellen aufzutun, bis ich endlich die richtige Person an der richtigen Stelle fand, um meinen Fördermittelantrag loszuwerden.

Und ich reiste nach Schweden und besuchte den Präsidenten des dortigen Gehörlosenbundes. Eine Woche lang schaute ich ihm über die Schulter, lernte im Schnellverfahren, was man über die Vereinsarbeit und die Organisation wissen musste. Mit einigen neuen Ideen und sehr viel Know-how kam ich aus Schweden zurück und stürzte mich voll Enthusiasmus in die Arbeit.

Im Vordergrund stand für mich, den Österreichischen Gehörlosenbund quasi zu modernisieren. Dazu war es notwendig, eine völlig neue Struktur aufzubauen. Ich gründete innerhalb des Gehörlosenbundes neue Kommissionsgruppen wie »Kinder«, »Bildung«, »Geschichte« … Besonders lag mir dabei das Angebot für gehörlose Kinder und Jugendliche am Herzen.

Die Kommission »Kinder« veranstaltet nun seit Jahren beispielsweise monatliche Eltern-Kind-Treffen für gebärdensprachbenützende Kinder und deren Eltern. In diesen Gruppen treffen sich Kinder, die aus irgendeinem Grund die Österreichische Gebärdensprache verwenden – egal ob sie gehörlos, hörend, Cochlea implantiert oder schwerhörig sind. Ziel ist es, die Kommunikation in Gebärdensprache und die Interaktion der Kinder untereinander zu fördern. Gebärdensprachkompetente PädagogInnen und Eltern übernehmen die zweisprachige Programmgestaltung und Betreuung.

Wir gebärden Geschichten, machen Gebärdensprach- und Rollenspiele. Es gibt Ausflüge ins Kindermuseum und Besuche im Kindertheater, die Kinder gehen gemeinsam in den Tierpark, in die Bäckerei oder zur Universität – etwa im Rahmen des Projektes »Kinder-Uni«. Regelmäßig werden Exkursionen oder Themenstunden im Haus des Österreichischen Gehörlosenbundes veranstaltet, bei denen die Kinder kreativ und aktiv tätig sein können. Parallel dazu findet immer ein Programm für die Eltern statt mit der Möglichkeit, sich auszutauschen. Bei den Vorträgen sind DolmetscherInnen anwesend, die in Deutsch oder Gebärdensprache dolmetschen.

Für die älteren Kinder und die Jugendlichen werden Kinder- und Jugendcamps auch auf internationaler Ebene organisiert. All das ist wichtig, um die jungen Menschen aus der Isolation heraus und hinein in die Gemeinschaft zu holen. Das Zusammensein mit gleichaltrigen, ebenfalls gehörlosen Kindern und Jugendlichen stärkt das Selbstbewusstsein und fördert die Identifikation.

Auch versuchten wir schon frühzeitig ein kompetentes Netzwerk zu schaffen, um die Wahrnehmung künftiger Interessen zu sichern. Denn eine Organisation wie der Österreichische Gehörlosenbund muss alten Werten und neuen Ideen gleichermaßen Rechnung tragen. So beschäftigen wir uns auch laufend mit der Aktualisierung der Kinder- und Jugendgebärden, denn wie eine Lautsprache ist auch die visuelle Sprache einem ständigen Wandel unterworfen. Wir begannen außerdem, Medien zu schaffen, wie beispielsweise ein Märchenbuch »Warum die Taube ›Taube‹ heißt?«[43], in dem gehörlose Kinder oder Jugendliche eine positive Identifikationsfigur finden. Auch Chatforen für jugendliche gehörlose Menschen gibt es mittlerweile.

Das klingt nach viel Arbeit – und das ist es auch (gewesen). Aber Dinge anzustoßen, ist nur ein Teil des Jobs. Ein anderer ist es, Abläufe in Bewegung zu setzen und zu halten, die vielleicht auf den ersten Blick nicht so schnell zum Erfolg führen, aber für die zukünftige Entwicklung wichtig sind. Ich habe beispielsweise das Logo des Verbandes neu gestalten lassen. Am Anfang war da ein durchgestrichenes Ohr. Für mich persönlich wirkte das ganz negativ und assoziierte eher ein Verbot – Sie kennen doch sicher die Rauch- oder Parkverbotsschilder. Ich hatte einmal bei einer Hospitation in einer hörenden Klasse ein einschneidendes Erlebnis: Die Kinder fragten mich, wieso ich Ohren hätte, wenn ich doch nicht hören könne. Als ob gehörlose Menschen »ohrlos« durchs Leben wandern. Womöglich hatte diese Vorstellung gar mit dem Logo zu tun? Das neuere Logo, das von einem gehörlosen Designer gestaltet wurde, bildete Augen und gebärdende Hände ab, was für visuelle Wahrnehmung und Gebärden als Sprache stand. Doch mit der Zeit und nach der Anerkennung der Österreichischen Gebärdensprache war auch das nicht mehr zeitgemäß. Jetzt haben wir uns für eine schlichte Buchstabenvariante entschieden.

Mir ist es generell immens wichtig, mit der Zeit zu gehen. Daher rief ich auch das Internetportal »www.gebaerdenwelt.at« ins Leben (siehe auch Seite 239) und schloss eine Vereinbarung mit der Austria Presse Agentur (APA), damit sie uns für dieses Portal mit aktuellen Nachrichten beliefert, für die gebärdensprachliche Übersetzung sorgen wir dann selbst. Gebaerdenwelt.at ist eine Online-Plattform, auf der alle Texte in die Österreichische Gebärdensprache übersetzt werden, wir suchen dabei auch weltweit nach Informationen und Neuigkeiten, die für gehörlose Menschen (und andere) interessant sind. Über aktuelle Geschehnisse berichten wir ebenso wie über Special-Interest-Themen. Auch Liveberichterstattung (barrierefrei versteht sich) von den Deaflympics gibt es, ebenso wie Interviews mit interessanten Menschen, die dann ebenfalls in Gebärdensprache angeboten werden. Dabei etabliert sich ein neuer Berufsweg: gehörlose ÜbersetzerInnen.

Auch die Vereinszeitschrift sollte als modernes Magazin gestaltet werden – heute erscheint die »Gebärdensache« viermal im Jahr. Sie ist ein Urgestein der Information, es gibt sie schon seit sechzig Jahren. Statt schwarz-weiß wird sie nun vierfarbig gedruckt und hat ein zeitgemäßes Layout bekommen. Der neue Titel »Gebärdensache« erweitert auch die Zielgruppe auf die gesamte Gebärdensprachgemeinschaft. Es gibt nun eine Kinderseite und gebärdensprachliches Vokabular ist auch ein Muss. Sie erinnern sich: Sprache ist immer im Wandel!

Die politische Arbeit war ein weiteres »Krisengebiet« innerhalb meiner Tätigkeit im Österreichischen Gehörlosenbund. Ich trieb die Sache rund um die Anerkennung der Gebärdensprache in Österreich massiv voran und das ist in meiner Zeit als Präsidentin bisher sicher mein größter Erfolg.

Aber 2004 war es noch nicht soweit. Wir brauchten noch ein bisschen Deaf-Power, um die Öffentlichkeit auf unser Anliegen – die Anerkennung der Gebärdensprache – aufmerksam zu machen: den türkisfarbenen »Ribbon«. Die Gebärdensprache war in Österreich noch immer mit Vorturteilen belastet, das Kommunizieren mittels Gebärden wenig anerkannt. Mit dem türkisfarbenen Ribbon (Ideengeber war Padd Ladd) – vergleichbar mit dem »Red Ribbon« der Aids Hilfe – wollte der Österreichische Gehörlosenbund die Öffentlichkeit auf diesen Missstand aufmerksam machen. Türkis ist eine lebhafte Farbe und wir gehörlosen Menschen sind eine lebendige, vielfältige bunte Gemeinschaft. Was uns eint, ist unsere Sprache – und die brauchte endlich Anerkennung. Zudem sollte mit dem türkisfarbenen Ribbon auf die Diskriminierung im Alltag hingewiesen werden. Jährlich veranstalten wir anlässlich der Anerkennung der Gebärdensprache 2005 eine »Türkisfarbene Party«; Deutschland hat diese Tradition auch eingeführt, 2010 gab es zum ersten Mal die »Türkisparade«.

Die Anerkennung der Österreichischen Gebärdensprache war ein hohes Ziel, das zu erreichen großes Engagement und unendliche Geduld erforderte (siehe auch Informationskapitel »Behindertenpolitik« ab Seite 184).

Ein weiteres Highlight unserer Arbeit ist das ServicCenter ÖGS.barrierefrei (siehe auch ab Seite 238). Mit dessen Gründung im Jahre 2005 waren klare Ziele verbunden:

Diskriminierungen und Benachteiligungen gehörloser Menschen im beruflichen und privaten Alltag sollten beseitigt werden. Wieder haben wir uns ein hohes Ziel gesetzt, für das wir jeden Tag neue Kraft und Anstrengung aufwenden müssen.

Und so funktioniert unser Service-Center: Im Prinzip gibt es in dessen Arbeit die drei Schwerpunkte Kommunikation, Diskriminierungsberatung und Sensibilisierung. Wir bieten also Unterstützung an, indem wir beispielsweise Gesetzestexte für gehörlose Menschen anschaulich erklären und darstellen. Wir leisten Übersetzungsarbeit mit Videotext-Web. Dieser Internet-Service verknüpft Text mit Gebärdenvideos und Ton. Dabei werden der Text, eine aufgenommene Sprechstimme sowie ein Gebärdensprachvideo mit jeweils gleichem Inhalt parallel geschaltet. Ein Farbbalken im Text zeigt an, welche Stelle gerade gebärdet beziehungsweise vorgelesen wird. Alles ist so aufeinander abgestimmt, dass man den Inhalt über das Gebärdensprachvideo, den geschriebenen oder den gesprochenen Text aufnehmen oder gleichzeitig lesen und hören kann – ohne dass diese Kommunikationsmittel einander beeinträchtigen.

In der Diskriminierungsberatung helfen wir gehörlosen Menschen, ihre Rechte zu verstehen und – wenn Diskriminierung vorliegt – ihre Rechte einzufordern. Ganz wichtig sind mir auch die Sensibilisierungsmaßnahmen. Wir gehen in Kindergärten und Schulen, um mit hörenden Kindern auf spielerische Weise in die Welt der gehörlosen Kinder einzutauchen. Wir bringen ihnen einige grundlegende Gebärden bei oder zeigen ihnen das Fingeralphabet. Das ist Bewusstseinsbildung von Anfang an.

Wir bieten auch Einführungskurse in die Gebärdensprache für Firmen an, die hörende und gehörlose ArbeitnehmerInnen beschäftigen oder mit gehörlosen KundInnen zu tun haben – all das sind Schritte hin zu einer gelebten Inklusion.

Und die Arbeit des Service-Centers zeigt Wirkung: Immer mehr Unternehmen, Ministerien und öffentliche Einrichtungen wollen ihre Informationsangebote barrierefrei gestalten, immer mehr Auftraggeber möchten ihre Mitarbeiter für

Gehörlosigkeit sensibilisieren. Wir haben viele Ziele, viele Pläne. Und das wachsende Interesse macht uns Mut, dass wir auf dem richtigen Weg sind.

Seitdem ich in »Amt und Würden« bin, gehören Interviews und Pressegespräche zu meinem Alltag. Für mich ist es manchmal anstrengend, dass oft die gleichen Fragen gestellt werden – und ich dann darauf auch die immer gleichen Antworten geben muss. Sehr viel mehr ärgert es mich aber, dass immer noch die teilweise diskriminierenden Begrifflichkeiten verwendet werden. Eine meiner wichtigsten Veröffentlichungen zu diesem Thema ist ein »Handbuch für JournalistInnen und MedienmacherInnen«, in dem ich als Präsidentin des Österreichischen Gehörlosenbundes mit einigen angestaubten Worthülsen aufräume. Mein Ziel ist es, Basiswissen über Gehörlosigkeit zu vermitteln, sodass dann ein Austausch auf Augenhöhe stattfinden kann – denn dies ist nach wie vor nicht immer der Fall. Verwunderlich ist das hingegen nicht, denn was uns bewegt, sind nicht unbedingt die Themen, mit denen sich hörende Menschen beschäftigen, daher sind Kenntnisse darüber auch nicht vorauszusetzen.

Den Journalisten und Medienmachern widme ich auch deshalb so viel Aufmerksamkeit und Zeit, weil sie als wichtige Meinungsbildner fungieren. Denn es kann viel Schaden entstehen, wenn Vertreter dieser Berufsgruppe eine »sprachliche Schere« im Kopf haben: Sprache schafft Realität und Bewusstsein – und jeder unter Umständen falsch verwendete Begriff transportiert bestimmte Ideen und weckt Assoziationen. Sie erinnern sich: Taubstumm gleich dumm (siehe auch Seite 103)?

Ich versuche immer freundlich und geduldig zu sein. Allerdings wünschte ich mir manchmal mehr Fantasie bei den Fragen, die mir gestellt werden. Manchmal hilft alles nichts – dann muss ich einfach ein bisschen frech antworten, um den Interviewern die Absurdität der Frage vor Augen zu führen. Ein Beispiel? Frage: Gibt es Vorteile, die gehörlose Menschen gegenüber Hörenden haben? Meine Antwort: Ja, wir schlafen nachts besser! Nein, das ist kein Witz, das ist Realität! Natürlich formuliere ich es meist etwas eleganter, betone, dass es durchaus Vor- und Nachteile gibt – und das Beispiel mit dem Schlafen führe ich immer wieder gern an – einfach weil es stimmt. Und es ist bekanntermaßen auch so, dass sich die anderen Sinne verstärken, wenn ein Sinn ausfällt. Blinde Menschen können besonders gut hören, gehörlose besser sehen. Mir ist aufgefallen, dass gehörlose Menschen oft sensibler sind für Emotionen, die durch Gestik und Mimik ausgedrückt werden. Und wir sind taktiler als hörende Menschen! Taktil bedeutet »den Tastsinn betreffend«. Für gehörlose Menschen ist es besonders wichtig, Fingerspitzengefühl zu haben, um flüssig und schön gebärden zu können. Dieser Begriff »taktil« bezieht sich aber auch auf Schwingungen oder Vibrationen, die übertragen werden. So nehmen wir Vibrationen (zum Beispiel des Bodens) sensibler als andere Menschen wahr und können sie auch sehr gut zuordnen und deuten.

Ich erinnere mich noch an eine Reise zu Studentenzeiten, da fuhr ich mit einer Gruppe gehörloser Studierender gen Norden. So wie andere Jugendliche das damals auch taten, mit Rucksack und Schlafsack. In Finnland passierte es dann einmal, dass wir spät ankamen und kein Quartier fanden. Also legten wir uns kurzerhand auf die Holzbänke in einem Konzertpavillon, der im Park stand. Am frühen Morgen wollte jemand wohl nachschauen, welch komische Gestalten sich auf den Bänken ausgestreckt hatten. Wir hörten die Person nicht kommen, aber wir spürten die Vibration ihrer Schritte auf dem Boden. Alle zugleich fuhren wir aus den Schlafsäcken hoch und schauten in die Richtung, aus der unser Beobachter kam. Der war so perplex, dass er vor Schreck das Weite suchte. Wir werden wohl nie erfahren, was er bei unserem Anblick gedacht hat, als wir alle zugleich wie erschrockene Erdmännchen aus den Schlafsäcken hochgeschossen sind.

Ein weiterer Fortschritt, den wir mit dem Österreichischen Gehörlosenbund erreichen konnten: Im Rahmen eines Sensibilisierungsprogramms (übrigens eine Initiative von ÖGS.barrierefrei) werden seit einigen Jahren die Schaltermitarbeiter der

Österreichischen Bundesbahnen (ÖBB) in Gebärdensprache geschult. Dadurch wird gehörlosen Menschen der Fahrkartenkauf extrem erleichtert. Aber ich sehe das als einen Anfang: In den USA sind viele Polizisten und Feuerwehrleute gebärdensprachkompetent und können so direkt vor Ort Konflikte lösen und in Notfällen vermitteln – solche Ziele habe ich auch für uns hier! Wenn ein Haus brennt, hat man als Berufsfeuerwehr keine Zeit mehr, den Notizblock zu zücken oder die Frage zu wiederholen, wie viele Personen denn noch im Hause sind. Da sind grundlegende Gebärden schon sehr hilfreich, vielleicht gar lebensrettend.

Das alles habe ich also in meiner Zeit als Präsidentin des Österreichischen Gehörlosenbundes bisher bewegt – und es kam noch eine interessante Aufgabe hinzu. Von der Universität war ich in die Schule, dann zum Gehörlosenbund gekommen und nun wieder zurück zur Universität: diesmal als Dozentin. Ich hielt zwei Vorlesungsreihen über Gehörlosenbildung. Das war für mich eine völlig neue Erfahrung. Ich als gehörlose Dozentin unterrichtete hörende Studenten – und ich sprach zu ihnen in Gebärdensprache. Meine Vorlesungen wurden simultan gedolmetscht und so bekamen meine Studenten Anschauungsunterricht aus erster Hand.

Als es dann zu den Abschlussprüfungen kam, war diesmal ich es, die die Regeln festlegte. Ich erklärte meinen Studenten, dass ich nichts durchgehen lassen würde, falls sie versuchten, bei den Prüfungen zu schummeln: Ich höre alles, ich sehe alles. Da haben sie natürlich geschmunzelt. Aber ich hatte extra Dolmetscher für den Prüfungstag engagiert, die mit mir gemeinsam den Hörsaal im Auge behielten beziehungsweise mir ihre Ohren liehen.

Vielleicht haben Sie jetzt den Eindruck, ich wäre wahrhaft multitaskingfähig. Damals war ich das gewiss, denn ich wollte so viel wie möglich so schnell wie möglich erreichen. Als Präsidentin des Österreichischen Gehörlosenbundes hatte ich zunehmend an politischem Einfluss gewonnen. Das war viel, aber ich war immer noch lediglich die Sprecherin einer bestimmten Lobby, ich wollte gern noch mehr – und der Schritt aufs politische Parkett war verführerisch nah.

Obwohl der Weg in die große Politik ursprünglich nicht mein berufliches Ziel war, ist er doch in mancher Hinsicht die logische Konsequenz, die sich aus meinem Engagement für den Österreichischen Gehörlosenbund ergab. Ich finde es nur gerechtfertigt, dass Behindertenpolitik auch von behinderten Menschen gemacht wird. Schließlich sind wir die Experten für Barrieren und haben deshalb auch Ideen, wie man diese aus dem Weg räumen könnte.

Doch wo sollte mein Platz in der Politik sein? Wo konnte ich etwas bewirken, ohne mich ideologisch verbiegen zu müssen? Wer steht in Österreich für die kompetenteste Behindertenpolitik? Meine politische Heimat fand ich schließlich bei den Grünen. Und das meine ich ganz ehrlich: In unserer Partei wird Inklusion gelebt. Was ich an meinen Parteikollegen sehr schätze, ist die Toleranz, mit der sie mir begegnen. Sie sind offen, neugierig und vorurteilsfrei. Natürlich hatte der eine oder andere anfangs Hemmungen, mit mir zu kommunizieren, aber diese Phase haben wir schon lange überwunden. Dazu kommt: Je besser man sich kennenlernt, umso weniger Worte braucht man, um sich zu verständigen. Meine persönliche Sekretärin und Bereichsreferentin liest mir (im wahrsten Sinn des Wortes) inzwischen jeden Wunsch von den Augen ab.

Bei den österreichischen Grünen fühle ich mich zu Hause, weil die Themen der Partei meinen eigenen entsprechen. Ein Slogan der Partei lautet: »Barrierefreiheit in allen Lebenslagen.« Das umfasst, dass alle Menschen auf gleicher Augenhöhe miteinander umgehen, alle an Alltag, Arbeit, Gesellschaft und Kultur teilhaben, der Zugang zu Medien, Information, Kommunikation, Bildung, Gebäuden und Verkehr barrierefrei funktioniert … All das liegt mir am Herzen.

Besonders wesentlich ist der Anspruch auf inklusive Bildung für alle Kinder – auch an den weiterführenden Schulen. Wir wollen gleiche Lehrpläne und ein Recht auf bilinguale Ausbildung in Gebärdensprache. Gehörlose Kinder sind genauso talentiert wie hörende. Wir sprechen uns für Integrationsklassen mit Gruppen von gehörlosen und schwerhörigen Kindern aus.

Außerdem befürwortet unsere Partei eine vielfältige Arbeitswelt: Denn Vielfalt ist Potenzial. Wir möchten Chancengleichheit herstellen und Barrieren in Bildung, Arbeitsmarkt und Informationstechnologie beseitigen!

Meine Partei hat die Menschenrechte im Fokus. Denn Barrierefreiheit auf allen Ebenen ist laut UN-Behindertenrechtskonvention ein Menschenrecht. Wir wollen das Gleichstellungsgesetz modernisieren. Ganz konkret enthält unser Programm Forderungen nach Barrierefreiheit im öffentlich-rechtlichen Programm: »Barrierefrei hören – volle Gebühren nur für volle Leistung«. Auch ein Telefon-Relay-Center, das per Fax, E-Mail, SMS oder Videochat zwischen Personen vermitteln kann, steht auf unserem Plan, denn es rettet im Notfall Leben. Das österreichische Telekommunikationsgesetz enthält bisher jedoch noch keine entsprechenden Vorgaben. Lediglich ein einzelner Telefonanbieter versucht, seit 2010 einen kleinen Testservice anzubieten – ein allererster Schritt.

Das alles waren und sind natürlich genau meine Themen und entsprechend leicht fiel es mir, für meine Partei im Wahlkampf aktiv zu sein.

Und mit dem Wahlkampf startete ich 2008 durch, denn ich wollte zu den Nationalratswahlen antreten. Vorher standen jedoch die Landesparteitage an. So fuhr ich nach Salzburg und nach Tirol, hielt meine Reden und beantwortete stundenlang Fragen. ›Selbst wenn ich es nicht schaffe, als Abgeordnete gewählt zu werden‹, dachte ich mir, ›so habe ich doch wenigstens unser Anliegen einer breiten Öffentlichkeit präsentiert.‹ Bei meiner politischen Arbeit war ich von Anfang an begeistert davon, an der Basis zu sein, etwa mit meiner Dolmetscherin über den Markt zu gehen und mit Passanten ins Gespräch zu kommen. Auch meine Reden wurden gedolmetscht und dadurch konnte ich noch mehr Menschen für diese relevanten Themen sensibilisieren.

Doch was dann kam, hätte ich kaum zu träumen gewagt. »Helene Jarmer beeindruckt bei ihrer Kandidatur in Gebärdensprache und siegt mit unglaublichen 88 %.«[44] Das war wirklich unglaublich!

Und meine Reden waren dann Anschauungsunterricht aus erster Hand, wie mir die Delegierten versicherten. »Konnte man sonst nur versuchen nachzuvollziehen, wie es für Gehörlose ist, eine Rede übersetzt zu bekommen, drehte Helene Jarmer das um und hielt eine glänzende Rede in Gebärdensprache. Das Publikum applaudierte nicht, sondern winkte ihr zu. (*Anmerkung der Redaktion: Das Winken mit den nach oben gestreckten Armen bedeutet »Applaus«.)* Ein wirklich emotional ergreifender Moment.«[45] Natürlich hielt ich meine Reden in Gebärdensprache – wie sonst. Und ebenso natürlich traten Kritiker auf den Plan, die mir unterstellten eine »Seifenblase« zu sein, die nicht halten könne, was sie verspricht.[46]

Bei dieser Nationalratswahl 2008 schaffte ich, obwohl ich schon vorher als künftige Behindertensprecherin vorgesehen war, den Einzug ins Parlament nicht. Der Grund dafür war, dass wir Grünen österreichweit nicht gut genug abgeschnitten hatten und deshalb zu wenige Abgeordnetenposten erhielten. Aber ich bekam doch bald meine Chance: Als Ulrike Lunacek am 14. Juli 2009 in das Europäische Parlament nach Brüssel und Straßburg wechselte, rückte ich als ihre Nachfolgerin in den Nationalrat nach. Am 10. Juli 2009 wurde ich als erste gehörlose Abgeordnete (nicht nur in Österreich, sondern im deutschsprachigen Raum) zum Nationalrat angelobt.

Erst einmal musste ich natürlich die parlamentarischen Abläufe besser kennenlernen – nur gut, dass nach meiner Angelobung die mehrwöchige »Sommerpause« im Parlament war, sodass ich direkt danach voll durchstarten konnte. So viel gab es zu tun!

Nur einen Bruchteil dessen, was auf meiner Agenda steht, konnte ich bislang in Angriff nehmen. Aber ich lasse mich von ein paar Vertagungen meiner Anträge nicht gleich ins Bockshorn jagen – denn ich bin hartnäckig, das wissen Sie ja.

Ich kann alles außer hören – der Alltag mit und ohne Diskriminierungen

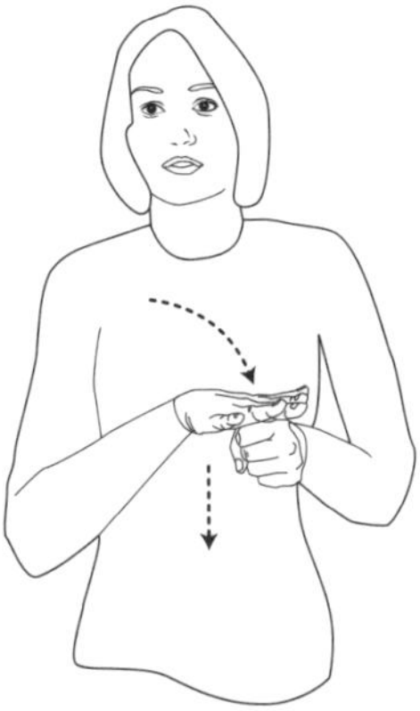

DISKRIMINIERUNG

Diskriminierung gehört zum Alltag von Menschen mit Behinderung. Die Gründe dafür sind vielfältig und oft vollkommen aus der Luft gegriffen. Wenn man von Diskriminierung spricht, meint man damit zumeist die soziale Ausgrenzung bestimmter Personen aufgrund von bestimmten Faktoren, wie Rasse, Geschlecht, Glauben und so weiter. Damit verbunden ist eine Herabwürdigung dieser Menschen aus welchem Grund auch immer. Das Wort stammt vom lateinischen »discriminare«, »trennen, absondern, unterscheiden«, ab und führt damit direkt zum Wortsinn als wertende »Benachteiligung, Herabwürdigung, Schlechterbehandlung«.

In diesem Zusammenhang fällt mir eine unglaubliche Geschichte ein, wie man lange Zeit die gehörlosen Menschen diskriminiert hat: Früher galt bei nahezu allen Fluggesellschaften die Regelung, dass man als gehörloser Mensch nur mit einer hörenden Begleitperson fliegen durfte und dass auf diese Weise abhängig vom Flugzeugtyp nur ein bis maximal fünf gehörlose Menschen pro Maschine mitfliegen durften. Das führte dann irgendwann zum Eklat, als eine gehörlose Sportmannschaft zu einem internationalen Wettkampf fliegen wollte. Nach langer Diskussion und einer einstündigen Verspätung mussten die Delegierten eine schriftliche Erklärung dazu abgeben, dass sie für den Flug die Verantwortung übernehmen würden. In diesem Falle durften die Sportler zumindest anschließend fliegen, wohingegen in einer ähnlichen Situation eine Reisegruppe mit älteren Teilnehmern den Bus anstelle des Flugzeugs nehmen musste, um ihr Kreuzfahrtschiff zu erreichen. Immerhin kam dadurch eine Diskussion zu dieser diskriminierenden Regelung in Gang und sie wurde – auch auf Wirken des Österreichischen Gehörlosenbundes – bei den Austrian Airlines abgeschafft. Gehörlose Personen an Bord eines Flugzeugs sind definitiv kein Sicherheitsrisiko! Auch wenn wir die Ansagen des Bordpersonals nicht hören können, so lesen wir doch von ihren Lippen und in ihren Gesichtern. Und glauben Sie mir: Sensibel wie wir sind, bekommen wir wahrscheinlich als Erste an Bord mit, wenn etwas nicht stimmt!

Eines meiner wichtigsten Themen ist die Notfallversorgung behinderter Menschen. Hierbei ist in Österreich noch einiges zu tun! Leider konnten wir bisher unsere Forderungen nach einer speziellen Telefonvermittlungszentrale nicht durchsetzen (siehe auch ab Seite 227). Diese gibt es bereits in vielen Ländern – in Spanien ist zum Beispiel eine Rund-um-die-Uhr-Vermittlung gang und gäbe: Sie ermöglicht gehörlosen, hör- und sprechbehinderten sowie taubblinden Menschen eine barrierefreie, direkte Kommunikation.

Worum es mir dabei geht, lässt sich am einfachsten an einem Beispiel verdeutlichen: Mitten in der Nacht stürzt ein schwer pflegebedürftiger Mann aus dem Bett. Seine gehörlose Frau ist nicht in der Lage, ihn zurück ins Bett zu hieven. Auch weiß sie natürlich nicht, ob er sich bei dem Sturz verletzt hat. Was tut man in so einem Fall – um zwei Uhr nachts? Richtig: Man ruft den Notruf an. Dazu ist die gehörlose Frau nicht in der

Lage, weil sie aufgrund ihrer Einschränkung nicht telefonieren kann. Sie schreibt und verschickt ein Fax an die Rettung *(Anmerkung der Redaktion: österreichisch für Rettungsdienst).* Sie bekommt keine Antwort und auch keinen Hinweis, wann die Rettungskräfte eintreffen werden. Weil sie die Nachbarn nicht wecken will, schickt sie eine SMS an ihre Freunde und Verwandten. Sie hofft, dass einer von ihnen nicht schlafen kann und die SMS gleich liest – oder vielleicht ein Frühaufsteher am Morgen gleich reagiert. Drei Stunden wartet sie auf den Rettungsdienst, der schließlich von einem Frühaufsteher telefonisch alarmiert wird. In solchen Fällen würde eine Telefonvermittlungszentrale helfen.

Gerade im Zusammenhang mit der Notfallversorgung gibt es aber noch ein anderes großes Problem: In Österreich mangelt es an Gehörlosenambulanzen. Seit dem 1. Oktober 1999 verfügt nun nach Linz, Graz und Salzburg auch die Bundeshauptstadt Wien über eine Gehörlosenambulanz. Das war eine meiner ersten erfolgreichen Initiativen während meiner politischen Arbeit, damals noch in Zusammenarbeit mit dem Liberalen Forum (siehe auch ab Seite 192): Nach jahrelanger Überzeugungsarbeit konnten wir endlich die Stadtverwaltung Wien von der Notwendigkeit einer solchen Einrichtung überzeugen. Dass es so lange bis zur Realisierung gedauert hat, lag sicher auch daran, dass man immer von einer ausreichenden medizinischen Versorgung gehörloser Personen ausging. Doch bei der Ambulanz geht es um mehr: Gehörlose Menschen können nun auch bei heiklen und intimen Arztgesprächen direkt mit dem Arzt oder dem medizinischen Fachpersonal kommunizieren und müssen nicht einen Dolmetscher mitnehmen, denn sämtliche MitarbeiterInnen der Gehörlosenambulanz beherrschen die Gebärdensprache.

Doch es scheitert nicht nur an den Gehörlosenambulanzen: Es gibt insgesamt zu wenig Gebärdensprachdolmetscher, die beispielsweise im Gesundheitswesen eingesetzt werden könnten. Krankenhäuser und Spitäler müssten Gebärdensprachdolmetscher beschäftigen, denn gerade in der direkten Kommunikation mit Ärzten können Missverständnisse unter

Umständen lebensbedrohlich werden – hier ist eine kompetente Übersetzung notwendig.

Auch dazu kenne ich ein erschreckendes Beispiel: Ein gehörloser Patient kommt zum Arzt und dieser nimmt die Krankengeschichte auf. Er stellt eine Reihe von Fragen, die der Patient von den Lippen abliest. (Sie erinnern sich: Nur etwa dreißig Prozent des Gesagten kann auf diese Art wirklich verstanden werden.) Der Arzt fragt: »Nehmen Sie blutverdünnende Mittel?«, der Patient versteht: »Nehmen Sie blutverdünnende Mittel!« – die Satzzeichen kann er schließlich nicht von den Lippen ablesen! Ahnen Sie die fatale Entwicklung der Geschichte? Um es kurz zu machen: Das Missverständnis konnte in diesem Fall aufgeklärt werden, bevor es zu gesundheitlichen Schäden kam.

Ein anderes Beispiel: Eine gehörlose Frau geht zum Arzt, weil sie Probleme mit Gallensteinen hat. Sie weist die Sprechstundenhilfe ausdrücklich auf ihre Gehörlosigkeit hin und bittet, dass man sie im Wartezimmer abholt, wenn sie an der Reihe ist, da sie Zurufe nicht verstehen kann. Dies wird ihr zugesichert. Dann wartet sie – stundenlang. Patienten kommen und gehen, nur sie bleibt, wo sie ist. Schließlich geht sie zum Empfang und erfährt, dass man vergessen hat, sie zu holen. Doch anstatt sich für den Fehler zu entschuldigen, fährt die Sprechstundenhilfe sie an: »Gehen Sie doch zu den Barmherzigen Brüdern in die Gehörlosenambulanz!«

Vom Recht auf freie Arztwahl wollen wir erst gar nicht sprechen. Wie soll eine eigenständige Lebensführung möglich sein (von einer Teilnahme am gesellschaftlichen Leben ganz zu schweigen), wenn nicht ausreichend Dolmetscher zur Verfügung stehen? Es wird immer gern vergessen, dass ja auch gehörlose Menschen Steuern zahlen, aber beispielsweise keinen Anspruch auf Unterstützung in Form von Pflegegeld haben. Und die Kostenübernahme für einen Dolmetscher wird nicht immer bewilligt, sodass oft eine große Unsicherheit besteht.

Doch so sieht die Realität aus: Diskriminierung, Ausgrenzung sind der Alltag – und **nicht** Chancengleichheit. Regelmäßig gibt der Österreichische Gehörlosenbund einen **Diskriminierungsbericht**[47] heraus, in dem solche Fälle aufgelistet und beschrieben werden. Aber das sind bei Weitem nicht alle!

Behinderte Menschen glauben oft nicht, dass das, was ihnen passiert, eine Diskriminierung sein könnte: Da erhalten hörende Mitarbeiter zur betrieblichen Weihnachtsfeier einen Einkaufsgutschein und der gehörlose Mitarbeiter eine Tafel Schokolade. Das ist Diskriminierung! Oder einer behinderten Mitarbeiterin wird die Weiterbildung verweigert, weil diese angeblich zu teuer ist – die Kollegin hingegen bekommt sie. Das ist Diskriminierung!

Dabei sind die Menschen in Bezug auf die Diskriminierung am Arbeitsplatz schon recht erfahren, was recht und was unrecht ist, aber im alltäglichen Leben lassen sie sich einfach noch zu viel gefallen. Und hier gibt es diverse Beispiele: Eine junge gehörlose Frau hat vor, mit ihrem Freund die Weihnachtsferien in Tirol zu verbringen, und sucht per Internet ein Hotel, das noch freie Zimmer hat. Sie füllt das Buchungsformular im Internet aus, lässt jedoch die Zeile mit der Telefonnummer frei, da sie nicht telefonieren kann. Sie erhält keine Antwort. Schließlich bittet sie ihre Mutter, dort anzurufen und nachzufragen. Die Mutter erhält die Antwort, dass ohne Angabe der Telefonnummer eine Buchung nicht möglich sei. Auch der Einwand, dass ihre Tochter per SMS oder E-Mail erreichbar wäre, wird ignoriert. Kein Zimmer, kein Urlaub – auch das ist Diskriminierung.

Oder: Eine gehörlose Frau möchte ins Kino gehen, weil sie gelesen hat, dass dort ein Film mit Untertiteln gezeigt wird. Eine tolle Gelegenheit, denn untertitelte Filme im Kino sind selten geworden. Die gehörlose Frau fährt also zum Kino und stellt sich an der Kasse an. Bevor sie jedoch die Karte kauft, fragt sie die Dame an der Kasse noch einmal explizit, ob ihre Information richtig und der Film tatsächlich untertitelt sei. Die Dame an der Kasse sagt: »Ja, das ist richtig.« Als die gehörlose Frau im Kinosaal sitzt, muss sie jedoch feststellen, dass der Film nicht untertitelt ist. Sie verlässt also das Kino, verlangt an der Kasse ihr Geld zurück – und bekommt es nicht.

Das sind all die »Kleinigkeiten«, gegen die man so dringend opponieren müsste.

Es gab vor einiger Zeit einen Vorfall, der mich besonders erschüttert hat: Da beschweren sich die Anwohner einer Gehörlosenschule darüber, dass sich die Sprechübungen der Schüler anhören würden »wie Affengeschrei«. Sie fühlen sich gerade im Sommer belästigt, wenn die Fenster offen stehen, damit die Kinder wenigstens etwas frische Luft bekommen. Fast noch schlimmer finde ich die Reaktion der Lehrer: Anstatt sich für ihre Schützlinge einzusetzen – was tun sie? Sie schließen bei dreißig Grad Außentemperatur die Fenster. Das ist nicht nur Diskriminierung, sondern auch Intoleranz!

Immer und immer wieder werden die Grundsätze der Chancengleichheit ignoriert und umgangen. So kommt es auch vor, dass gehörlose Menschen oder Menschen mit einer anderen Behinderung von ihren Angehörigen zu Unterschriften gedrängt werden und gar nicht wissen, worum es dabei eigentlich geht. Ich hörte von einem Fall, in dem einer gehörlosen Frau beim Notar, der die Unterschrift beglaubigen sollte, jede Rechtsberatung und sogar die Anwesenheit einer Gebärdensprachendolmetscherin verweigert wurde mit der Begründung, diese sei nicht nötig. Tage später sah die gehörlose Frau ihre Schwester mit dem Notar auf der Straße – sie waren offensichtlich befreundet.

Das ist Diskriminierung. So wie damals, als ich noch jung war und Lehrerin werden wollte, aber gehörlose Menschen keine LehrerInnen werden konnten oder durften. Jetzt ist es für mich selbstverständlich, dass ich Lehrerin bin. Doch der Weg dahin war nicht einfach. Und natürlich müssen gehörlose Menschen LehrerInnen werden können, sie haben ein Recht darauf. Genauso wie gehörlose Kinder ein Recht auf gebärdensprachkompetente LehrerInnen haben, damit ihnen ein barrierefreier Zugang zur Bildung ermöglicht wird. Aber leider ist beides auch heute noch immer keine Selbstverständlichkeit beziehungsweise noch immer nicht gelebtes Recht!

Dabei hat Diskriminierung verschiedene Gesichter: Gedankenlosigkeit genauso wie Rassismus, Bequemlichkeit oder

Intoleranz. Eine der mir unangenehmsten Formen ist die »Repressive Toleranz«. Der Begriff wurde in den sechziger Jahren vom deutschen Soziologen und Philosophen Herbert Marcuse geprägt.[48] Zerlegt man das Wort in die beiden verwendeten Begriffe, so ergibt sich ein Widerspruch in sich. Als Toleranz bezeichnet man es, wenn man fremde Überzeugungen, Handlungsweisen und Sitten gelten lassen kann. Unter Repression versteht man hingegen das genaue Gegenteil, nämlich Unterdrückung, Hemmung, Zurückdrängung. Psychologisch und in Bezug auf den Umgang mit behinderten Menschen wird damit ein Phänomen beschrieben, das sich durch übertriebenes Wohlwollen dem Betroffenen gegenüber auszeichnet. Obwohl das Verhalten eines »repressiv toleranten« Menschen oberflächlich positiv wirkt, ist es ganz klar negativ ausgerichtet: Die nicht behinderte Person verhält sich zwar offensichtlich verständnis- und rücksichtsvoll gegenüber behinderten, beispielsweise gehörlosen Menschen, und gesteht ihnen eine vorteilhafte und bevorzugte Behandlung, ja sogar gar besondere Talente, Fertigkeiten und individuelle Eigenschaften zu. Doch diese Toleranz (man könnte sie vereinfacht auch Scheinheiligkeit nennen) besteht eigentlich nur aus verkappten Vorurteilen. Während oberflächlich propagiert wird, man wolle für die behinderte Person eigentlich nur »ihr Bestes«, wird ihr gleichzeitig die Fähigkeit aberkannt, für sich selbst und ihr Leben – und ebenso für ihre Fehler – Verantwortung zu übernehmen. Dadurch nimmt die nicht behinderte Person gegenüber der behinderten eine übergeordnete Position ein, in der sie sich wohlwollend-überlegen um deren Belange kümmert, aufgrund der Ansicht, die behinderte Person wäre dazu selbst nicht in der Lage.

Ich finde es oft erschreckend, wie sich nicht behinderte Personen anmaßen, über das Leben von behinderten Menschen zu bestimmen. Dazu gibt es wirklich sehr schlimme Geschichten, wie diese hier: Ein gehörloses Ehepaar möchte gern Kinder und sie wundern sich, warum es nicht klappt. Die hörende Mutter hatte die gehörlose junge Frau bisher immer zum Arzt begleitet, eines Tages geht aber die Tochter mit einer Gebärdensprachdolmetscherin zum Arzt. Der Mediziner untersucht die junge Frau und stellt fest: »Es ist ganz klar, dass Sie nicht schwanger werden: Sie sind ja sterilisiert.« Die junge Frau ist fassungslos. Wie konnte das sein? Dann erinnert Sie sich, dass sie im Alter von siebzehn Jahren einmal ins Spital eingeliefert wurde. Ihre Mutter hatte ihr damals erzählt, dass sie Probleme mit der Gebärmutter hätte und deswegen operiert werden müsse. Auch in den darauf folgenden Jahren hatte die Mutter der jungen Frau verschwiegen, dass sie die Tochter – ohne deren Einverständnis und heimlich – hatte sterilisieren lassen. Nach dem Arztbesuch stellt die junge Frau ihre Mutter zur Rede und fragt, warum sie ihr das angetan habe. Die Antwort: »Glaubst du, ich will ein behindertes Enkelkind?«

Dass Sterilisierung bei Menschen unter achtzehn Jahren gesetzlich verboten ist, muss wohl nicht explizit erwähnt werden. Wie war dies also trotzdem möglich? Das ist natürlich wirklich ein extremes Beispiel – doch solche Vorfälle sind nicht frei erfunden, sondern werden in den Diskriminierungsberichten dokumentiert. Es mögen Einzelfälle sein, aber wie viele dieser persönlichen und erschreckenden Geschichten kennen wir nicht, wie viele kommen niemals and die Öffentlichkeit? Ich wage es nicht zu schätzen.

Noch härter sind oft taubblinde Menschen von Barrieren im Alltag betroffen: Am 16. Juni 2010 habe ich im Nationalrat einen Entschließungsantrag eingebracht, wonach Taubblindheit als eigenständige Art der Behinderung anerkannt werden soll. Dieser Antrag stand am 5. Oktober 2010 auf der Tagesordnung des Sozialausschusses und wurde von der Sozialdemokratischen Partei Österreichs (SPÖ) und der Österreichischen Volkspartei (ÖVP) mittels eines Abänderungsantrags unterstützt. Am 21. Oktober 2010 wurde dann ein Fünf-Parteien-Antrag im Plenum angenommen. Das ist ein großer Erfolg für eine kleine Gruppe von Menschen in Österreich, die damit endlich eine Chance auf die Unterstützung bekommen, die sie brauchen, um am sozialen Leben teilzuhaben. Denn Taubblindheit bedeutet, dass der betroffene Mensch so schlecht hört und sieht, dass sein Tastsinn zum wesentlichen Instrument für Kommunikation und Orientierung wird. Die wesentlichen Kommunikationsformen für taubblinde Personen sind die Berührungssprachen, das Lormen und die taktile Gebärde. Dabei erfolgt die Verständigung durch Artikulationsbewegungen an Händen und Gesicht. Auch taubblinden Menschen muss es natürlich ermöglicht werden, am gesellschaftlichen Leben teilzuhaben, den Schulbesuch und eine Ausbildung mit entsprechenden Hilfsmitteln absolvieren zu können. Durch die Ratifizierung der UN-Behindertenrechtskonvention (siehe auch ab Seite 111) sind alle Länder verpflichtet, taubblinde Menschen in der für sie am besten geeigneten Sprache und Kommunikationsform zu unterrichten.

Ein weiteres wichtiges Anliegen ist es mir, gemeinsam mit meiner Partei den Missbrauch an behinderten Menschen zu thematisieren. Es ist bekannt, dass diese häufiger Opfer sexueller Übergriffe beziehungsweise Gewalt werden als nicht behinderte Menschen. Deshalb beantragte ich, dass in Zukunft auch Menschen mit Behinderungen in Expertengremien zum Thema Missbrauch vertreten sein sollen. Nicht zuletzt vor diesem Hintergrund forderte ich in weiteren Entschließungsanträgen die Durchführung einer Studie zum Thema Missbrauch von behinderten Menschen in Institutionen sowie spezielle Anlaufstellen für Missbrauchsopfer in jedem Bundesland. Diese Anträge wurden am 14. Oktober 2010 im Justizausschuss vertagt.

Auch das Thema Contergan ist eines, das mich beschäftigt. Der Contergan-Skandal war einer der aufsehenerregendsten Arzneimittelskandale in Deutschland und wurde in den Jahren 1961 und 1962 aufgedeckt. Weniger bekannt ist, dass es auch in Österreich Betroffene gab und dass das Medikament auch unter dem Namen »Softenon« am Markt war. In Österreich hat man diese Tatsache lange erfolgreich ausgeblendet, Unterstützung für die Opfer gab es bislang nicht und wenn, dann nur, weil Betroffene sich an die bundesdeutsche Stiftung

Contergan-Geschädigter gewendet hatten. Endlich kommt aber Bewegung in die Sache: Jetzt sollen diese Menschen eine Einmalzahlung als Entschädigung erhalten. Ein entsprechender Entschließungsantrag wurde einstimmig angenommen. Noch kämpfe ich darum, dass es nicht nur bei einer Einmalzahlung bleibt, sondern die Betroffenen wie in anderen Staaten eine monatliche Rente bekommen.

Trotz all der Diskriminierung, die uns gehörlosen wie allen anderen behinderten Menschen immer wieder den Alltag erschwert, bin ich als gehörloser Mensch mit meinem Leben zufrieden: Wir gehörlosen Menschen können alles, außer hören – wenn man uns nur lässt!

Für mich hatten meine Eltern immer Vorbildcharakter. Viele gehörlose Menschen haben nicht diese Chance, gehörlose Vorbilder zu finden: Mein Schlüsselerlebnis hatte ich als Lehrerin, als ich einmal einem Kind etwas erklärte und dabei erwähnte, dass Thomas Edison – der Erfinder der Glühbirne – gehörlos war. Der Knirps lief gleich los und erzählte das allen anderen Kindern und Lehrern an seiner Schule. Da wurde mir klar, wie wichtig es ist, Kindern solche Vorbilder zu geben.

Ich begann daraufhin, in meine Vorträge und Seminare immer wieder Informationen über berühmte gehörlose Menschen einzubauen, wie zum Beispiel die Schauspielerin Marlee Matlin, die aus dem Film »Gottes vergessene Kinder« bekannt ist. Sie bekam 1987 mit einundzwanzig Jahren den Oscar als beste Hauptdarstellerin und einen Golden Globe gleich noch dazu. Marlee Matlin ist seit ihrer frühen Kindheit nahezu vollständig gehörlos. Sie ließ sich davon jedoch nicht entmutigen und spielte schon als Siebenjährige die »Dorothy« in »Der Zauberer von Oz« in einem Kindertheater. Wer denkt, für gehörlose Schauspielerinnen gäbe es nicht so viele Angebote, der wird angesichts der umfangreichen Filmografie von Marlee Matlin eines Besseren belehrt: Zwischen 1991 und 1993 wirkt sie in der Krimiserie »Die Staatsanwältin und der Cop« als Staatsanwältin Tess Kaufmann mit. Die Serie wurde auch im deutschen Fernsehen ausgestrahlt. 1993 übernahm Matlin die Rolle der tanzenden Diebin »Laurie Bey« in »Picket Fences – Tatort Gartenzaun«, die zunächst nur eine kurze Gastrolle in der zweiten Staffel der Serie darstellte, jedoch im Laufe der dritten Staffel zur festen Rolle ausgebaut wurde. Mittlerweile hat Matlin auch noch einen Stern auf dem »Walk of Fame« in Los Angeles. Sie brach und bricht immer noch mit allen Tabus, die für gehörlose Menschen aufgestellt werden. So nahm sie unter anderem an der amerikanischen Tanzshow »Dancing Stars« teil – nicht vergessen, sie ist gehörlos!

Solche Vorbilder sind wirklich wichtig – für Kinder ebenso wie für Erwachsene! Vorbilder sind Ansporn, das Leben in Angriff zu nehmen und sich nicht unterkriegen zu lassen. Ihre Existenz ist ein Argument gegen Vorurteile wie: »Du bist ja gehörlos, du wirst das sowieso nicht verstehen.«

Doch wie gesagt: An Vorbildern mangelte es mir zum Glück nicht. Die (meisten) wichtigen Menschen in meinem Leben sind gehörlos. Meine Mutter und mein Vater, mein Onkel und meine Tante – und mein Mann. Jeder von ihnen hat einen entscheidenden Teil dazu beigetragen, um aus mir den Menschen zu machen, der ich heute bin. Manchmal frage ich mich, was wohl aus mir geworden wäre, wenn ich nicht meine Familie gehabt hätte, in der jeder Einzelne mich vorantrieb, mir Mut machte und Selbstbewusstsein vermittelt hat.

Da war mein Vater, für den das Wichtigste seine Kunst und seine Bücher waren. Er hat versucht, mir einen Zugang zur Kunst zu vermitteln, aber obwohl »künstlerisches Gestalten« zu meinen Lehrfächern gehört, ist aus mir nie eine wirkliche Künstlerin geworden. Ich erinnere mich noch, dass ich meinen Vater früher (als ich noch klein war) öfter in seinem Atelier besucht habe und er mir ab und an einen Klumpen Ton gab, aus dem ich etwas modellieren sollte. Um es kurz zu machen: Meine Teller wurden nie rund! Seine zweite Leidenschaft jedoch, die Bücher: Da konnte ich mithalten. Ein Leben ohne Bücher kann ich mir nicht vorstellen – und das habe ich allein ihm zu verdanken!

Ich hatte aber auch einen gehörlosen Onkel, der mir seine Begeisterung für den Sport nahebrachte. Er selbst hat viele

Pokale in seinem Regal stehen, die stummes Zeugnis ablegen über seine sportlichen Erfolge. Er hat in mir den Ehrgeiz geweckt und mich in allem ermutigt, was man sonst vielleicht einem gehörlosen Mädchen nicht unbedingt zugetraut hätte. Ich war zum Beispiel auch als Belohnung für meine Matura gemeinsam mit ihm, meiner Tante und deren SportskollegInnen in Frankreich beim Skifahren.

Meine Tante will ich nicht vergessen! Mit ihren flinken Händen kreierte sie immer wieder neue Frisuren für mich, zeigte mir auf tausenderlei Wegen, dass ich schön bin und selbstbewusst sein darf – und vermittelte mir dadurch ein Selbstvertrauen, das mir bis heute geblieben ist.

Natürlich war für mich auch meine Großmutter (sie war allerdings hörend) wichtig, denn sie zeigte mir, dass gutes Essen und Genießen auch dazugehört, wenn man im Leben zufrieden sein will. Früher sah ich das nicht so, aber heute habe ich begriffen, was sie damit gemeint hat.

Und dann meine Mutter, die nie nachgelassen hat, mich zum Lernen anzutreiben, und dadurch den Grundstein legte für meinen beruflichen Erfolg. Ich erinnere mich an einen gemeinsamen Urlaub auf den Malediven. Da saß ich den ganzen Tag am Strand und war damit beschäftigt, für meinen Tauchschein zu lernen. Meine Mutter schaute sich das eine Zeit lang an und fragte schließlich: »Was machst du eigentlich die ganze Zeit?« »Ich lerne«, entgegnete ich. »Du hast Urlaub! Was gibt es da zu lernen?«, antwortete sie. »Ich lerne für den Tauchschein. Weißt du, ich kann einfach nicht anders.« So hatten mich meine Eltern erzogen: keine Zeit verschwenden, immer aktiv sein, sich fortbilden …

Für meinen Vater waren Bücher und Kunst wichtig, für meine Oma das gute Essen, für meinen Onkel der Sport, für meine Tante ein gepflegtes Äußeres, für meine Mutter das Lernen und die Mode – als Kind hat mich diese Vielfalt der Anforderungen oft verwirrt. Doch rückblickend hat mich meine Familie dadurch auch zu dem gemacht, was ich heute bin. Nur für die Politik gab es in der Familie keine Vorbilder, dieses Terrain musste ich mir ganz allein erobern.

Als Politikerin werde ich ab und an auch zu klassischen Konzerten ohne Gebärdensprachübersetzung oder Gebärdensprachperformancebegleitung eingeladen, das lehne ich jedoch meist höflich ab. Mir gibt es nichts, im Konzertsaal zu sitzen und dem Orchester beim Spielen zuzuschauen. Musik braucht für mich einen deutlich wahrnehmbaren, starken Rhythmus. Afrikanische Trommeln beispielsweise empfinde ich als sehr angenehm. Neben dem Rhythmus mag ich es, wenn sich ein Bild mit der Musik verbindet: Auf meinen Reisen habe ich einmal das Mondfest in Sri Lanka miterlebt. Da wurde getrommelt, es traten Tänzer auf und reichgeschmückte Elefanten. Das war für mich ein Gesamtkunstwerk.

Meine ersten Erfahrungen mit Musik machte ich im Kindergarten. Dort lernte ich Flöte spielen. Die Flöten für uns gehörlose Kinder waren bunt und hatten verschiedenfarbige Bereiche, welche die Töne kennzeichneten. Die Erzieherin malte die Farbfolgen (anstatt der Notenfolgen) an die Tafel und wir spielten diese nach. Als wir auf einem Fest als Gruppe »vorgeflötet« haben, mussten sich die hörenden Eltern so manche Träne abtupfen. Auch an der Schwerhörigenschule wurde Musik unterrichtet, wir lernten die Instrumente kennen, die Noten und die wichtigsten Komponisten. Was natürlich fehlte, war ein Rhythmusunterricht. Stattdessen wurde gesungen: »Drei Chinesen mit dem Kontrabass« und »Mein Hut, der hat drei Ecken«.

Manche Menschen sind erstaunt, dass viele gehörlose Menschen Musik lieben. Ich weiß eigentlich gar nicht, woher dieses Vorurteil kommt. Hat nicht Beethoven, nachdem er ertaubt war, die schönsten Sinfonien geschrieben? Für viele gehörlose Menschen ist Musik sehr wichtig, denn sie tanzen gerne, bewegen sich zu den Schwingungen, die der Rhythmus ihnen übermittelt, folgen einer inneren Melodie. Deshalb ist es für uns auch nicht verwunderlich, dass verschiedene Angebote offeriert werden, zum Beispiel Konzerte mit Gebärdensprachübersetzungen. Man wird es nicht glauben, aber sogar die Spice Girls hatten schon Übersetzungen bei ihren Auftritten. In Finnland gibt es sogar einen gehörlosen Rapper Sign

Mark, der nicht singt, sondern gebärdet, in Deutschland den Hip-Hop-Künstler Tobias Kramer, der in der RTL-Show »Supertalent« auftrat. Und in Amerika sind Gebärdensprachchöre sehr beliebt, bei denen synchron gebärdet wird. Dort lebt übrigens auch ein Gebärdensprachdolmetscher, der in seiner Freizeit die Liedtexte zu Britney Spears oder Lady Gaga in Gebärdensprache übersetzt, sodass auch gehörlose Menschen einen Zugang zur Popmusik bekommen.

Kennen Sie das Lied von Herbert Grönemeyer, in dem es heißt »Sie mag Musik nur, wenn sie laut ist«? Ja, genauso eine bin ich auch. Ich tanze leidenschaftlich gern – am liebsten Hip-Hop, aber auch zu südamerikanischen Salsa-Rhythmen. Schon als ich klein war, bin ich ins Ballett gegangen. Und ich habe es geliebt: diese Figuren, diese Posen – und die hübschen rosa Tutus! Meine Eltern standen sehr dahinter, allein wegen des kulturellen Anspruchs. Mit neun Jahren musste ich leider aufhören, ja, ich wurde dazu gezwungen, ausnahmsweise mal nicht, weil ich gehörlos war, sondern weil ich zu schnell wuchs. Ich »passte« nicht mehr ins Gesamtbild der Gruppe. Schade! Ich habe später nie eine Tanzschule besucht, aber für den Maturaball brachten mir meine Mitschüler in ein paar Extrastunden ein paar Standardtänze wie Wiener Walzer und Foxtrott bei.

Überhaupt war und ist Bewegung für mich stets sehr wichtig gewesen, ich glaube, es gibt fast keinen Sport, den ich noch nicht zumindest ausprobiert habe: Nach dem Ballett kam Kung Fu. Ich fand das interessant und meine Mitschüler hatten Respekt vor mir. Jahrelang bin ich zum Turnen und ins Volleyballtraining gegangen, bis mir der Lernstress die Zeit dafür nahm. An der Uni dachte ich dann ernsthaft über ein Sportstudium nach und trainierte sechsmal pro Woche Leichtathletik. Leider machte eine Sportverletzung meiner »Profi«-Karriere ein Ende.

Ich kann auch Skifahren – einmal wurde ich gefragt, ob es nicht gefährlich sei, als gehörlose Person Ski zu fahren. »Warum?«, antwortete ich. »Du kannst ja nicht hören, wenn jemand von hinten kommt.« Ich frage mich: Hört ein Skifahrer mit Helm wirklich, ob jemand von hinten kommt? Was ich wirklich bewundere, sind blinde Menschen, die Ski fahren können! (Das gelingt ihnen mit einer Begleitperson, die vornweg fährt.) Ich habe mich auch im Reiten und beim Tennis erprobt – und Schwimmen ist meine Leidenschaft. Auch das Tauchen ist für mich kein Problem, andere gehörlose Menschen können diesen Sport wegen des starken Drucks in den Ohren oder wegen Gleichgewichtsstörungen nicht ausüben. Die Unterwasserwelt finde ich faszinierend, lediglich die Zeichensprache der Taucher ist ziemlich eingeschränkt. In Australien tauchte ich einmal mit einem gehörlosen Bekannten, dabei konnten wir uns im Wasser so normal unterhalten wie an Land – während für nicht gebärdensprachkompetente hörende Menschen die Kommunikation unter Wasser sehr begrenzt ist. Bei der Empfangsfeier anlässlich der Angelobung unseres österreichischen Bundespräsidenten unterhielt ich mich einmal mit einem Major, der unter anderem meinte, dass beim Militär Zeichen und Gebärden sinnvoll und wichtig wären, um damit lautlos Informationen austauschen zu können. Ein interessanter Aspekt, wie ich finde!

Wenn ich etwas beginne – so wie beim Sport –, dann bin ich immer sehr ehrgeizig. Das fing schon mit dem Fahrradfahren an. Mein erstes Rad war orange und hatte Stützräder. Es dauerte nicht lange, da brauchte ich keine Stützräder mehr und bekam ein neues blaues Rad. Von da an radelte ich mit meiner Freundin im Sommer immer zur Donau runter. Wir hatten eine Hand am Lenker und mit der anderen Hand plauderten wir die ganze Fahrt über.

Ich radle auch heute noch gern auf den Radwegen zur Arbeit, dabei kann ich mich wirklich gut entspannen. Ich genieße es und kann dabei alles, was am Tag passiert ist, in Ruhe verarbeiten und Revue passieren lassen. Das ist gerade in den öffentlichen Verkehrsmitteln nicht immer der Fall.

Ich habe übrigens auch einen Führerschein. Es erstaunt viele Menschen, dass ich Auto fahre, aber das sind solche

Kleinigkeiten, die nur deshalb auf Unverständnis stoßen, weil viele nicht darüber nachdenken. In Österreich ist es heute selbstverständlich, dass gehörlose Menschen den Führerschein machen dürfen – das ist aufgrund der Initiative des Österreichischen Gehörlosenbundes seit 1967 möglich. In Entwicklungsländern ist es gehörlosen Menschen jedoch nach wie vor nicht erlaubt, ein Fahrzeug zu fahren. Würde in Österreich von heute auf morgen beschlossen werden, dass gehörlose Österreicher keinen Führerschein mehr machen dürften, gäbe es einen lauten Aufschrei. Hart erkämpftes Recht kann man verteidigen, gegen Ignoranz kämpft man jedoch oft vergebens.

Und auf die trifft man immer wieder: Vor kurzem fuhr ich mit meinem Mann im Auto durch Wien, als plötzlich ein Wagen aus einer Seitenstraße kam und unser Fahrzeug rammte. Unser Pech war es, dass in dem anderen Fahrzeug ein Mitarbeiter einer ausländischen Botschaft saß, der sich mit südländischem Temperament gleich unheimlich aufregte. So richtig in Rage kam er allerdings, als er mitbekam, dass mein Mann und ich gehörlos sind. Sofort schrie er nach der Polizei, obwohl an beiden Autos kein nennenswerter Schaden entstanden war. »Wie kommt es, dass Gehörlose Auto fahren dürfen?« – diese Frage stand ihm praktisch ins Gesicht geschrieben. Mir war schnell klar, dass es Ärger geben würde. Da ich ohnehin zu einem beruflichen Termin unterwegs war, bestellte ich meine Dolmetscherin per SMS zum Unfallort, denn ich hatte sie für meinen direkt anstehenden Termin bereits gebucht. Sie kam zeitgleich mit der Polizei an und es dauerte schier endlos, bis alle Formulare ausgefüllt (»Telefonnummer?«) waren. Zu meinem Termin verspätete ich mich, aber ohne Gebärdensprachdolmetscherin hätte der Zwischenfall sicher noch viel länger gedauert.

Manchmal werde ich gefragt, wie es mir gelingt, meinen Alltag allein zu bewältigen. Nun, ich bin es gewohnt, nichts zu hören, das macht vieles unproblematisch: Ich kann eigenständig leben, ich habe den Führerschein, ein Auto, eine Wohnung. Wenn ich etwas doch nicht allein kann, so weiß ich mir in der Regel zu helfen. Manchmal sind meine Problemlösungsansätze vielleicht ein wenig unkonventionell: Neulich musste ich einen wichtigen Schriftsatz in einem Amt abgeben und das unbedingt noch an diesem speziellen Tag. Ich war spät dran, wusste zwar, dass die offiziellen Sprechzeiten dort bis sechzehn Uhr dauern, aber nicht, dass die Haupteingangstür um vierzehn Uhr schon verschlossen wird! Um fünfzehn Uhr stand ich mit meinen Unterlagen vor dem Amt – die Eingangstür war zu. Ich drückte auf die Klingel. Diese war mit einer Gegensprechanlage verbunden. Ich sah das grüne Lichtlein blinken und ahnte: Man spricht mit mir! Aber ich verstand natürlich kein Wort! Was tun? Die Tür ging nicht auf und die Zeit lief mir davon. Kurzerhand simste ich den Pressesprecher der Grünen an und bat ihn, in diesem Büro anzurufen und denen das Problem zu schildern. Wenige Minuten später wurde mir die Tür geöffnet. Später fragte er mich, was ich eigentlich ohne ihn gemacht hätte. Na, das ist doch klar – ich hätte einen anderen Freund angesimst. So etwas wie eine Gegensprechanlage ist eine echte Herausforderung und Barriere für gehörlose Menschen.

Andere Situationen sind einfacher zu lösen: Einkaufen? Kein Problem. Selbst an der Wursttheke ist man so flexibel, dass es genügt, wenn ich auf eine Sorte zeige. Über die Menge kann man sich dann schon verständigen. Hat es da ein Rollstuhlfahrer nicht viel schwerer? Ich reiche an jedes Regal heran, egal wie hoch es ist. Rollstuhlfahrern sind da ganz andere »Höchstgrenzen« gesetzt. Sie sind in diesem Fall wirklich gehandicapt, und müssen andere Personen bitte, ihnen etwas aus einem höheren Regal zu reichen – solche Überlebensstrategien gibt es überall. Ich habe im Alltag andere Einschränkungen, die wiederum einem sehbehinderten Menschen oder Rollstuhlfahrer keine Probleme bereiten – das U-Bahn-Fahren beispielsweise: Ich sehe die Anzeige, ich kann lesen, wann der Zug kommen wird. Aber Durchsagen – zu welchem Problem auch immer – sind für mich kein verständliches Kommunikationsmittel. Da muss ich dann ganz dumm auf dem Bahnsteig stehen und schauen, was passiert. Oder ich frage jemanden, was los ist. Auch das Piepen, bevor sich die Zugtüren schließen, kann ich natürlich nicht hören. Da habe ich schon manchmal Angst, eingeklemmt zu werden.

Bei derlei Alltagsproblemen kann blinde Menschen unter Umständen ein Blindenführhund unterstützen. Ich selbst durfte das einmal ausprobieren – das ist einer der Vorteile an meinem Job als Behindertensprecherin: Ich bekomme häufig die Gelegenheit, neue Erfahrungen zu sammeln. Und glauben Sie mir, es ist ein Erlebnis, mit einem solchen Hund unterwegs zu sein, denn mit einfachem Gassigehen hat das definitiv nichts zu tun. Blindenführhunde sind extra ausgebildete Assistenzhunde, die blinden oder sehbehinderten Menschen dabei helfen, sich gefahrlos in ihrer Umgebung zu orientieren. Der eigentliche Gewinn für blinde Menschen liegt aber in der sozialen Integration: Mithilfe ihrer Hunde erhalten blinde und sehbehinderte Menschen ihre Mobilität und Unabhängigkeit zurück und bekommen Sicherheit – sie können wieder verstärkt am gesellschaftlichen Leben teilnehmen.

Es gibt auch Servicehunde für körperbehinderte Menschen, die ihnen beispielsweise beim Tragen helfen, Türen öffnen oder Gegenstände aufheben und Ähnliches, und sogenannte Signalhunde für gehörlose Menschen, die auf Geräusche reagieren. Signalhunde lernen, ihr Herrchen oder Frauchen auf bestimmte Geräusche aufmerksam zu machen, zum Beispiel die Klingel oder wenn das Telefon läutet. Dabei wird bei der Ausbildung jedes einzelnen Hundes auf die Bedürfnisse des jeweiligen Besitzers geachtet. Ein großer Vorteil ist, dass später Mensch und Hund auch neue, für die betreffende Person wichtige Geräusche in ihr Repertoire aufnehmen können.

Im Vergleich zur Ausbildung der Blindenführhunde steckt das System der Ausbildung von Service- und Signalhunden und deren Finanzierung im deutschsprachigen Raum noch in den Kinderschuhen – schade. In Österreich sind nur Blindenführhunde im Bundesbehindertengesetz verankert! Und nur Blindenführhunde werden an einer speziellen Hundeschule ausgebildet, die anderen können irgendwo geschult worden sein. Eine meiner Initiativen war es deshalb, eine einheitliche Regelung für alle Hundegruppen zu finden und dazu einen Entschließungsantrag zu stellen. Auch dieser Antrag wurde zu einem Fünf-Parteien-Antrag und am 22. April 2010 im Sozialausschuss beschlossen.

Für mich persönlich wäre ein Hund allerdings nicht geeignet: Allein die Vorstellung, dass ich durch eine feuchte Hundeschnauze geweckt werde statt durch den sanften Lichtwecker, ist nicht wirklich mein Ding. Apropos »Wecker am Morgen«: Da gibt es für gehörlose Menschen zwei Möglichkeiten – den Vibrationswecker oder den Lichtwecker. Ich persönlich bevorzuge den Lichtwecker, weil der angenehmer ist, bei der Vibration wackelt das ganze Bett. Aber ich bin sowieso eher ein Morgenmuffel. Wenn der Wecker blinkt, stehe ich auf. Ich brauche Zeit für mich am Morgen, ich trinke einen Kaffee oder einen Tee und dann schalte ich erst einmal den Computer an, um Nachrichten zu lesen.

Eine Geschichte erzähle ich in diesem Zusammenhang immer wieder gern: Ein gehörloser Freund war auf Reisen und checkte in einem Hotel ein. Nachdem die Formalitäten erledigt waren (man kommunizierte schriftlich), fragte der Rezeptionist, ob mein Freund sonst noch einen Wunsch hätte. »Ja«, schrieb dieser, »ich hätte gern, dass man mich morgen früh um sieben Uhr weckt.« Der Rezeptionist gab ihm zu verstehen, dass das gar kein Problem sei. Um es kurz zu machen: Mein Freund erwachte gut ausgeschlafen um neun Uhr. Er war stinksauer und wollte schon zur Rezeption stürmen, als er auf der Türschwelle seines Zimmers einen handgeschriebenen Zettel fand. Darauf stand: »Guten Morgen, es ist sieben Uhr – Sie wollten geweckt werden!«

Natürlich hat sich heute schon das Leben von gehörlosen Menschen in mancher Hinsicht verbessert. Wir haben Lichtwecker und Lichtklingeln an den Türen, das ist ein echter Fortschritt. Früher standen die Türen einfach offen oder es wurde als »Klingel« eine Schnur durch den Türspalt nach draußen geführt. Diese Schnur war innen beispielsweise mit einem Koffer oder Topf verbunden. Zog draußen jemand an der Schnur, fiel dieser Gegenstand um. Das war das Signal: Es steht jemand vor der Tür. Und wie war das mit dem Wecker? Da gab es früher die großen Wecker mit den Glocken, die hat man neben das Kissen gelegt und ist dann von der Bewegung der Glocken wach geworden. Heute gibt es für gehörlose Eltern ein Babyphone, das blinkt. Früher holte man das Baby zu sich ins Bett und nahm es auch sonst überall hin mit. Auch ich habe früher natürlich diese Extraportion Aufmerksamkeit sehr genossen.

Es gab früher auch kein Telefon, das für gehörlose Menschen benutzbar war. Als ich noch klein war, baten wir immer die Nachbarn darum, für uns zu telefonieren. Das heißt, wir schrieben auf, um was es ging, liefen zum Nachbarn und der rief an und las vor, was wir notiert hatten. Heute schreibt man sich SMS, verschickt E-Mails oder Faxe. Allerdings geht dadurch viel an Spontanität verloren – was natürlich schade ist, aber so einen kleinen Nachteil nimmt man für den Fortschritt gern in Kauf.

In den siebziger Jahren wurde das Schreibtelefon erfunden. Doch damit konnte man nur Leute anrufen, die auch ein solches Telefon besaßen. Zudem waren die Geräte sehr empfindlich: Geräusche, zum Beispiel Baulärm, störten das Schriftbild. Und teuer waren sie natürlich auch. Meine Mutter stand immer daneben, wenn ich telefonierte, und zeigte an, dass das Telefonat schon zu lange dauerte und damit teuer war. Manchmal bekamen wir eine Rechnung über dreitausend Schilling, viel Geld für uns – und darüber gab es natürlich mit meiner Mutter heftige Diskussionen.

In den USA herrschte schon zu den Zeiten meiner Amerikareisen eine bessere Organisation: Es gab eine Telefonzentrale, an die man sich mit dem Schreibtelefon wenden konnte und deren Mitarbeiter die Gespräche dolmetschten.

Später wurde das Fax eingeführt – ein deutlicher Fortschritt, weil viel mehr (hörende) Menschen ein Fax besaßen, auch Behörden und Firmen, und damit für gehörlose Menschen erreichbar waren. Und dann kam das Handy. Ich habe mein erstes vor etwa zwölf Jahren bekommen – und alle meine Freunde waren neidisch. Ich muss sagen, ich bin richtig süchtig danach geworden, süchtig nach Kommunikation. Heute kann praktisch jeder mittels SMS und E-Mail kommunizieren. Über den Computer unterhält sich mein Mann mit seiner Familie in Spanien in Gebärdensprache oder durch Lippenablesen. Dieses Beispiel zeigt, was technische Entwicklungen für Menschen bewirken können!

Viele gehörlose Menschen mussten es schon als Problem erleben, nicht telefonieren zu können – etwa, wenn es um einen Job geht. Zum Glück sind heute inzwischen die meisten Arbeitgeber flexibler. Und die Technik entwickelt sich so rasend schnell weiter, dass ständig etwas Neues auf den Markt kommt – und immer öfter wird bei neuen Produkten oder Anwendungen auch auf die speziellen Bedürfnisse von Menschen mit Behinderungen Rücksicht genommen.

Das akustisch geprägte Telefonieren hat im Alltag gehörlose und hörende Menschen mehr als alles andere getrennt. Durch Videotelefonieren, aber auch andere technologische Errungenschaften wie SMS, E-Mail sowie soziale Netzwerke wie Facebook und Twitter können gehörlose und schwerhörige Personen wieder besser an diesem Part des alltäglichen Lebens teilhaben. Aber alles was neu ist, kostet in der Regel auch mehr Geld. Hohe Kosten für mobile Datenflatrates und damit verbunden die Abhängigkeit von den Netzbetreibern spielen deshalb eine bremsende Rolle.

Eine gute Möglichkeit, eine gehörlose und eine hörende Person über Telefon zu verbinden, sind sogenannte Telefon-Relay-Zentren – eine solche Telefonvermittlungszentrale für gehörlose, schwerhörige und sprachbehinderte Menschen liegt mir besonders am Herzen. Mein Ziel ist es, eine zentrale Rufnummer einzurichten, die mit allen Systemen ausgestattet ist, die nötig sind, um Nachrichten hörbehinderter beziehungsweise gehörloser Menschen entgegenzunehmen. So sollen beispielsweise Gebärdensprachdolmetscher diejenigen Anfragen bearbeiten, die per Bildtelefon oder beim Telefonieren über den Computer diese Zentrale erreichen. Andere Mitarbeiter würden sich um eingehende Anfragen per SMS oder E-Mail kümmern. Folgende Aufgaben könnte eine solche Telefonvermittlung zum Beispiel übernehmen: Eine gehörlose Frau wendet sich per Videotelefon an diese Zentrale und bittet darum, einen Termin mit einem Arzt zu vereinbaren. Die Dolmetscherin übernimmt nun das gewünschte Telefonat mit dem Arzt und bleibt gleichzeitig für Rückfragen mit der gehörlosen Frau in Kontakt. Ein anderes Beispiel: Ein sprachbehinderter Mann möchte einen Antrag bei einer Behörde stellen und braucht dafür die Auskunft, welche Unterlagen er mit einreichen muss – die Kontaktperson in der Zentrale erledigt diese Anfrage beim entsprechenden Ansprechpartner im Amt für ihn. Oder: Ein Notarzt wird per SMS angefordert. Der Mitarbeiter der Telefonzentrale informiert die Rettungsleitstelle – und klärt gleichzeitig per SMS mit dem Teilnehmer, der Hilfe braucht, Rückfragen ab.

Solche Alltagsprobleme sind bislang nicht zu lösen, es sei denn, die betroffenen Menschen engagieren einen Dolmetscher – doch im Notfall ist oft keiner so schnell erreichbar. Natürlich kann man auch jetzt schon per Fax den Notdienst anfordern, doch man erhält darauf nicht immer eine Antwort und es sind keine Rückfragen möglich. Eine Relay-Station könnte damit gehörlosen, taubblinden, schwerhörigen und sprachbehinderten Menschen auch bei Notfällen im Haushalt das Leben retten.

Außerdem könnten über diese Zentrale Telefonate zwischen gehörlosen, sprachbehinderten, taubblinden und hörenden Menschen allgemein vermittelt werden. Die Mitarbeiter würden in die jeweilige »Sprache« des Gegenübers übersetzen. Bei Anruf kann einem Übersetzer über Handy- oder Notebook-Kamera gebärdet werden, was dieser simultan für den hörenden Telefonpartner in die Lautsprache übersetzt. Umgekehrt gebärdet der Dolmetscher die Antworten der hörenden für die gehörlose Person. Dabei geht es dann zwar nicht um Leben und Tod – aber um etwas mehr sozialen Kontakt, Anerkennung und Integration.

Derartige Telefonzentralen sind in anderen europäischen Ländern wie Schweden, Holland oder der Schweiz etabliert. In Deutschland gibt es die Tess-Relay-Dienste, Telesign für berufliche Belange und das Gebärdentelefon des Bundesministeriums für Arbeit und Soziales. Nur Österreich hinkt in dieser Hinsicht hintennach. Seit Jahren kämpfe ich um die Umsetzung dieses Ziels – bislang allerdings noch vergebens.

Doch die Initiative zu barrierefreien Callcentern ist natürlich inzwischen für private Mobilfunkunternehmen ebenfalls zu einem Thema geworden, denn diese werben auch um gehörlose Kunden. Aus diesem Grund hat der Österreichische Gehörlosenbund zusammen mit T-Mobile einen Testbetrieb initiiert. Dort können die Kunden von acht bis achtzehn Uhr mit den fünf Callcenter-Mitarbeitern chatten und werden unterstützt: Etwa wenn es darum geht, ein Taxi zu bestellen oder einen Termin bei einem Arzt zu vereinbaren. Ein anderes Kommunikationsunternehmen bietet für gehörlose Kunden – die einen eigenen Read-me-Tarif mit Schwerpunkt Daten bekommen – einen Vierundzwanzig-Stunden-Service an, bei dem Callcenter-Mitarbeiter per Fax, E-Mail oder SMS Anfragen entgegennehmen und Hilfe leisten. Das sind selbstverständlich alles schon lobenswerte Aktivitäten – zufrieden werde ich aber erst sein, wenn solche Leistungen bundesweit gesetzlich verpflichtend sind. Ein entsprechender Entschließungsantrag von mir wurde am 1. Juni 2010 im Verkehrsausschuss vertagt. Außerdem fände ich es besser, wenn eine solche Telefonvermittlungszentrale, die österreichweit vierundzwanzig Stunden erreichbar ist, ein staatlicher Auftrag wäre.

Einen großen Fortschritt für gehörlose Menschen stellen eindeutig Mobilfunkgeräte dar – sie machen ihnen das Leben leichter. Auch wenn die neue Handymanie für hörende Menschen oft mehr Fluch als Segen ist, so kommen doch ganz oft geniale neue Erfindungen auf den Markt, die eine echte Hilfe darstellen und ein Stück mehr Lebensqualität bieten. Verschiedene Anbieter entwickeln Zusatzfunktionen für Smartphones, die speziell gehörlose Menschen als Zielgruppe haben. So etwa der Taschendolmetscher (bekannt auch unter der Bezeichnung »Taschen-Dolmi«), der bei medizinischen Notfällen zwischen Patienten und Ärzten vermitteln kann. Er verfügt über zahlreiche Phrasen in unterschiedlichen Gebärden- und Lautsprachen, die Österreichische Gebärdensprache wird zurzeit produziert.

Noch umfangreicher ist das große Wörterbuch der Deutschen Gebärdensprache: Es umfasst fast zwanzigtausend Ausdrücke und Videos. Der Grundwortschatz (in Deutscher Gebärdensprache) ist kostenlos! Die Universität Washington hat ein Videochat-Format entwickelt, das für Gebärdensprache auf Mobiltelefonen optimiert ist. Ziel der Wissenschaftler war es, die Datenmenge, die zur Übermittlung notwendig ist, zu minimieren, sodass das Videotelefonieren auch bei unzureichender Netzabdeckung oder auf älteren Geräten möglich ist. Parallel dazu galt es, die Bildqualität auf kleinen Monitoren zu verbessern, sodass Gebärdensprache auch auf diesen entziffert werden kann.

Es gibt einfach so viele Themen, die sich noch ändern müssen, bevor ich zufrieden bin. Sobald ich weiß, was alles technisch möglich ist, werde ich wütend, wenn man diese Möglichkeiten nicht im vollen Umfang nutzt. Zum Beispiel die Untertitelungen im Fernsehen: Bei uns in Österreich und in Deutschland laufen die Einblendungen in einem eher moderaten Tempo mit. Das bedeutet natürlich auch, dass nicht alles, was gesprochen wird, auch zu lesen ist – es müssen Inhalte zusammengefasst werden, damit der Text mit dem gesprochenen Wort am Bildschirm im Verlauf des Beitrags mithalten kann. Ich kann hier Untertitel lesen **und** nebenbei bügeln.

Wie sollten Untertitel im Fernsehen optimal gestaltet sein? Bis heute sind Angebot und Qualität der Untertitelung insbesondere im deutschen und österreichischen Fernsehen nur sehr unzureichend und verbesserungswürdig! In Deutschland wird die Untertitelung über den Videotext auf den Tafeln 149/150/777 realisiert. Dieser ist mehrfarbig, sodass beispielsweise bestimmten Sprechern oder Akteuren eine Farbe zugeordnet werden kann. Eingeblendet wird der Untertitel im untersten Bereich des Bildschirms in maximal zwei Zeilen. Dieses Vorgehen ist auch in Österreich Standard. Bisher untertiteln nur öffentlich-rechtliche Sender sowie teilweise die Privaten RTL, Pro7 und Kabel 1 den abendlichen Spielfilm. Der Anteil an untertitelten Programmen in Österreich (ORF1/2) und in der Schweiz (SF1/SF2) ist deutlich höher. So waren in Österreich im Jahr 2010 etwa fünfundvierzig Prozent der Sendungen untertitelt.

Und auch die Politik wird immer fortschrittlicher: Seit meinem Amtsantritt werden alle Plenarsitzungen gedolmetscht und vom ORF übertragen – wodurch für gehörlose Menschen eine Teilnahme am politischen Leben zumindest auf diesem Weg möglich ist.

Was ich besonders kritisiere, ist, dass es bisher zumeist **keine** Wort-für-Wort-Übertragung des gesprochenen Textes gibt. Und zwar weil man annimmt, dass die Leser den Untertiteln nicht mehr folgen können, wenn der Text so schnell wechselt. Aber niemand fragt, ob das wirklich so ist! Ich will alles wissen – und keine Zusammenfassungen, Kürzungen oder sprachliche Umformulierungen. Das ist Bevormundung.

Livesendungen werden in Deutschland zu selten untertitelt, das geschieht bisher vor allem bei den öffentlich-rechtlichen Sendern. Ein gutes Beispiel ist auch das neue ZDF-Redaktionstool: Es erlaubt einen schnellen Zugriff auf den Sendeablaufplan und die Moderationstexte, die dann in Untertitel umgesetzt werden können. Es ist also möglich, es wird nur nicht umfassend verwendet.

Dass es auch besser und schneller geht, zeigen Beispiele aus anderen Ländern. In den USA existiert kein öffentlich-rechtliches Fernsehen. Die kommerziellen Fernsehsender wurden 1996 per Gesetz dazu verpflichtet, innerhalb von fünfzehn Jahren alle Programme zu untertiteln. Ein Regelwerk zwang die Sender schrittweise zur Umsetzung, sodass heute nahezu alle Sendungen auf sämtlichen Fernsehkanälen (mehr als dreißig Sender) vollständig untertitelt sind. Selbst die Werbung wird übersetzt. Viele werden sagen, das braucht es nicht unbedingt, aber wenn man solche Produktfilmchen noch nie vollständig präsentiert bekommen hat, sondern immer nur in Form eines »Stummfilms«, dann ist sogar Werbung in untertitelter Form spannend! Die dortige Technik – »Caption« genannt – erlaubt es, zwischen maximal vier Untertitelspuren auszuwählen, wobei allerdings meist nur eine davon genutzt wird. Der Caption ist über die Fernbedienung am Fernsehapparat einblendbar. Der Text wird dabei über bis zu vier Zeilen im unteren Drittel des Bildschirms eingeschoben. Die Umsetzung des Gesprochenen erfolgt simultan und eins zu eins, wobei ständig vom unteren Bildrand Zeilen nachgeschoben werden und gleichzeitig die oberste Zeile verschwindet. Das ist eine Hilfe für gehörlose Leute, die nicht so schnell lesen können.

Da der Redefluss im Englischen sehr schnell ist, läuft auch die Untertitelung entsprechend zügig, sie ist jedoch sehr gut zu verfolgen, wenn man sich erst einmal daran gewöhnt hat. Die simultane Umsetzung genau parallel zum Mundbild des Sprechers ermöglicht dem Zuschauer ein optimales Verstehen.

Es wäre auch bei uns sinnvoll, wie in den USA Ziele zu definieren, die die Fernsehanstalten stufenweise über einen Zeitraum von einigen Jahren erreichen müssen. Der Mediensprecher der Grünen und ich haben es gemeinsam mit meinen behinderten Kollegen geschafft, dass bei der Novellierung des ORF-Gesetzes der barrierefreie Ausbau verpflichtend festgeschrieben wurde und eine hundertprozentige Untertitelung angestrebt wird. Dazu muss der ORF jährlich die Behindertenverbände einladen, um über den Entwicklungsfortschritt bei Untertiteln und Hörfilmen Rechenschaft abzulegen. Ich weiß nicht, warum bei uns so etwas immer so lange dauert. Selbst bei diversen Fluggesellschaften gibt es seit vielen Jahren Untertitelungen im Bordprogramm, leider sind wir auch dabei hintendran: Weder bei der Lufthansa noch bei der Austrian Airlines findet man barrierefreie Angebote wie Gebärdenspracheinblendungen.

Noch ein privates Detail zum Thema Fernsehen: Wir haben zu Hause im Wohnzimmer zwei Fernseher, weil mein Mann gern Fußball schaut und ich eben nicht. Hierbei ist es ein echter Vorteil, gehörlos zu sein: Man kann zu zweit auf der Couch zusammensitzen und jeder schaut sein Programm, ohne den anderen zu stören.

Immer dann, wenn ich denke, ich habe politisch etwas für die Chancengleichheit von behinderten Menschen erreicht und die Diskriminierung bekämpft, belehrt mich die Realität, dass es offensichtlich nie genug ist. Das zeigt mir auch mein eigener Alltag, in dem ich immer wieder Situationen erlebe, in denen es mir schwerfällt, ruhig und geduldig zu bleiben. Da gab es beispielsweise eine Szene am Flughafen. Ich kam hundemüde von einer langen Reise zurück und mein Gepäck war nicht auf dem Band. Das nervt einfach jeden. Ich ging also zu dem Schalter für verlorengegangene Gepäckstücke. Mehr oder minder wortlos reichte mir die Dame am Schalter einen Kugelschreiber und ein Formular. Ich füllte es aus und gab es zurück. Die Angestellte schaute sich meine Angaben an und schob das Formular samt Kugelschreiber wieder über den Tresen. Es folgte diese unglaubliche Szene: »Ich brauche noch Ihre Telefonnummer!« – »Ich habe keine Telefonnummer.« – »Wie? Sie haben keine Telefonnummer?« Ich schnappte mir einen Zettel und schrieb darauf: »Ich bin gehörlos. Ich habe kein Telefon, weil ich nicht telefonieren kann.« Die Dame von der Gepäckermittlung sprach nun offenbar lauter, das erkannte ich an ihrer Mimik: »Wieso können Sie nicht telefonieren?« – »Weil ich nicht hören kann«, schreibe ich zurück. »Können Sie mir kein Fax schicken, eine SMS oder eine E-Mail?« Jetzt wurde es grotesk. Die Dame nahm den Hörer ihres Telefons von der Gabel, deutete darauf und artikulierte überdeutlich (und wahrscheinlich auch überlaut): »T-e-l-e-f-o-n-n-u-m-m-e-r.« Das ging noch eine Weile so hin und her, schließlich war es dann doch möglich, dass man mir eine E-Mail zusenden konnte, um mich über meinen Koffer zu informieren.

Warum glauben nur so viele Menschen, wer gehörlos ist, sei auch geistig minderbemittelt? Selbst die Deutung des Begriffs »gehörlos« scheint immer noch schwierig zu sein: Gehörlos heißt, nichts hören können, gar nichts – und deshalb nützt auch das Schreien nichts.

Organisation ist alles – miteinander mehr erreichen

Behinderte Menschen haben keine mächtige Lobby. Von der Gesellschaft ausgegrenzt und in die Ecke gestellt, haben sie kaum andere Möglichkeiten, ihren Interessen und Forderungen Gehör zu verschaffen. Was liegt also näher, als das eigene Schicksal selbst in die Hand zu nehmen? Überall auf der Welt, insbesondere jedoch in den Industrienationen, entstanden daher im Laufe der letzten 50 Jahre Organisationen, die sich als Interessenvertretungen verschiedener Behindertengruppen verstehen.
Im internationalen Bemühen um Chancengleichheit bilden sie die inzwischen große Gruppe der NGOs – der non-governmental organisations (Nicht-Regierungs-Organisationen), die auch offiziell als Vertreter ihrer jeweiligen Interessengruppe anerkannt sind. Innerhalb dieser Zusammenschlüsse sind die Vertretungen der gehörlosen Menschen gemeinsam organisiert.

Ohne Basis geht es nicht

Seit jeher waren gehörlose Menschen sehr vereinsorientiert. Da eine gleichberechtigte Kommunikation früher nur unter wiederum gehörlosen Personen möglich war, gründeten sich in vielen Ländern regional begrenzte Gehörlosenvereine. So traf man sich in Städten oder auf Landkreisebene hauptsächlich, um miteinander zu plaudern. Diese Treffen waren nicht politisch motiviert, sondern dienten allein der Freude an der Gebärdensprachkommunikation. Man half sich auch gegenseitig und beriet sich über Barrieren, die der Alltag mit sich brachte. Gehörlosenvereine sind auch heute noch ein wichtiger sozialer Verknüpfungspunkt, die Notwendigkeit der direkten Kommunikation entfällt allerdings angesichts der neuen Technologien zusehends. Natürlich gab und gibt es in den Vereinen auch immer Menschen, die etwas bewegen wollen und die über den Tellerrand ihrer Behinderung hinausschauen. Vom kleinen ortsgebundenen Verein zur Vereinsvertretung auf Kreis- oder Landesebene ist es dann nur ein kleiner Schritt.

Gemeinsam weiterdenken

Schon Anfang des 20. Jahrhunderts schlossen sich die zahllosen Gehörlosenvereine Österreichs auch bundesweit zusammen. Aus diesem Bündnis gemeinsamer Interessen entstand der Österreichische Gehörlosenbund (www.oeglb.at). Er ist das Dach, unter dem sich seit fast 100 Jahren die jeweiligen Landesverbände und Gehörlosenvereine zusammenfinden.

Der Österreichische Gehörlosenbund versucht das, was ein kleiner Verein oder gar eine einzelne Person gar nicht leisten könnte, nämlich eine Interessenvertretung zu sein, die die Gemeinschaft der gehörlosen Menschen in Gesellschaft und Politik voranbringt. Früher waren es die großen Ziele, die im Fokus der Aufmerksamkeit standen und von denen man es sich nie erhofft hatte, dass sie einmal erreicht würden – wie beispielsweise die rechtliche Anerkennung der Österreichischen Gebärdensprache. Doch sobald ein Sieg errungen ist, ergeben sich daraus zugleich neue Krisenherde, neue Anforderungen und neue Wünsche. Und neue Perspektiven, mit denen sich neue Aufgabengebiete eröffnen.

Das relativ starre Konstrukt eines Dachverbandes muss – auch wenn das Grundanliegen gleich ist – unterschiedliche Interessen bedienen. Es geht also nicht nur um Politik und Chancengleichheit, sondern auch um Aus- und Weiterbildung sowie um die Integration von Menschen unterschiedlicher Altersgruppen und mit verschiedensten Bedürfnissen.

Sport verbindet

Zu den wichtigsten Anliegen zeitgemäßer Behindertenvertretungen gehört es heute, einen Paradigmenwechsel herbeizuführen. Nicht mehr die medizinisch indizierte Behinderung soll im Vordergrund stehen, sondern der Mensch mit seinen besonderen Fähigkeiten. Schon lange bevor man das erkannt hat, organisierten sich Menschen mit Behinderungen beispielsweise in Sportvereinen. Auch dabei blieben sie wiederum unter sich, erreichten allerdings mit internationalen Veranstaltungen wie den Deaflympics oder den Paralympics weltweite Anerkennung.

Auf lokaler Ebene geht es dabei jedoch vorrangig nur um eins: Spaß am Sport. Innerhalb des Österreichischen Gehörlosenbundes versucht man darüber hinaus, die Flamme der Begeisterung weiterzugeben, beispielsweise durch regelmäßig stattfindende Jugendcamps und Kindertreffs.

Mehr Menschen – mehr Begeisterung

Es ist noch nicht so lange her, dass den verantwortlichen Verbandsmitgliedern klar wurde, dass man auf nationaler Ebene zwar viel anstoßen kann, aber dass man auch auf internationalem Parkett mitmischen muss, um gehört zu werden.

Der jüngste unter den internationalen Verbänden, die sich um die Interessen gehörloser Menschen kümmern, ist die **European Union of the DEAF (EUD)**. Die europäische Dachorganisation der nationalen Gehörlosenvertretungen agiert seit knapp 30 Jahren. Im Prinzip vertritt sie genau die Forderungen europaweit, für die nationale Bündnisse ohnehin schon immer gekämpft haben, nämlich die Anerkennung der Gebärdensprache und das Recht, diese auch tatsächlich zu verwenden. Dass das durchaus zweierlei ist, haben die gehörlosen Österreicher bereits erlebt. Auch das Recht auf gleichwertigen Zugang zu Informationen steht auf der Agenda, dasselbe versuchen natürlich auch die nationalen Verbände in ihren jeweiligen Ländern zu erreichen. Letztendlich ist die Chancengleichheit auf dem Arbeitsmarkt eines der wichtigsten Projekte.

Die European Union of the DEAF fungiert auch auf kulturellem und sportlichem Gebiet als Vermittlerin, indem sie mit dem Comité International des Sports des Sourds (CISS) und der European Deaf Sports Organisation (EDSO) zusammenarbeitet.

Seit rund 50 Jahren gibt es auch eine weltweit agierende Organisation, die die Interessen gehörloser Menschen vertritt. Der **World Federation of the Deaf** (der Weltverband der Gehörlosen/WFD) ist wiederum Ansprechpartner für ebenfalls international ausgerichtete Organisationen. Ins Rampenlicht der Öffentlichkeit kam der Verband, weil er gemeinsam mit anderen Behindertenverbänden und den Arbeitsgruppen der Vereinten Nationen die Behindertenrechtskonvention erarbeitete (siehe auch ab Seite 111). Zudem veranstaltet die Weltorganisation regelmäßig Konferenzen. Circa 130 nationale Gehörlosenverbände sind Mitglied in der World Federation, darunter auch der Österreichische, Schweizerische und der Deutsche Gehörlosenbund. Zu seinen Hauptaufgaben zählt es, die Wahrung und Verwirklichung der Menschenrechte auch für gehörlose Menschen einzufordern und zu überwachen.

Für Menschen mit Behinderungen

Was wäre Toleranz, wenn man sie nur von anderen einfordern würde, ohne selbst etwas beizutragen? Interessenvertretungen für Menschen mit speziellen Behinderungen sind eine Sache, eine andere ist die Zusammenarbeit dieser Organisationen untereinander. Diese zeigt sich wieder am Beispiel des Österreichischen Gehörlosenbundes, der Mitglied und Kooperationspartner verschiedener anderer Verbände ist, die sich um die Situation behinderter Menschen kümmern. Ziel ist die gegenseitige Unterstützung und zugleich die Wahrung eigener Interessen. »Miteinander – füreinander« könnte das Motto dieser Initiativen sein. Der Österreichische Gehörlosenbund ist in diesem Sinne neben der World Federation of the Deaf, der European Union of the DEAF auch der Österreichische Arbeitsgemeinschaft für Rehabilitation und dem Klagsverband angeschlossen.

Die **Österreichische Arbeitsgemeinschaft für Rehabilitation (ÖAR)** ist eine Art Dachverband aller Behindertenorganisationen in Österreich. Der Verband bündelt damit die Interessen aller betroffenen Mitglieder und versucht somit diese voranzutreiben. Insgesamt 78 verschiedene Interessenvertretungen gehören zu dieser Arbeitsgemeinschaft.

Der **Klagsverband (KlaV)** ist eine Organisation, die sich dafür einsetzt, die Rechte von Diskriminierungsopfern durchzusetzen – somit nimmt sich dieser Verband nur eines Teilbereichs der eigentlichen Interessen behinderter Menschen an. Der Klagsverband stellt eine Dachorganisation dar, in der sich verschiedene Selbst-

hilfeinitiativen und Interessenverbände zusammengeschlossen haben. Er ist also quasi die Zentrale der NGOs in Österreich. Hier sind 22 unterschiedliche Interessengruppen vertreten.
Der Österreichische Gehörlosenbund kooperiert darüber hinaus mit dem Behindertenberatungszentrum **BIZEPS**, dem Zentrum für Selbstbestimmtes Leben, das wiederum auch Gründungsmitglied des Klagsverbands ist. BIZEPS ist ein Selbsthilfeverein, der für ein barrierefreies Leben plädiert. Die Organisation hat es sich zum Ziel gesetzt, die österreichische Rechtsordnung nach diskriminierenden Bestimmungen zu durchforsten, die durch die Einführung von Maßnahmen und Vorschlägen für Gesetzesänderungen in Kraft treten könnten.

Netzwerk der gegenseitigen Unterstützung
Erfolgreiche Verbandsarbeit kann nur funktionieren, wenn sich betroffene Menschen vernetzen, gegenseitig Kompetenzen anerkennen und sich unterstützen. Alle Interessenvertretungen für behinderte Menschen arbeiten nach diesem Prinzip, was man neudeutsch als »networking« bezeichnet.
Natürlich gibt es auch Bereiche, die man nicht delegieren kann und die so spezifisch auf eine Behinderung zugeschnitten sind, dass die Kompetenz aus einer Hand kommen muss. Ein Beispiel dafür ist das **ServiceCenter ÖGS.barrierefrei** (www.oegsbarrierefrei.at): Es kümmert sich um Chancengleichheit – und zwar im Alltag, am Arbeitsplatz, in Wirtschaft und Gesellschaft. Das Service-Center übernahm auch die Organisation der Dolmetscher und setzt sich für die Bewusstmachung der Veranstaltung »barrierefrei« ein. Es erklärt, was Barrieren sind und wie man das Gegenteil erreichen kann, zum Beispiel barrierefreie Kommunikation oder einen barrierefreien Informationszugang. ÖGS.barrierefrei unterstützt beispielsweise Behörden, Institutionen und Firmen dabei, ihre Informationsangebote barrierefrei gestalten zu lassen. Das Service-Center bietet auch Sensibilisierungsschulungen an. All diese Angebote richten sich an hörende Menschen. Andererseits unterstützt ÖGS.barrierefrei auch gehörlose Personen und offeriert diesen unter anderem

Behördenwegweiser, die ein selbstbestimmtes Leben in Eigenverantwortung ermöglichen.
Apropos Information: **www.gebaerdenwelt.at** ist eine Nachrichtenplattform, die sich auf die Bedürfnisse und Anforderungen gehörloser Menschen konzentriert. Wie funktioniert das? Nachrichten im Internet kann man natürlich auch lesen, aber Videobeiträge sind für gehörlose Zuschauer nicht relevant, weil der Text nicht verstanden beziehungsweise nicht gehört werden kann. Dieses Problem hat man gelöst, indem Gebärdensprachvideos zum Einsatz kommen. Gebaerdenwelt.at will damit im Informationsbereich Chancengleichheit herstellen. Der Aufwand ist gewaltig, aber nur so schafft es ein Redaktionsteam von Montag bis Freitag tagesaktuell, Nachrichten aus den Ressorts Innen- und Außenpolitik, Wirtschaft, Sport, Kultur und Community gebärdensprachlich aufzubereiten. Damit ist www.gebaerdenwelt.at für gehörlose UserInnen eine optimale Möglichkeit, sich umfassend zu informieren. Dass dadurch der Gemeinschaftsgedanke zusätzlich gestärkt wird, versteht sich von selbst. Es ist also nicht nur eine Nachrichtenplattform, sondern zugleich eine Identifikationsplattform entstanden.

Ein Blick nach Deutschland

Was der Österreichische Gehörlosenbund in Österreich, ist der **Deutsche Gehörlosen-Bund (DGB)** in Deutschland (www.gehoerlosen-bund.de). Er ist die nationale Interessenvertretung deutscher gehörloser Menschen, ebenso wie anderer Hörgeschädigter. Beiden Verbänden gemein ist auch die Sichtweise auf die anstehenden Aufgaben: Nicht der Status des Hörvermögens betroffener Menschen steht im Mittelpunkt, sondern die Identifikation mit der Gebärdensprachgemeinschaft und der Gehörlosenkultur. Der Paradigmenwechsel, den diese Organisationen von der Politik so dringend fordern, ist bei ihnen also bereits umgesetzt. Darüber hinaus haben die Kollegen in Deutschland mit ähnlichen Problemen wie die in Österreich zu kämpfen: Mit der gesetzlichen Anerkennung der Gebärdensprache durch das Neunte Buch des Sozialgesetz-

buchs (2001) und das Behindertengleichstellungsgesetz (2002) wurde ein großes und wichtiges Ziel erreicht. Doch die Anforderungen des Übereinkommens über die Rechte von Menschen mit Behinderungen sorgen dafür, dass auch in Deutschland ständig nachgebessert werden muss. Natürlich sind hier wie dort Menschen mit Behinderungen stets zuerst von Sparplänen der Regierungen betroffen.
Die neuen Medien, insbesondere das Internet, haben das Leben gehörloser Menschen in mancher Hinsicht auch bereichert. In Deutschland ist es die Website www.taubenschlag.de, die als Vermittler tätig ist. Der »Taubenschlag« richtet sich an gehörlose, schwerhörige, aber auch an hörende Menschen. Dieses Webportal bietet Informationen und Einblicke in die Welt der Betroffenen. Taubenschlag ist eine Schnittstelle mit vielen Links, sodass interessierte UserInnen schnell finden, was sie suchen oder was sie wissen wollen. Erklärtes Ziel ist der barrierefreie Informationsaustausch.

Und ein Blick in die Schweiz

In der Schweiz gibt es den **Schweizerischen Gehörlosenbund (SGB-FSS** /www.sgb-fss.ch**)**. Dieser sieht sich selbst als Dachverband, der alle Selbsthilfeinitiativen in diesem Bereich vereint. Seine Ziele sind denen der Verbände in Deutschland und Österreich nicht unähnlich. Auch hier geht es um Chancengleichheit und Gerechtigkeit für gehörlose Menschen. Dass dabei Bildung und Beruf immer wieder eine zentrale Rolle spielen, versteht sich von selbst. Wichtig für die Schweizer ist auch, dass dort, wo »gehörlos« draufsteht, auch »gehörlos« drinsteckt und dass alle deutschsprachigen Kantone, die vertreten werden (es gibt in der Schweiz regionale Unterschiede in der Gebärdensprache, siehe auch Seite 66) auch die gleiche Präsenz im Vorstand des Verbandes haben. Denn: Gehörlose und hörbehinderte Menschen können am besten selbst über ihre Bedürfnisse entscheiden. Natürlich ist die Schweizer Organisation ein wenig anders strukturiert und trägt mit den jeweiligen Regionalkomitees der Mehrsprachigkeit im Land Rechnung.

Nicht ohne meine Dolmetscherinnen

GEBÄRDENSPRACHE

Worte fliegen durch den Raum, hörbar und unhörbar, prallen ab und fliegen zurück. Sichtbar und unsichtbar. Wenn ich gebärde, redet mein ganzer Körper, die Hände, die Arme – und mein Gesicht, das oftmals Bände spricht. Worte, Sätze werden in schnelle Bewegungen umgesetzt, wie Pinselstriche male ich meine Gedanken in den Raum. Mein Büro ist klein. Sehr klein, wenn man bedenkt, dass hier mindestens zwei Menschen jeden Tag arbeiten. Denn ohne GebärdensprachdolmetscherInnen geht es einfach nicht. Ein Journalist schrieb einmal, Gebärdensprachdolmetscher seien meine »Brücke zur akustischen Welt«. Abwechselnd sind zwei Dolmetscherinnen für mich im Einsatz, sie gehören zu meinem »inneren Kreis«. Es ist ganz wichtig, dass ich ihnen vertrauen kann: Sie leihen mir ihre Stimme und ihr Ohr und ich bin darauf angewiesen, dass sie mir alles korrekt übermitteln.

Für mich ist es ein großer Fortschritt, dass mir nun jederzeit eine persönliche Dolmetscherin zur Verfügung steht. Das bedeutet, wann immer ich arbeite, ist sie da, aber auch bei nicht offiziellen Anlässen. Auf Reisen und in den Kaffeepausen zwischendurch kann so gedolmetscht werden. Für mich ist es ein wunderbares Gefühl, endlich auch über die Witze anderer lachen zu können und nicht nur – wie ich es in meiner Schulzeit erlebt habe – ahnungslos daneben zu stehen. Das macht gelebte Inklusion möglich, die schon immer mein Traum war.

Natürlich kostet das Geld, aber im Sinne der Gleichberechtigung (der Inklusion laut UN-Behindertenrechtskonvention) ist diese Investition notwendig, damit ich – trotz des Ausfalls meines Gehörsinns –, gleichberechtigt meine Tätigkeit verrichten kann. Es gibt andere politische Kollegen, die benötigen dazu eine persönliche Assistenz. Das ist ein soziales Modell, das weltweit praktiziert wird. Unabhängig davon ist es eigentlich nichts anderes als die Arbeit von Simultanübersetzern in andere Sprachen, die in der internationalen Politik gang und gäbe sind. Da würde niemand verwundert schauen oder über die sinnvolle Verwendung von Steuergeldern sinnieren.

Meine politische Arbeit wäre ohne DolmetscherInnen unmöglich: Ich muss telefonieren, an Besprechungen und bei Debatten im Parlament teilnehmen. Meine Dolmetscherin begleitet mich ebenso zu den Plenarsitzungen – und diese dauern mitunter zehn bis fünfzehn Stunden. Gerade für die Arbeit im Nationalrat ist es wichtig, dass ich mich auch in den Sitzungspausen mit den Kollegen aller Parteien barrierefrei austauschen kann. In der Politik ist es wie im sonstigen Leben: Die wichtigsten Projekte und die interessantesten Gespräche finden oft in den Pausen statt – und dass ich dann nicht allein aufs Lippenlesen angewiesen bin, ist schon sehr angenehm. Und ich will schließlich nicht still in der Ecke sitzen, ohne etwas zu verstehen. Außerdem finde ich es auch amüsant, dass es nun einen Platz mehr im Parlament gibt, der nicht per Wählerstimme vergeben wurde, sondern der für meine DolmetscherInnen reserviert ist.

Die Kommunikation auf dem politischen Parkett funktioniert für mich sehr gut. Hat jemand eine Frage, schnappt er sich eine meiner DolmetscherInnen und fragt einfach. Ein großer Vorteil ist dabei auch, dass ich immer die gleichen DolmetscherInnen beschäftige, die inzwischen die Gesetzentwürfe und meine politischen KollegInnen gut kennen.

All meine Anliegen und Forderungen könnte ich ohne Dolmetscherdienste nicht so konsequent verfolgen. Und manchmal sorgt ihre Anwesenheit gar für ungewollt komische Situationen im Parlament. Einmal beispielsweise setzte sich ein Kollege aus Versehen auf den Dolmetschersitz. Als ich ihn scherzhaft fragte, ob er denn heute für mich dolmetschen würde, sprang er wie vom Blitz getroffen auf und sauste davon. Da spürt man dann doch noch Berührungsängste: Offenbar glaubte er, behinderte Menschen hätten keinen Witz.

Ich liebe Ironie und habe durchaus Sinn für Humor. Aber weil die Gebärdensprache sehr direkt und knapp ist, kommt es oft auf die Zwischentöne an. In puncto Humor unterscheiden sich die beiden Welten, die Welt der Gehörlosen und die Welt der Hörenden. Gehörlose Menschen lieben es, Witze auszuschmücken: Es werden Szenen aufgebaut, ein kurzer witziger Dialog genügt nicht, Gestik und Mimik spielen zusammen. Und selbstverständlich gibt es auch Witze, die nur innerhalb der Gehörlosenkultur funktionieren – für Insider sozusagen. Die sind aber vor allem inhaltlich begründet, sie beziehen sich beispielsweise auf die verschiedenen Bedeutungen gleicher Gebärden in unterschiedlichen Sprachen: Es hat natürlich humoristisches Potenzial, wenn die Geste, die in der chinesischen Gebärdensprache »Danke« bedeutet, mit der Gebärde für »Kugelschreiber« in der Österreichischen Gebärdensprache identisch ist. Und wir sind durchaus auch selbstironisch und witzeln darüber, welche Vorteile es hat, gehörlos zu sein. Darüber können dann wiederum viele hörende Menschen nicht recht lachen. Wie gesagt, Ironie ist für mich ein wichtiges Stilmittel, wobei es dabei oft auch um Schlagfertigkeit geht. Um beides richtig vermitteln zu können, brauche ich gute DolmetscherInnen. Meine Ansprüche sind dabei sehr hoch.

Es ist mir zum Beispiel wichtig, dass die DolmetscherInnen in der Lage sind, korrekte Satzkonstruktionen zu verwenden.

Ich weiß sehr wohl, dass es eine geistige Höchstleistung darstellt, binnen Sekunden die visuell-strukturierte Gebärdensprache in grammatikalisch richtige Sätze umzuwandeln. Auch bedarf es oft vieler Worte, um den Inhalt einer gebärdeten Aussage wiederzugeben. Und dabei erwarte ich natürlich eine korrekte Wortwahl! Ich weiß noch, wie ich einmal in einem Gespräch den Begriff »Teufelskreis« verwendete, der sich beim Gebärden aus »Teufel« und »Kreis« zusammensetzt. Die Dolmetscherin sah mich nur verständnislos an: »Was soll das bedeuten?« Ich gebärdete nochmals: »Teufelskreis.« Wieder kam keine textliche Übertragung zustande. Erst beim dritten Anlauf verstand sie die Gebärde und gab mir zu verstehen, dass sie eine so ausgefeilte Wortwahl noch nie bei einem gehörlosen Menschen erlebt habe.

Ich lege außerdem Wert darauf, dass meine DolmetscherInnen eine angenehme Stimme haben. Ich höre diese zwar nicht, aber ich merke an der Reaktion meines Gesprächspartners, wie sie ankommt. Es kam sogar schon einmal vor, dass man mich darauf aufmerksam machte, dass die »kleinmädchenhafte« Stimme der Dolmetscherin überhaupt nicht mit meiner Wortwahl zusammenpasste. In solchen Dingen bin ich eigen, aber ich denke, darauf habe ich auch ein Recht. Vor allem da ich weiß, welche Macht die Stimme auf hörende Menschen ausübt – und wie schnell sie nicht mehr zuhören, wenn ihnen Töne oder eine Stimmlage unangenehm sind.

Besonderes Augenmerk richte ich auf die exakte Wiedergabe meiner Reden. Es ist sicher nicht jeder gebärdensprachkundigen Dolmetscherin gegeben, in meinem Sinne den richtigen »Zungenschlag« zu finden. Auch wenn die meisten meiner Reden im Parlament nicht länger als drei bis fünf Minuten dauern, so muss doch jedes Wort stimmen und jede Betonung richtig gesetzt sein. Das erfordert Zeit und eine gute Vorbereitung. Ich überlege mir also die Eckpunkte meines Vortrags und gehe diesen vorab mit der Dolmetscherin durch. Ich markiere dabei die Begriffe, auf die es mir besonders ankommt und bei denen eine besondere Betonung erforderlich ist. Der Rest ist Vertrauen. Zusätzlich lese ich mir jeweils am nächsten Tag die Sitzungsprotokolle durch. Die Plenarsitzungen werden durch Stenografen protokolliert, so kann ich dann schwarz auf weiß nachlesen, was ich (angeblich) gesagt habe.

Sozialminister Rudolf Hundstorfer hat in einer Plenarsitzung einmal gesagt: »Ich bin ja nicht auf der Nudelsuppen daherg'schwommen.« Ein Kollege hat die Dolmetscherin gebeten, den Satz noch einmal zu übersetzen, weil er nicht glauben konnte, dass das in Gebärdensprache überhaupt möglich ist. Dabei ist viel mehr möglich, als die meisten Menschen auch nur vermuten! Beispielsweise kann man durchaus (und das erwarte ich auch) Dialekte oder sprachliche Besonderheiten mit übersetzen. »Daherg'schw**o**mmen« – da liegt die Betonung auf dem »o«. So etwas will ich wissen, um mich auf mein Gegenüber einstellen zu können. Ich lege auch großen Wert darauf, dass diese Betonungen und Spitzen mit übersetzt werden beziehungsweise in die Übersetzung mit einfließen, damit ich alles richtig zuordnen kann.

Es gibt außerdem besondere Herausforderungen für meine DolmetscherInnen, die durch die Thematik entstehen: die Vielfalt der Politik. Bei einer Sitzung des Wehrausschusses wurde beispielsweise über die Anschaffung verschiedener Waffenarten diskutiert. Bei solch einem komplexen Sachverhalt, wenn es wie hier um verschiedene Waffengattungen geht, möchte ich, dass diese Waffen nicht einfach mit »Waffen« übersetzt werden, sondern dass gebärdet wird, um welche es sich konkret handelt. Dann sind meine GebärdensprachdolmetscherInnen wirklich gefordert, denn nicht für jede Waffengattung gibt es spezifische Gebärden. So ist es unter Umständen erforderlich, dass sie das Fingeralphabet zur Hilfe nehmen oder auch lautsprachenbegleitende Gebärden, um wichtige Aussagen im Originalwortlaut wiederzugeben.

Ebenso wichtig ist es für mich, dass Umgebungsgeräusche oder Nebenhandlungen mit übersetzt werden, wie »Jetzt klingelt das Telefon«. Es passiert dann, dass man mich fragt: »Woher weißt du, dass das Telefon klingelt?« Weil es mir die Dolmetscherin übersetzt hat. Oder glaubt da vielleicht jemand, dass ich mich nur »taub« stelle und doch etwas höre?

Natürlich: Ich könnte auch Vibrationen spüren, die durch das Telefonläuten entstehen, aber das ist nur sehr selten der Fall.

Früher wurde eher auf einer zusammenfassenden Basis übersetzt und überhaupt kein Wert auf Mimik und Tonlage gelegt. Das könnte ich in meiner Arbeit überhaupt nicht akzeptieren, ebenso wenig, wie im privaten oder gesellschaftlichen Bereich. Die Dolmetscher müssen für mich den ganzen hörbaren Raum umfassen, nicht nur das gesprochene Wort nach Gutdünken wiedergeben. Das verlange ich, das setze ich sogar voraus. Ebenso erwarte ich, dass sie die Höflichkeitsformen beherrschen. In der Gebärdensprache gibt es den Unterschied zwischen »du« oder »Sie« nicht. Der Unterschied wird lediglich durch Mimik und Gestik ausgedrückt und das müssen die DolmetscherInnen dann entsprechend umsetzen und wiedergeben.

Überhaupt die Zwischentöne! Das ist etwas, was für die DolmetscherInnen wirklich anspruchsvoll ist, weil ich fast ununterbrochen meine Mimik einsetze: Ziehe ich eine Augenbraue nach oben? Mache ich eine Falte auf der Stirn? Zwinkere ich mit den Augen? Mit einem? Mit welchem? Jedes Detail hat eine andere Bedeutung, erfordert eine andere Betonung bei der Umsetzung von Gebärden in Sprache. Die Dolmetscher sollen ihr Bestes geben, das ist sicher oft schwierig, aber sie kennen mich inzwischen schon ganz gut, und so fällt es ihnen leichter, meinen »Ton« richtig zu treffen. Beim Übersetzen muss die Dolmetscherin einen Satz so gebärden, wie sie ihn empfindet (aus der Tonlage und Betonung heraus), **und** gleichzeitig auch das, was damit gemeint ist. Die Gebärdensprache ist vielfältiger und facettenreicher, als viele glauben. So wie sich die Tonlage bei sprechenden Menschen von einer Situation zur anderen verändert, so ändert sich bei gehörlosen Personen die Mimik – je nachdem, ob sie amüsiert oder wütend sind. Hinzu kommt die Dynamik der Gebärden: In einer entspannten, freundlichen Stimmung sind sie ruhiger, ist man jedoch ärgerlich, werden sie raumgreifender und schroffer. Das sind dann die feinen Zwischentöne, die meine Dolmetscherinnen diplomatisch »verkaufen müssen«. Allerdings auch nicht zu diplomatisch, denn wenn ich ungehalten bin, dann will ich auch, dass mein Gegenüber das merkt. Ich kann mir vorstellen, dass es für die Dolmetscher nicht immer einfach ist, unter Umständen auch gegen ihre eigenen Emotionen zu sprechen. Wenn ich in Gebärdensprache »brülle«, dann muss die Dolmetscherin auch mit lauter und erhobener Stimme sprechen. Wenn ich etwas ironisch gebärde, muss es auch ironisch gedolmetscht werden. Nichts ist schlimmer als eine monotone Wiedergabe des Gebärdeten. Die Dolmetscherin muss mich mit meiner ganzen Persönlichkeit erfassen – und das unabhängig von ihren eigenen Befindlichkeiten.

Ich bin niemandem böse, wenn er mich nicht auf Anhieb versteht. Ich weiß, dass ich ungewöhnlich schnell gebärde. Ich habe flinke Finger und das ist für meine DolmetscherInnen oft wirklich schwierig! Aber sie müssen damit umgehen können – das ist auch einer der Gründe, warum ich nur bestimmten Personen diesbezüglich vertraue. Sie sagen mir einfach, wenn ich zu schnell bin oder wenn eine Gebärde nicht deutlich genug rüberkam. »Kannst du bitte noch mal …? Ich hab es nicht verstanden!« Eine solche Bitte ist kein Problem. Viel schlimmer fände ich es, wenn sie dann nach Gutdünken dolmetschen würden – und vielleicht etwas anderes dabei herauskäme als das, was ich eigentlich ausdrücken wollte.

In der Zusammenarbeit mit DolmetscherInnen habe ich mittlerweile viel Erfahrung. Alle Menschen, die in Österreich als Gebärdensprachdolmetscher arbeiten, habe ich schon erlebt. Und glauben Sie mir, manchmal ist es wirklich ein Erlebnis! Eine typische Situation war einmal, dass ich zu einer Veranstaltung kam – und wer war nicht da? Richtig, der Dolmetscher. Selbst wenn wir uns vorab verabredet haben, müssen manche Dolmetscher erst einmal ihren Mantel aufhängen, bevor sie mit mir die Gäste oder Gastgeber begrüßen. Auch gibt es Dolmetscher, die sich gern reden hören, oder solche, die gern im Rampenlicht stehen und sich mit aufs Pressefoto drücken. Dann erkläre ich deutlich, dass das nicht zu den Aufgaben eines Dolmetschers gehört.

Auch bei Auftritten im Fernsehen gab es schon böse Überraschungen. Mancher Kameramann wird es nie lernen, dass ich die Gesprächspartnerin bin und nicht die Dolmetscherin. Heute verlange ich vorweg schon manchmal Stellproben, um allen Beteiligten den Unterschied klarzumachen. Es braucht einfach Zeit, bis es zur Normalität wird, mit gehörlosen Menschen vorbehaltlos zu kommunizieren. Ich musste auch schon einen Kollegen von den Grünen, der sich wunderte, dass ich einen Zwischenruf verstanden hatte, darauf aufmerksam machen, dass eine Dolmetscherin neben mir sitzt und eine mir gegenüber: In manchen Sitzungen habe ich zwei Dolmetscher, einen für die Reden und einen anderen, der für die Zwischenrufe zuständig ist. Ich will und muss einfach alles mitbekommen und nicht nur die Zusammenfassungen.

Ein praktisches Beispiel macht es vielleicht deutlicher. Ich telefoniere über die Freisprechanlage, so hat meine Dolmetscherin die Hände frei, um simultan zu übersetzen, was mein Gesprächspartner sagt. Sie wählt also die Nummer und meldet sich: »Hallo hier ist Helene Jarmer. Ich rufe mit der Stimme meiner Gebärdensprachdolmetscherin an, sie dolmetscht simultan, das heißt, Sie können normal reden …«

Und dann läuft das Gespräch wie unter hörenden Personen üblich. Ich kann mir schon vorstellen, dass es für hörende Menschen irritierend ist: Sie hören die Stimme und wissen genau, dass das nicht meine ist. Sie müssen sich wahrscheinlich stark konzentrieren, um nicht der Dolmetscherin zu sagen: »Richten Sie bitte Frau Jarmer aus, dass ich das verstanden habe …« Manche versprechen sich natürlich und hoffen wohl darauf, dass die Dolmetscherin diesen Fauxpas nicht mit übersetzt – tut sie aber. Selbst in Interviews sagen Journalisten häufig: »Sagen Sie Frau Jarmer bitte, dass …« Dann erkläre ich den Menschen, dass sie direkt mit mir sprechen sollen und eben nicht mit der Dolmetscherin. Es ist ideal, wenn Menschen, die mit mir via Dolmetscherin kommunizieren, deren Stimme wahrnehmen, diese aber als Person komplett ausblenden können. Das ist nicht unhöflich, sondern notwendig für eine barrierefreie Kommunikation.

Wenn ich mir etwas wünschen dürfte – Gedanken & Visionen

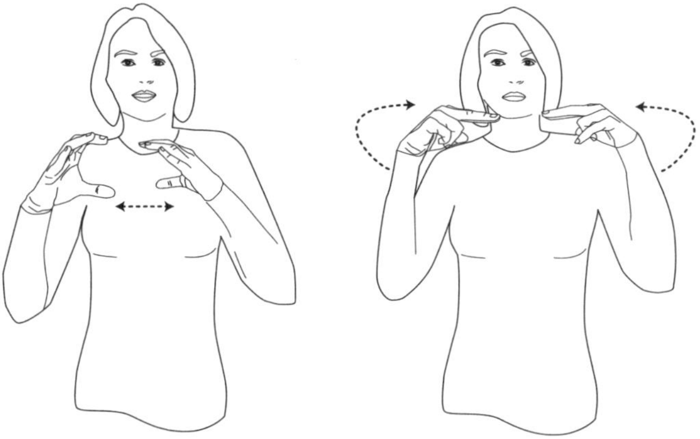

KOMMUNIKATION AUF AUGENHÖHE

Mein Traum ist eine wirklich barrierefreie Welt. Ich weiß, was es bedeutet, immer wieder auf Barrieren zu stoßen: Heute. Morgen. Und übermorgen wieder. Dass Wege, die ich gehen will, versperrt sind. Dass man versucht, behinderte Menschen ins Abseits zu drängen: im Kindergarten, in der Schule, an der Uni. Wenn ich einen Wunsch frei hätte, würde ich mir Chancengleichheit wünschen – Chancengleichheit für alle.

Täglich werden in Deutschland und Österreich mehr als einhundert Kinder behindert geboren – also mit einer bleibenden gesundheitlichen Einschränkung. Ursachen für solche Behinderungen können Veränderungen der Erbanlagen oder Komplikationen während der Schwangerschaft und Geburt sein. Aber selbst wenn ein Kind gesund geboren wird, so ist das noch lange keine Garantie, dass es das auch ein Leben lang bleibt. Nur ein verhältnismäßig geringer Prozentsatz der behinderten Menschen ist schon von Geburt an betroffen. Das bedeutet auch: Jeder Mensch, der heute nicht behindert ist, kann es morgen schon sein. In unserer Gesellschaft, in der die

Lebenserwartung immer weiter steigt, wird es auch immer mehr Menschen mit Handicaps geben. In Deutschland und Österreich gelten etwa acht Millionen Menschen als anerkannt schwerbehindert. In der Europäischen Union geht man von achtzig Millionen aus. Die meisten dieser Behinderungen sind nicht auf den ersten Blick sichtbar, beispielsweise weil es sich um chronische Krankheiten wie Diabetes handelt, die oft erst in der Folge zu dauerhaften Beeinträchtigungen führen.

Was ich persönlich vor diesem Hintergrund besonders schlimm finde, ist die Tatsache, dass all diese Menschen keine mächtige Lobby haben: Für uns geht niemand auf die Straße und setzt sich für mehr Unterstützung ein. Wir werden nach wie vor in die Ecke geschoben und ausgegrenzt. »Schreien nützt nichts« titelten die Tageszeitungen (nicht nur in Österreich) am Tag nach meiner Angelobung im Österreichischen Nationalrat. Dieser Satz aus meiner Rede hat sie alle beeindruckt: kurz, prägnant, treffend.

Jetzt, über ein Jahr später, möchte ich manchmal schreien! Weil nichts vorangeht. Oder zu langsam. Oder in eine falsche Richtung. Die Politik der kleinen Schritte schätze ich nicht. Im Gegenteil – ich würde gern Sieben-Meilen-Stiefel tragen, die die Sache der Menschen mit Behinderung schneller voranbringen. Doch die Ergebnisse meiner Arbeit sind immer wieder nur kleine Puzzlesteinchen. Natürlich freue ich mich über jeden Erfolg. Doch viele kleine Stücke ergeben nicht zwangsläufig ein Ganzes, sondern oft eben nur Stückwerk. Und ich will mehr: mehr Rechte und mehr Unterstützung für alle behinderten Menschen. Ein wirklich barrierefreies Leben.

Von Barrierefreiheit spreche ich, wenn sich jeder Mensch frei bewegen und alle Chancen, die sich bieten, ungeachtet persönlicher Handicaps nutzen kann. Was beispielsweise braucht ein Rollstuhlfahrer? Welche Barrieren stellen sich ihm in den Weg? Die plakativsten Hindernisse sind Treppen: Nicht überall – auch nicht in Schulen – gibt es Rampen und Aufzüge (zu den Klassenzimmern). Es ist schon eine Diskriminierung, wenn ein Rollstuhlfahrer einen anderen Eingang benutzen muss als alle anderen Leute, die ein Gebäude oder auch ein

Geschäft betreten wollen. Menschen mit motorischen Einschränkungen sind auf eine entsprechende Architektur und Innenausstattung angewiesen: Breite Türen, behindertengerechte Toiletten, Handläufe an den Wänden, stabile Tische, Türen, die sich von allein öffnen und schließen.

Und was würde lernschwachen Menschen nutzen? Zum Beispiel wenn alle Informationen in einer verständlichen Sprache abgefasst wären. Müssen Behördenformulare oder offizielle Schriftstücke immer so umständlich formuliert sein? Geht es nicht auch ein bisschen einfacher? Damit ist dann nicht nur diesen Menschen gedient, sondern auch all jenen, die nicht über genügend Sprachkompetenz verfügen.

Um Barrieren zu erleben, muss man übrigens nicht einmal selbst behindert sein: Wenn ältere Menschen keinen Aufzug finden, wenn kleingewachsene Menschen nicht an Fahrkartenautomaten heranreichen, wenn im öffentlichen WC für Männer keine Wickeltische stehen – dann sind auch das Barrieren. Und selbst Sprachbarrieren sind nur eine Spielart des ewig gleichen Problems.

Barrieren sind oft durch Kleinigkeiten aus dem Weg zu räumen. Durch ein klein wenig Anstrengung, durch etwas weniger Gedankenlosigkeit, ließe sich so viel verändern. Barrierefreiheit ist möglich, wenn man Experten aus dem Kreis der Menschen mit Behinderungen fragen würde, bevor man Hochhäuser ohne Rampen, dafür aber mit Aufzügen baut. Oder Bahnhöfe mit Bahnsteigen versehen werden, die nicht zu den ankommenden Zügen heranreichen.

Derweil so leichtfertig Millionen von öffentlichen Geldern verplant werden, braucht man sich gar nicht zu wünschen, dass mehr behinderte Menschen studieren und einen akademischen Beruf ausüben, braucht man nicht zu glauben, dass demnächst gehörlose oder behinderte Menschen in die Vorstandsetagen von Großunternehmen Einzug halten werden.

Ich wünsche mir **Solidarität.** Vielleicht fehlt es daran, weil jede Behinderung ihre eigenen Handicaps hat und bei der Vielzahl der Einschränkungen entsprechend individuelle Lösungen gefragt sind? Behinderungen sind sehr unterschiedlicher Natur. Und genau deshalb ist es wichtig, dass man der Behindertenform entsprechend den Menschen **individuelle Unterstützung** in allen Lebenslagen gibt, damit sie gleichberechtigt und selbstbestimmt leben können. Behinderte Menschen sollen dabei nicht in der Rolle der Bittsteller sein, sondern einen anerkannten Rechtsanspruch auf Unterstützung bekommen, was aber noch immer nicht der Fall ist!

Behinderte Menschen sollen dabei nicht in der Rolle der Bittsteller sein, sondern ihre anerkannten Rechtsansprüche auf Unterstützung ohne Schwierigkeiten bekommen, was aber noch immer nicht der Fall ist! Die UN-Behindertenrechtskonvention ist leider noch immer sehr oft »totes« Recht. Und auf so manche notwendige Unterstützung gibt es trotz ihr überhaupt noch keinen Rechtsanspruch. Ich hoffe, dass die einzelnen Länder durch die Ratifizierung der Europäischen Union mehr Hilfe und gleichzeitig mehr Druck bekommen.

Ich wünsche mir, dass es allen Menschen mit Behinderungen künftig möglich sein wird, am **gesellschaftlichen und sozialen Leben teilzunehmen**. Das bedeutet, dass jeder seine eigene Persönlichkeit entfalten und jeder seine Chancen haben und nutzen kann, sein Leben so zu gestalten, wie er es möchte: eine eigene Wohnung finden, eine eigene Familie gründen, das eigene Geld verdienen und ausgeben … Die Basis dafür ist Bildung, und zwar gleichberechtigte Bildung.

Doch bei gleichberechtigter Teilhabe am sozialen Leben geht es um noch viel mehr: Es geht um Kultur und Kunst, um selbstbestimmtes Leben und Arbeiten, es geht darum, die Freizeit nach eigenem Geschmack zu gestalten, und um Angebote, die das Miteinander fördern. Für Menschen ohne Behinderung scheint all das selbstverständlich, für Menschen mit Behinderungen ist (leider) fast nichts selbstverständlich.

Und genau das muss sich ändern – in den Köpfen der Menschen und in der Politik der Regierungen. Es fehlt noch die Selbstverständlichkeit. Statt Separation muss Inklusion unser Ziel sein – ohne geht es nicht!

Ich wünsche mir, **dass die Beschlüsse des Übereinkommens über die Rechte von Menschen mit Behinderungen tatsächlich umgesetzt werden**. Deutschland und Österreich haben die UN-Behindertenrechtskonvention ratifiziert und sind dadurch verpflichtet, den bloßen Worten auch Taten folgen zu lassen. Im Herbst 2010 hat Österreich der UN seinen diesbezüglichen Staatenbericht vorgelegt, in Deutschland ist es 2011 soweit. Parallel dazu erstellen die Behindertenorganisationen ihren Schattenbericht: Was die Regierungen in den Staatsberichten darstellen, wird in den Schattenberichten mit der Realität behinderter Menschen abgeglichen.

Solche Vergleiche zwischen dem tatsächlichen Leben behinderter Menschen und der politischen Wunschvorstellung müsste man nicht ziehen, wenn bei allen Themen behinderte Experten und Vertreter aller Behindertenverbände einbezogen und nicht immer nur vor vollendete Tatsachen gestellt würden – unter anderem auch, wenn es um Gesetze geht und deren Überprüfung und Überarbeitung im Hinblick auf diskriminierende Bestimmungen.

Laut der UN-Behindertenrechtskonvention ist der Staat auch verpflichtet, Bewusstseinsbildung und Öffentlichkeitsarbeit zum Thema zu betreiben. Das würde schon damit beginnen, dass es endlich detaillierte und **zuverlässige Zahlen** dazu gibt, wie viele Menschen wirklich von Behinderung in all ihren Facetten betroffen sind. Mit solchen Zahlen würde man den Handlungsbedarf wohl nicht so geflissentlich ignorieren können. Die Rechte behinderter Menschen müssen tatsächlich respektiert und gelebt werden! Solange sich Organisationen und Unternehmen aus der Verantwortung zur Barrierefreiheit »freikaufen« können, ist das jedoch ein Kampf gegen Windmühlen: »Was, der Supermarkt hat keine Rampe für Rollstuhlfahrer? Kein Problem! Das soll der Rollstuhlfahrer ruhig anzeigen, mit den paar Euro Strafe können wir gut leben!« Ich kann damit gar nicht gut leben.

Ich wünsche mir **einen »Fahrplan«:** Eine Auflistung der Forderungen mit konkreten Zielsetzungen und einem feststehenden Zeitpunkt, an dem ein bestimmtes Thema umgesetzt sein **muss**. Insbesondere im Bereich Bildung wäre das ungemein wichtig. Denn den Kindern muss heute geholfen werden – und nicht erst in drei Jahren. Ich will eine **wirkliche Veränderung der Bildungssituation** behinderter Menschen – jetzt.

In der UN-Behindertenrechtskonvention verpflichten sich die Staaten zu einer freien und unentgeltlichen Schulbildung sowie inklusivem, hochwertigem Unterricht. Das bedeutet, dass auf die Bedürfnisse und Fähigkeiten jedes einzelnen Menschen Rücksicht genommen werden muss und jeder die notwendige individuelle Unterstützung erhält. Passiert ist derzeit (fast) nichts – weder in Österreich noch in Deutschland. Das jahrzehntelang gepflegte Schulsystem wird sorgsam bewahrt. Damit schützt sich ein Teil der Gesellschaft auch selbst, doch in Wahrheit entspricht das leider nur der Angst einer sehr konservativen und engstirnigen Schicht von Bürgern.

Die Realität behinderter Menschen sieht entsprechend bedrückend aus: keine Investitionen, keine Lehrer, keine Zukunft … Kinder mit Behinderungen stehen nach wie vor am Rande der Gesellschaft. Und was ist das Ergebnis dieser Verdrängungspolitik? Ein extrem niedriger Bildungsstandard, der den Jugendlichen später den Einstieg ins normale (Berufs-)Leben (fast) unmöglich macht. Es gibt einen Ausschuss für die Überwachung der Behindertenrechte (laut UN-Behindertenrechtskonvention). Dieser empfiehlt einen »Inklusionsfahrplan«, der auf »absehbare Zeit« ausgerichtet sein soll. Es muss endlich Schluss sein damit, dass Menschen mit Behinderung ausgegrenzt werden, auch wenn das eine tiefgreifende Strukturreform des österreichischen und deutschen Bildungswesens erfordert. Das Ziel eines inklusiven Bildungssystems ist es, alle Schüler und Schülerinnen, egal ob behindert oder hochbegabt, in derselben Schule zu unterrichten. Menschen mit Behinderungen brauchen vollen Zugang zur Bildung. Denn schlechte schulische Ausbildung führt zu niedrigem Verdienst, niedriger Verdienst führt zu einem Leben in Abhängigkeit. Was resultiert daraus? Behinderte Menschen leben in den seltensten Fällen selbstbestimmt und eigenverantwortlich, nicht weil sie es so wollen, sondern weil man sie nicht anders lässt. Die wenigen behinderten Menschen, die es geschafft haben, diesem Teufelskreis der Ausgrenzung zu entkommen, haben das in den meisten Fällen der Beharrlichkeit und dem Engagement ihrer Eltern zu verdanken: Ihre Bildungschancen hängen also davon ab, wie sehr sich die Eltern einbringen (können)!

Gebärdensprache muss Unterrichtssprache sein und gehörlose Kinder müssen bilingual unterrichtet werden. Die UN-Behindertenrechtskonvention fordert ausdrücklich, dass im Unterricht auch alternative Kommunikationsformen zu berücksichtigen sind. Das wären dann beispielsweise die Gebärdensprache oder die Braille-Schrift. Beide stehen jedoch fast nie zur Verfügung – es mangelt an Unterrichtsmaterialien oder der entsprechenden Qualifikation der Lehrkräfte: Braille-Schrift kann zum Beispiel nur an speziellen Schulen erlernt werden und Unterlagen für sehbehinderte oder blinde Kinder (zum Beispiel auf Hörbuchbasis) gibt es ebenso nicht in ausreichendem Maß.

Behinderte Menschen müssen immer noch mehr leisten und besser sein, bevor sie die gleichen Bedingungen wie nicht behinderte Menschen erhalten. Das kann ich aus meiner persönlichen Erfahrung bestätigen und das zeigen auch die Diskriminierungsberichte der Behindertenverbände.

Auch werden behinderte Personen oft unterschätzt oder nicht wahrgenommen. In einer Integrationsklasse hingegen werden für alle Kinder die gleichen Bedingungen verlangt – wenn das behinderte Kind eine gute Schülerin oder ein guter Schüler ist, dann ist es das nicht »obwohl« oder »trotz« seiner Behinderung, sondern aufgrund seiner Leistung.

Der nächste Punkt sind die Prüfungen: Behinderte Schüler sollen diese meist unter den gleichen Bedingungen schaffen wie ihre nicht behinderten Mitschüler, was oft einfach unmöglich ist. Vor kurzem ist mir wieder ein Fall zugetragen worden, bei dem ich um Vermittlung gebeten wurde: Eine gehörlose Schülerin schrieb mir, dass sie durch die Maturaprüfung in Englisch gefallen sei, weil sie einen Teil der Prüfungsaufgaben, das sogenannte Listening, nicht machen konnte. Listening bedeutet Hörverständnisübung. Sie konnte jedoch den Text, der vorgelesen wurde, nicht hören, dementsprechend die dazugehörigen Verständnisfragen nicht beantworten. Verstehen Sie mich nicht falsch, es geht nicht darum, dass man dem Mädchen diesen Prüfungsteil erlässt, nein: Man muss ihn nur an ihre Fähigkeiten anpassen.

Ich habe einen Abänderungsantrag zur **Adaptierung der Prüfungsbestimmung** bei der Matura für behinderte Menschen gestellt, aber dieser wurde abgelehnt. Meiner Meinung nach muss es eine Selbstverständlichkeit sein, dass jeder Mensch seinen Möglichkeiten entsprechend einer Prüfung unterzogen wird. Die Prüfungsbedingungen zu adaptieren, bedeutet nicht, die Prüfung einfacher zu machen – sondern lediglich, den behinderten Prüflingen überhaupt die Möglichkeit zu geben, die Prüfung erfolgreich abschließen zu können. Konkret: Für gehörlose Menschen müssen die Prüfungen schriftlich oder in ihrer Muttersprache mit Dolmetscher vorgelegt werden. Blinde Menschen brauchen Computerbrillen und vorgelesene Texte. Körperbehinderte Menschen brauchen längere Prüfungszeiten (dies ist der einzige Aspekt, zu dem es bereits eine gesetzliche Regelung gibt).

Noch immer sind gehörlose Menschen vom Lehrerberuf ausgeschlossen. Zwar fordert die UN-Behindertenrechtskonvention, dass ausreichend viele Lehrkräfte, zum Beispiel auch gehörlose Lehrer und Lehrerinnen mit bester Qualifikation in Gebärdensprache, für den Unterricht zur Verfügung stehen. Aber es hat sich bisher nichts getan. Man muss noch nicht einmal gebärdensprachkompetent sein, um gehörlose Kinder zu unterrichten. Im Gegenteil: Muttersprachler der Gebärdensprache sind, da es ihnen an Stimmleistung oft mangelt, vom Studium gleich ganz ausgeschlossen. Ich wünsche mir daher: einen freien **Zugang behinderter Menschen zu den pädagogischen Hochschulen**. Dazu müssen (um gehörlosen Menschen das Studium zu ermöglichen) die derzeit erforderlichen Sprach- und Stimmleistungen aus dem Anforderungskatalog gestrichen werden. Auch die körperliche-motorische Eignung gilt es zu streichen, um allen Menschen mit Behinderung die Möglichkeit zu eröffnen, den Lehrberuf zu ergreifen.

Eines meiner wichtigsten Anliegen ist deshalb die **Adaptierung der Hochschulzulassungsverordnung für pädagogische Hochschulen**. In Österreich beinhaltet diese Verordnung immer noch den diskriminierenden Passus, nach dem sich behinderte Menschen einer Eignungsprüfung unterziehen müssen – gehörlose und schwerhörige Menschen in Bezug auf ihre Sprech- und Stimmleistung, körperbehinderte Menschen auf ihre motorische Leistung. Das bedeutet, dass, wer die körperlichen und geistigen Voraussetzungen nicht erfüllt, nicht aufgenommen werden kann beziehungsweise muss. Gottlob ist man von Fall zu Fall doch etwas flexibler und so gibt es durchaus Studenten, die diese Voraussetzungen nicht vollends erfüllen. Für behinderte Schüler ist es aber immens wichtig, ebenfalls behinderte Lehrkräfte als Vorbild zu haben. Doch solange die Zugangsvoraussetzungen nicht offiziell geändert sind, befinden sich all diese Studenten im rechtsfreien Raum, sind angewiesen auf die Gunst der Verwaltung. Das kann nicht sein, das darf nicht sein!

Natürlich gibt es an den Universitäten gehörlose, blinde oder motorisch behinderte Studenten, doch nur wenige erreichen eine Hochschulzugangsberechtigung, weil schon der Besuch einer weiterführenden Schule für sie denkbar schwierig ist. Sie brauchen unglaublich viel Kraft, Ausdauer – und auch gewisse finanzielle Möglichkeiten, um sich gegen das System zu stemmen. Es fehlt nach wie vor praktisch an allen Ecken und Enden: von Rampen und Fahrstühlen für Rollstuhlfahrer über Studienmaterial in Braille-Schrift und Induktionsschleifen bis hin zu Dolmetschern für gehörlose Studenten.

Immerhin gibt es auch kleine Lichtblicke: In Österreich studiert jetzt die erste Frau mit Down-Syndrom. Das ist ein Anfang. Bis vor wenigen Jahren wäre es noch absolut undenkbar gewesen. Für alles und jedes braucht es Vorreiter, einen, der sich durchboxt und mit allen Konventionen bricht. In Bezug auf das Down-Syndrom war es wohl der Spanier Pablo Pineda. Er hat nicht nur zweimal studiert, sondern auch in beiden

Studiengängen einen Abschluss gemacht. Sein Lehramtsstudium absolvierte er in nur vier Jahren und begann gleich darauf noch ein Studium der Psychologie. Seit 2009 unterrichtet er an einer Schule in Cordoba. Vehement setzt er sich für die gleichen Bildungsrechte für Kinder mit Down-Syndrom ein. Bekannt wurde Pineda als Schauspieler. Im Film »Me too – wer will schon normal sein?« spielte er die Rolle des Daniel und erzählt damit seine nachempfundene Lebensgeschichte im Kampf um mehr Normalität.

Und auch wenn die Fortschritte klein sind, so sind es doch Fortschritte: Nach jahrelangen Verhandlungen startete 2010 an der Technischen Universität Wien der **Modellversuch »Gehörlos Studieren«** (GESTU). Um die Zahl der gehörlosen Studenten und Studentinnen in Österreich zu erhöhen, wurde eine zentrale Servicestruktur für gehörlose Menschen aufgebaut, in der Tutoren und Gebärdensprachdolmetscher zusammenarbeiten. Außerdem hat man die Mitarbeiter der Universität bezüglich der speziellen Bedürfnisse und Arbeitsweisen gehörloser Studenten sensibilisiert. Dieses Projekt wurde im Übrigen erst zu-, dann wieder abgesagt – und schließlich aufgrund der Initiative meines Wissenschaftssprecherkollegen und mir doch ins Leben gerufen. Der Modellversuch läuft zwei Jahre und wird vom Wissenschaftsministerium finanziert. Gehörlose Studenten bekommen zum ersten Mal alle Vorlesungen in Österreichischer Gebärdensprache geboten, sie können auch einen Tutor und eine Mitschreibkraft auswählen, damit sie sich vollkommen auf die Gebärden konzentrieren können – denn gleichzeitig dem Dozenten zuzuschauen und mitzuschreiben ist ziemlich schwierig. Es gibt Beratung und Unterstützung. Das ist die Zukunft!

Nach Schulzeit und Studium beziehungsweise Ausbildung geht der Hürdenlauf für behinderte Menschen in der Regel weiter: Hier könnten sogenannte **begleitende Hilfen** oder **persönliche Assistenzen** weiterhelfen. In Österreich und Deutschland gibt es diese Möglichkeit, um Menschen mit Behinderung ins Arbeitsleben einzugliedern: Was in Österreich die »persönliche Assistenz« ist, findet in Deutschland sein Pendant im Rahmen der »begleitenden Hilfe im Arbeitsleben«. Beide Bezeichnungen umfassen Betreuung, Beratung und Förderungen finanzieller Art, um eine adäquate Beschäftigung und dadurch eine soziale Integration zu gewährleisten. Das Integrationsamt beziehungsweise das Bundessozialamt dienen dabei als Ansprechpartner für behinderte Menschen und Arbeitgeber. Die Ämter tragen durch Maßnahmen wie Job-Coachings, Clearings für Jugendliche oder Arbeitsassistenz zur Teilhabe von Menschen mit Behinderungen an der Arbeitswelt bei. Trotzdem sind es noch zu wenige, die diese Chance nutzen, und zumeist dürfte es wohl daran liegen, dass sowohl Arbeitgeber als auch Arbeitnehmer gar nichts von dieser begleitenden Hilfe wissen. Jeder Mensch hat das Recht darauf, seinen **Lebensunterhalt durch Arbeit in einem offenen, integrativen und zugänglichen Arbeitsmarkt zu verdienen**. Auch diese Forderung ist in dem Übereinkommen über die Rechte von Menschen mit Behinderungen enthalten und muss künftig in vollen Umfang umgesetzt werden. Deshalb wünsche ich mir eine **Aufstockung und Weiterentwicklung der Beschäftigungsoffensive**.

Und im Privatleben? Während in Österreich die persönliche Assistenz am Arbeitsplatz bundeseinheitlich geregelt ist, gibt es für die persönliche Assistenz im Alltag eine unbefriedigende Situation mit unterschiedlichen Regelungen und vor allem ohne Rechtsanspruch.

Ich fordere daher **einen Rechtsanspruch auf Dolmetscher und persönliche Assistenz in allen Lebenslagen**. Das sollte selbstverständlich sein ebenso wie eine Organisation, in der alles an einer Stelle zusammenläuft, damit Menschen mit Behinderungen nicht von einer Anlaufstelle zur nächsten pilgern müssen, um etwas beantragen zu können.

Ich wünsche mir die tatsächliche **Anerkennung der Gebärdensprachen als vollwertige Kommunikationsformen**. Am 6. Juli 2005 beschloss der österreichische Nationalrat einstimmig die Anerkennung der Österreichischen Gebärdensprache in Artikel 8 Bundesverfassungsgesetz. Gleichzeitig gab es einen Entschließungsantrag, der die Regierung aufforderte, bestehende und künftige Gesetze dahingehend zu überprüfen, ob der Gebärdensprache in den einzelnen Lebensbereichen ausreichend Rechnung getragen wird, sowie die nötigen Anpassungen vorzunehmen. Das ist jedoch noch nicht erfolgt – und das nach mehr als fünf Jahren offizieller »Anerkennung« der Gebärdensprache.

Angesichts des Übereinkommens über die Rechte von Menschen mit Behinderungen hatte ich ein bisschen mehr Aktionismus erwartet. Wahrscheinlich hat man vor der Ratifizierung nicht genau hingeschaut, denn sonst hätte man sicher bemerkt, wie viel Arbeit in der Umsetzung steckt. Die Rechtsbereinigung (in Bezug auf Begrifflichkeiten) allein in Österreich dürfte noch einige Zeit in Anspruch nehmen (zumal sie noch nicht einmal wirklich begonnen hat).

Ich wünsche mir **mehr Sensibilität, einen korrekten Umgang mit Sprache und Begriffen** – und ich will, dass sich die Menschen **von Vorurteilen verabschieden**. Die Medien sind einflussreich. Deshalb versuche ich auch, diese Meinungsmacher für das Thema Behinderung zu sensibilisieren. Und das schaffe ich nur, indem ich sie möglichst oft mit mir konfrontiere. Steter Tropfen höhlt den Stein, sagt man, und ich hoffe, dass der häufige Kontakt mit mir bei den Journalisten einige Vorurteile beseitigt. Denn gemessen wird jeder von uns heute immer noch am »normalen«, »gesunden«, »nicht behinderten« Menschen. Normalität hat überhaupt einen sehr hohen Stellenwert in unserer Gesellschaft. Alles was nicht normal ist, wird abgewertet. Hört man sich einmal an, welche unterschwelligen Botschaften von Erwachsenen an Kinder übermittelt werden, weiß man auch, warum: »Du wirst krank, wenn du ohne Jacke raus gehst.« – »Iss nicht so viel Süßes, sonst bekommst du Zahnschmerzen.« – »Hör nicht so laut Musik, sonst wirst du taub.« … Automatisch zieht ein Kind aus solchen Ermahnungen den Rückschluss: Krankheit oder Behinderung ist gleich Strafe oder Schuld.

Auch die Medien tragen ihren Teil zu solcherlei Vorurteilen bei. In der Werbung gibt es keine behinderten oder missgestalteten Menschen, normal ist, wer schön ist. Wenn man sich allerdings nie den speziellen Lebensumständen behinderter Menschen zuwendet, kann man mit derlei Vorurteilen auch nicht aufräumen.

Trotz der Steine, die behinderten Menschen in den Weg gelegt werden, gibt es unter ihnen Vorbilder, mit denen man sich identifizieren und denen man nacheifern möchte. Und es gibt zahlreiche Beispiele, wie man trotz Behinderung ein selbstständiges und selbstbewusstes Leben führen kann – denken Sie nur an den querschnittsgelähmten Superman-Darsteller Christopher Reeve, der bis zu seinem Tod 2004 auch aktiv in der Öffentlichkeit aufgetreten ist! Oder an den renommierten Astrophysiker Stephen Hawking – der trotz seiner Behinderung forscht, lehrt und publiziert! Wieso hält sich nur so hartnäckig das Vorurteil, dass Menschen mit Behinderung weniger wert sind als gesunde?

Mitleid brauchen wir nicht! Chancengleichheit bekommen wir (noch) nicht, deshalb gibt es für mich noch viel zu tun. Dreh- und Angelpunkt all meiner Bemühungen, all meiner Visionen für die Zukunft ist ein vollwertiger Zugang zur Bildung und zur Information – die umfassende Teilhabe an allem, was geschieht.

Neulich auf einer Gehörlosenkonferenz beobachtete ich folgende Szene: Zwei Hunde treffen sich, ein sehr großer und ein ziemlich kleiner. Um sich besser beschnüffeln zu können, ging der große Hund förmlich in die Knie, beugte sich tief herunter zum kleinen Hund. Der wiederum reckte den Hals in die Höhe. Schließlich hatten sie es geschafft – sie trafen sich in der Mitte und konnten miteinander kommunizieren. Sollten wir Menschen das nicht auch können?

Uns einander zuwenden, behinderte und nicht behinderte Menschen, um auf Augenhöhe zu kommunizieren.

Ich bin sicher, dass das möglich ist. Und dafür werde ich weiter kämpfen!

10 x 5 Tipps für ein besseres Miteinander

Fünf Empfehlungen für den Umgang im Alltag

1. Für gehörlose Menschen ist Augenkontakt und das direkte Ansprechen ganz wichtig. Möchten Sie die Aufmerksamkeit eines gehörlosen Menschen auf sich lenken, klopfen Sie auf den Tisch oder stampfen Sie auf den Boden.
2. Artikulieren Sie langsam und mit einem deutlichen Mundbild. Sprechen Sie möglichst Hochdeutsch, denn Dialekte machen Ihrem Gegenüber das Lippenlesen sehr schwer. Aber: Sprechen Sie bitte auch nicht übertrieben laut oder extrem langsam – und schreien Sie Ihren Gesprächspartner bitte nicht an!
3. Eine gute Kommunikation kann immer auch schriftlich stattfinden. Vor allem, wenn wichtige Informationen (zum Beispiel beim Arzt) vermittelt werden müssen. Vergessen Sie dabei nicht die Interpunktion! Ausrufe- und Fragezeichen verändern die Aussage eines Satzes unter Umständen völlig.
4. Hilfreich ist das Fingeralphabet, es kann die Kommunikation unterstützen, wenn diese ohne Stift und Papier erfolgen muss.
5. Hauptsache ist jedoch: Haben Sie keine Angst oder Hemmungen, sondern gehen Sie offen auf Ihre gehörlosen Mitmenschen zu. Ein Lächeln sagt oft mehr als tausend Worte.

Fünf Empfehlungen, um eine Veranstaltung (etwa eine Podiumsdiskussion) barrierefrei zu gestalten

1. Nehmen Sie am besten vorher Kontakt zu den Gehörlosenverbänden auf (in Österreich wendet man sich an das Service-Center ÖGS.barrierefrei), dort gibt es Checklisten, wie eine barrierefreie Veranstaltung gut gelingen kann.
2. Vermerken Sie im Veranstaltungsprogramm oder einem -hinweis, wo welches barrierefreie Angebot (mit einem Gebärdensprachdolmetscher) stattfindet und auch, wie lange der Dolmetscher anwesend sein wird.
3. Denken Sie an eine optimale Beleuchtung! Der Gebärdensprachdolmetscher soll gut sichtbar sein und nicht im Dunkeln stehen.

4. Treffen Sie die Vorbereitungen gemeinsam mit gehörlosen Menschen oder einem Gehörlosenverband. Auch wenn Sie Fragen haben oder weitergehende Informationen benötigen, wenden Sie sich bitte an die Gehörlosenverbände. Oft stimmen sich hörende Menschen aus Unsicherheit lieber mit einem Gebärdensprachdolmetscher zu diesen Themen ab, doch damit verhandeln sie über die Köpfe gehörloser Menschen hinweg.
5. Nutzen Sie zusätzliche Werbemöglichkeiten der Verbände, um eine barrierefreie Veranstaltung publik zu machen.

Fünf Empfehlungen im Umgang mit gehörlosen Personen, die von einem Dolmetscher begleitet werden

1. Der Dolmetscher übersetzt, was Sie mit Ihrem Gegenüber besprechen. Doch Ihr Ansprechpartner ist und bleibt der gehörlose Mensch – sprechen Sie also in einer solchen Situation bitte immer mit direktem Blickkontakt zu diesem.
2. Wenn Sie Fragen haben, dann klären Sie diese direkt mit der gehörlosen Person und nicht mit dem Dolmetscher! Gehörlose Menschen können selbstständig Informationen weitergeben. Das Gleiche gilt, wenn offene Fragen zum Ablauf Ihres Treffens auftauchen.
3. Bitte sprechen Sie die gehörlose Person nie in der dritten Person über den Dolmetscher an. Das ist sehr unhöflich.
4. Fragen Sie die gehörlose Person, wo der Dolmetscher sitzen soll. Es erleichtert die Kommunikation ungemein, wenn der Dolmetscher neben Ihnen sitzt, denn so ist Blickkontakt zwischen Ihnen und Ihrem gehörlosen Gesprächspartner problemlos möglich.
5. Visitenkarten oder Unterlagen reichen Sie bitte nur direkt an den gehörlosen Gesprächspartner weiter. Der Dolmetscher ist nur der Sprachvermittler – nicht Ihr Verhandlungspartner oder Kunde.

Fünf Empfehlungen zu Interviewsituationen

1. Bitte begrüßen Sie Ihren gehörlosen Gesprächspartner immer vor dem Dolmetscher. Er ist die Person, die interviewt werden soll.
2. Ihre Interviewfragen richten Sie bitte stets an die gehörlose Person, nicht an den Dolmetscher.

3. Stellen Sie dabei Ihre Fragen immer in direkter Form. Unhöflich wäre: »Fragen Sie bitte Frau ...«
4. Wenn die gehörlose Person gerade nicht anwesend ist (zum Beispiel, weil sie Getränke holt), reden Sie bitte nicht über ihren Kopf hinweg mit dem Dolmetscher über die Interviewthemen. Bei einem ausländischen Politiker kämen Sie auch nicht auf den Gedanken, Ihre Gesprächsthemen mit seinem Dolmetscher zu klären.
5. Auch Telefon- oder Radiointerviews sind mithilfe eines Gebärdensprachdolmetschers möglich.

Fünf Empfehlungen für den Umgang beim TV
1. Richten Sie bitte die Kamera auf die gehörlose Person und nicht auf den Dolmetscher.
2. Das Mikrofon gehört dagegen zum Dolmetscher, denn er übersetzt, was die gehörlose Person gebärdet – der er übrigens gegenübersitzt und nicht daneben.
3. Bitte warten Sie immer, bis die gehörlose Person mit dem Gebärden fertig ist, und schwenken Sie nicht vorher die Kamera um oder blenden aus. Das wäre so, als ob Sie einem hörenden Fernsehgast mitten im Wort den Ton abstellen würden.
4. Bemühen Sie sich um eine korrekte Wortwahl. Vermeiden Sie in Fernsehberichten diskriminierende Begriffe wie »taubstumm«.
5. Als Talkmaster sprechen Sie bitte immer mit Ihrem gehörlosen Interviewpartner und sehen ihn auch direkt an. Schließlich ist er Ihr Gast und nicht der Dolmetscher.

Fünf Empfehlungen für die Förderung Ihres gehörlosen Kindes
1. Falls Sie den Verdacht haben, dass Ihr Kind schlecht oder gar nicht hört, zögern Sie keinen einzigen Tag, sondern suchen Sie so schnell wie möglich einen Arzt auf. Bestätigt sich Ihre Vermutung, brechen Sie die Kommunikation mit Ihrem Kind auf keinen Fall ab. Denn eine liebevolle und intensive Kommunikation ist für die gesunde Entwicklung eines Kindes enorm wichtig.
2. Auch wenn Sie die Gebärdensprache noch nicht beherrschen, gibt es viele Möglichkeiten mit Ihrem Kind zu kommunizieren – vor

allem visuell: ihm Bilder zeigen, es mit deutlicher Mimik und Gestik ansprechen und begleitende Gebärden einsetzen.

3. Um die Schrift- und Lesekompetenz Ihres Kindes zu entwickeln, platzieren Sie viele Zettel oder Post-its mit Erläuterungen in der Wohnung. Auf diesen kombinieren Sie Worte mit Bildern und den entsprechenden Gebärden.

4. Lesen Sie Ihrem Kind täglich in Gebärdensprache vor, führen Sie gemeinsam ein Tagebuch und zeigen Sie Ihr Interesse für seinen Tagesablauf und seine Stimmungen (fragen Sie zum Beispiel nach, was im Kindergarten passiert ist, und lassen Sie sich seine Erlebnisse nacherzählen). Da Ihrem gehörlosen Kind viele Informationen fehlen, die hörende Menschen nebenher aufnehmen (Gespräche, die man mithört; Musik, die im Hintergrund läuft …), ist es immens wichtig, dass Sie Ihr Kind gezielt fördern.

5. Geben Sie keine verkürzten Informationen an Ihr Kind weiter! Gehörlose Kinder brauchen keine Zusammenfassungen, keine Reduzierung auf Kernaussagen, sondern die gleichen detaillierten Informationen wie hörende Kinder.

Fünf Empfehlungen für die Unterstützung eines gehörlosen Kindes im Alltag allgemein

1. Damit die zweisprachige Entwicklung des Kindes gefördert wird, sollten sich hörende Eltern um eine gehörlose Person als Babysitter bemühen und gehörlose Eltern um eine zeitweise Betreuung durch hörende Menschen, damit sich ihr Kind auch an deren Mimik und Gestik gewöhnen kann.

2. Am besten erlernen Eltern gehörloser Kinder auch selbst die Gebärdensprache. Kursangebote können Sie bei den Regionalverbänden der Gehörlosenorganisationen erfragen. Wegen der Kostenübernahme wenden Sie sich am besten an zuständige Ämter oder Beratungsstellen.

3. Die Kontaktaufnahme mit regionalen Gehörlosenverbänden ist auch dafür sinnvoll, dass Sie neben den Empfehlungen von Medizinern und Pädagogen eine weitere Perspektive aufgezeigt bekommen – letztendlich geht es um die Zukunft Ihres Kindes!

4. Gehörlose Erwachsene als Vorbilder sind wichtig, weil sie zu Identifikationsfiguren werden können. So können gehörlose Kinder an eigene Ziele glauben und bekommen eine positive Zukunftsorientierung.
5. Gestalten Sie die Wohnung barrierefrei – mit Lichtglocke, Blinker am Telefon und Ähnlichem –, damit Ihr Kind gleichberechtigt am Familienleben teilnehmen kann. Unterstützung und Informationen dafür bekommen Sie bei Gehörlosenverbänden oder Ämtern.

Fünf Empfehlungen für den Umgang mit gehörlosen SchülerInnen
1. Ersetzen Sie mündliche Prüfungen durch schriftliche oder bieten Sie gehörlosen SchülerInnen die Unterstützung durch einen Gebärdensprachdolmetscher an.
2. Stellen Sie den Kindern im Unterricht schriftliche Unterlagen mit den Lerninhalten zur Verfügung.
3. Bei Filmen achten Sie bitte auf eine Untertitelung. Bei Hörtexten (Vorlesen, Diktate, Hörbücher) stellen Sie sicher, dass den gehörlosen Schülern und Schülerinnen die betreffenden Informationen in schriftlicher Form vorliegen.
4. Ergänzen Sie Ihre mündlichen Ausführungen immer dadurch, dass Sie alle relevanten Stichworte an die Tafel schreiben.
5. Es gibt auch für Schulklassen Sensibilisierungsschulungen zum Thema Inklusion – nutzen Sie diese Angebote.

Fünf Empfehlungen im Umgang mit gehörlosen StudentInnen
1. Stellen Sie schriftliche Unterlagen oder Mitschreibkräfte für gehörlose StudentInnen zur Verfügung, damit sie die Vorlesungsinhalte in schriftlicher Form erhalten.
2. Wann immer möglich organisieren Sie bitte Gebärdensprachdolmetscher für die Vorlesungen. Unterstützung bekommen Sie durch die jeweiligen Gehörlosenverbände oder ÖGS.barrierfrei.
3. In Seminaren oder Prüfungen stellen Sie bitte Ihre Fragen oder Aufgaben direkt den gehörlosen StudentInnen und nicht den Gebärdensprachdolmetschern.

4. Der Gebärdensprachdolmetscher übersetzt lediglich zwischen Laut- und Gebärdensprache, zu seinen Aufgaben gehört es nicht, Inhalte zu erklären!
5. Stichworte, Grafiken, Filme und Bilder – also jede Form der Visualisierung – sind sinnvolle Orientierungshilfen für gehörlose StudentInnen, um Vorlesungen gut verfolgen zu können.

Fünf Empfehlungen im Umgang mit gehörlosen MitarbeiterInnen

1. Geben Sie klare (barrierefreie) Arbeitsanweisungen, am besten schriftlich (zum Beispiel per Mail oder Skype).
2. Wenn gehörlose MitarbeiterInnen an Besprechungen mit mehreren Personen teilnehmen, achten Sie bitte auf ein barrierefreies Gesprächsangebot und stellen einen Gebärdensprachdolmetscher zur Verfügung. Bezüglich einer Kostenübernahme erteilen Verbände und Ministerien gern Auskunft!
3. Geben Sie gehörlosen MitarbeiterInnen entsprechende Kommunikationsmöglichkeiten, damit sie (per Mail oder via Telefonvermittlung) selbstständig mit Kunden kommunizieren können.
4. Nutzen Sie das Potenzial Ihrer gehörlosen MitarbeiterInnen – beispielsweise auch zur Erschließung der Gehörlosen-Community als neue Ziel- oder Kundengruppe.
5. Nehmen Sie die Angebote von Sensibilisierungsschulungen wahr, um ein gutes Betriebsklima zu schaffen.

Zu guter Letzt

Ich hoffe, dass diese Tipps für hörende Menschen hilfreich sind und ihnen die Scheu vor dem Umgang mit uns gehörlosen Menschen nehmen. Der Einblick in die Welt gehörloser Menschen hilft uns allen dabei, mehr Verständnis füreinander aufzubauen. Falls weitere Fragen auftauchen, etwa zur Einschulung eines gehörlosen Kindes oder bei der Suche nach einem Gebärdensprachkurs in Ihrer Nähe, wenden Sie sich am besten an die regionalen Gehörlosenverbänden. Sehr gern können Sie auch mit mir direkt Kontakt aufnehmen per E-Mail unter: h.jarmer@inode.at.

Danksagung

Ein autobiografisches Buch zu schreiben, ist eine Reise in die Vergangenheit und öffnet zugleich den Blick in die Zukunft. Liegt das letzte unbeschriebene Blatt vor dem Autor, treiben ihn viele Gefühle um: Das stärkste ist Dankbarkeit.

An dieser Stelle möchte ich mich zuerst bei all den lieben Menschen bedanken, die mir in meinem Leben zur Bildung verholfen habe.

Das sind natürlich insbesondere meine Eltern. Meiner Mutter danke ich dafür, dass sie sich unendlich viel Zeit für mich nahm und jeden Tag mit mir gebärdete und sprach. Mit Geduld und Beharrlichkeit brachte sie mir die Welt und die Bildung näher.

In gleichem Maß danke ich natürlich meinem Vater, der nie müde wurde, mich mit den essenziellen Büchern und mit Kunst zu füttern.

All das wäre ohne meine Großeltern nicht möglich gewesen, die uns im Streben nach Bildung auch finanziell unterstützten.

Und wo würde ich heute ohne meine liebe österreichisch-spanische Familie stehen? Sie haben meinen kulturellen Horizont erweitert und sind immer da, um mich aufzumuntern, wenn ich niedergeschlagen bin.

Und natürlich Dank an meinen Onkel und meine Tante für die vielen schönen gemeinsamen Stunden.

Ein ganz besonderes Dankeschön gilt meinem Mann. Dafür, dass er mir unglaublich viel Unterstützung gibt, an mich glaubt und mich so nimmt und liebt, wie ich bin!

Auf einem Lebensweg begegnen einem immer Menschen, die einen begleiten und die rückblickend betrachtet entscheidenden Einfluss nahmen. Deshalb ein Dank an all meine FrühförderInnen, meine PrivatlehrerInnen, meine NachhilfelehrerInnen und LogopädInnen. Ebenso wie an meine Lieblingskindergärtnerinnen Regina und Uschi sowie meine guten und weniger guten LehrerInnen.

Besonders erwähnen möchte ich auch Professor Ulrich Koskarti, der mich lange auf meinem Weg begleitet hat, und Stefan Bublava, der mich jahrelang in die Geheimnisse der Computertechnik einführte und mich auch mit Apple vertraut machte.

Dank auch meinen Schulfreunden, StudienkollegInnen und FreundInnen in verschiedenen Lebensabschnitten – jeder hat seinen Platz in meinem Leben.

Ein besonderer Dank gilt auch Peter Arnberger und Gerald Mann, die mir geduldig die kompliziertesten Unterrichtsinhalte übersetzten und mich vor Langeweile bewahrten.

Später waren es dann meine UniversitätsprofessorInnen, DozentInnen und LektorInnen, die mich offen annahmen und damit voranbrachten. Einen Dank an Dr. Johannes Fellinger, dass er mich meine private Seite nicht vergessen lässt. Dank meinen lieben Lehrerkolleginnen am Bundesinstitut für Gehörlosenbildung (BIG) und an der Hauptschule in der Bilgerigasse in Wien.

Auch dem ehemaligen Stadtschulratspräsidenten Dr. Kurt Scholz bin ich dankbar – er ermöglichte den ersten bilingualen Unterricht in Wien.

Ein Dankeschön an meinem ersten politischen Mentor, Marco Smoliner, der mir einen ersten Blick in die politische Welt gewährte – und auch für seinen erfolgreichen Kampf um die Gehörlosenambulanz in Wien.

Angekommen in der Gegenwart ein großes Dankeschön an die Gehörlosen-Community, die Landesverbände und MitgliederInnen: dafür, dass sie mich gewählt und mir die politische Arbeit zugetraut haben. Lieben Dank auch an meine derzeitigen MitarbeiterInnen vom Österreichischen Gehörlosenbund, Gebaerdenwelt.at und ÖGS.barrierefrei.

Gleiches gilt auch für meine grünen ParteikollegInnen – danke auch dafür, dass sie mir eine echte Inklusion ermöglichen und mich gleichberechtigt arbeiten lassen.

All das, was mein Leben heute ausmacht, hätte ich nicht erreichen können ohne meine lieben MitarbeiterInnen und Freunde.

Anhang

Quellenverzeichnis

1 Laborit, Der Schrei der Möwe; **2** ÖGLB, Unser gehörloses Kind, S. 8; **3** Holtmeyer/Schwanenberg, Leben in der Stille; **4** Ohne Autor, Geschichte der Gehörlosen; **5** ÖGLB, Ausgangslage und Anforderungen; DGB, Pressemitteilung; DGB, Aufgaben und Ziele; Ohne Autor, Häufig gestellte Fragen; **6** ÖGLB, Stellungnahme, S. 5; **7** ÖGLB, Stellungnahme, S. 7; **8** Szagun, Wie Sprache entsteht; **9** Skutnabb-Kangas, Short definitions of mother tongue; **10** BGG, § 6 Gebärdensprache und andere Kommunikationshilfen; **11** Ohne Autor: Deutsche Gebärdensprache; **12** EUD, Switzerland; **13** B-VG, Artikel 8 (3); **14** Ohne Autor: Österreichische Gebärdensprache; **15** Ohne Autor: American Sign Language; **16** Holtmeyer/Schwanenberg, Leben in der Stille; **17** Der Text wurde erarbeitet aufgrund folgender Veröffentlichungen: Betten, The earliest History; Eriksson, The History of Deaf People; Forshay, Deaf History; Ohne Autor: Timeline; **18** Ohne Autor: Timeline; Betten, The earliest History, S. 37; **19** Bibel, Römer 10,17; **20** Bibel, Johannes 1,1; **21** Vater, Mailänder Kongress; **22** Groce, Jeder sprach hier; **23** Sacks, Stumme Stimmen; Lane, Die Maske der Barmherzigkeit, S. 237 ff.; **24** Behindertenrechtskonvention; **25** Ohne Autor, EU ratifiziert UN-Konvention; **26** Ohne Autor, EU ratifiziert UN-Konvention; **27** Ohne Autor, EU ratifiziert UN-Konvention; **28** ÖGLB, Internationaler Kongress; **29** Behindertenrechtskonvention, Artikel 24 Bildung, S. 18–20; **30** Ohne Autor, Lehrplan der Sonderschule, S. 4; **31** Deutscher Bundestag, Kinder sollen zusammen lernen; **32** Eine Schule für Alle: 7 Gründe; **33** Eine Schule für Alle: 7 Gründe; **34** Eine Schule für Alle: 7 Gründe; **35** Deutscher Bundestag, Kinder sollen zusammen lernen; **36** Deutscher Bundestag, Kinder sollen zusammen lernen; **37** Krausneker, Viele Blumen; **38** BGStG, § 3. Behinderung; **39** SGB, Neuntes Buch (IX), Teil 1, Kapitel 1, § 2 (1); **40** Behindertenrechtskonvention, Präambel, S. 1; **41** BGStG, § 6. Unverhältnismäßige Belastungen; **42** Behindertenrechtskonvention, Artikel 2 Begriffsbestimmungen, S. 4–5; **43** Pauser, Warum die Taube »Taube« heißt? **44** Schreuder, Helene Jarmer beeindruckt; **45** Schreuder, Helene Jarmer beeindruckt; **46** Schreuder, Helene Jarmer beeindruckt; **47** ÖLGB, Diskriminierungsbericht; **48** Marcuse, Repressive Toleranz; Drolsbaugh, Endlich gehörlos!, S. 120

Literaturverzeichnis

Betten, Henk: The earliest History of Deaf Education in Europe. Haren, Februar 2010: http://www.oeglb.at/netbuilder/docs/The_earliest_history_of_Deaf_education_in_Europe_06042010.pdf

Bibel: Einheitsübersetzung der Heiligen Schrift. Katholische Bibelanstalt, Stuttgart 1980, siehe: http://www.bibleserver.com/start

Bundes-Behindertengleichstellungsgesetz (BGStG). Stand 2010: http://www.jusline.at/Bundes-Behindertengleichstellungsgesetz_(BGStG)_Langversion.html
Bundes-Verfassungsgesetz (B-VG). Stand 2009: http://www.bka.gv.at/DocView.axd?CobId=30953
Deutscher Bundestag: Alle Kinder sollen zusammen lernen. Siehe: http://www.bundestag.de/dokumente/textarchiv/2010/32095743_kw45_kiko/index.html
DGB: Aufgaben und Ziele des Deutschen Gehörlosen-Bundes. Siehe http://www.gehoerlosen-bund.de/dgb/index.php?option=com_content&view=category&layout=blog&id=41&Itemid=53&lang=de
DGB: Pressemitteilung 8/10: Eröffnung des 1. Internationalen Fachkongresses »Bildung durch Gebärdensprache« in Saarbrücken. Saarbrücken 27.8.2010: http://www.gehoerlosen-bund.de/dgb/images/stories/pdfs_presse/100827_dgb_03_pm_2010_08_ifb.pdf
Drolsbaugh, Mark: Endlich gehörlos! Signum, Hamburg/Seedorf 1999
Eine Schule für Alle: 7 Gründe für die Integration behinderter Kinder. Siehe: http://www.eine-schule-fuer-alle.info/sieben-gruende/
Eriksson, Per: The History of Deaf People. A Source Book. Daufr, 1998
EUD: Switzerland. 24.8.2010: http://www.eud.eu/Switzerland-i-202.html
Forshay, Lance: Deaf History. 1.4.2009: http://www.cs.washington.edu/homes/ladner/DeafStudies/lectures2009/lecture2.pdf
Gesetz zur Gleichstellung behinderter Menschen (Behindertengleichstellungsgesetz/BGG). Stand 2007: http://www.gesetze-im-internet.de/bgg/BJNR146800002.html
Groce, Nora Ellen: Jeder sprach hier Gebärdensprache. Erblich bedingte Gehörlosigkeit auf der Insel Martha's Vineyard. Signum, Hamburg 1990
Holtmeyer, Annette; Schwanenberg, Britta: Gehörlos – Leben in der Stille. 4.5.2010: http://www.planet-wissen.de/alltag_gesundheit/behinderungen/gehoerlos/index.jsp
Krausneker, Verena: Viele Blumen schreibt man »Blümer«. Soziolinguistische Aspekte des bilingualen Wiener Grundschul-Modells mit Österreichischer Gebärdensprache und Deutsch. Signum, Hamburg/Seedorf 2004
Laborit, Emmanuelle: Der Schrei der Möwe. Lübbe, Bergisch Gladbach 1995
Lane, Harlan: Die Maske der Barmherzigkeit. Unterdrückung von Sprache und Kultur der Gehörlosengemeinschaft. Signum, Hamburg 1994
Marcuse, Herbert: Repressive Toleranz. In: Wolff, Robert Paul; Moore, Barrington, Marcuse, Herbert: Kritik der reinen Toleranz. Suhrkamp, Frankfurt am Main 1988. Siehe: http://www.marcuse.org/herbert/pubs/60spubs/65reprtoleranzdt.htm
ÖGLB (Hg): 3. Diskriminierungsbericht 2007/2008 mit DVD. Wien 2007/2008
ÖGLB: Ausgangslage und Anforderungen. Siehe: http://www.oeglb.at/
ÖGLB: Internationaler Kongress über Erziehung und Bildung Gehörloser (ICED) in Vancouver – Teil II. Siehe: http://www.oeglb.at/?id=LH2010-07-23-0115
ÖGLB (Hg): ÖGS-Basisgebärden. Basisvokabular der Österreichischen Gebärdensprache mit circa 460 illustrierten Gebärdenvokabel. Wien 2003

ÖGLB: Stellungnahme des Österreichischen Gehörlosenbundes zum Thema Cochlea-Implantat. 13.2.2006: http://www.oeglb.at/netbuilder/docs/ci_stellungnahme_oeglb_jan06.pdf
ÖGLB (Hg.): Unser gehörloses Kind. Wegweiser für Eltern gehörloser Kinder in Österreich. Wien 2004
Ohne Autor: American Sign Language. Siehe: http://de.wikipedia.org/wiki/American_Sign_Language
Ohne Autor: Deutsche Gebärdensprache. Siehe: http://de.wikipedia.org/wiki/Deutsche_Geb%C3%A4rdensprache
Ohne Autor: EU ratifiziert UN-Konvention über die Rechte von Menschen mit Behinderungen. Pressemeldung vom 5.1.2011: http://europa.eu/rapid/pressReleasesAction.do?reference=IP/11/4&format=HTML&aged=0&language=DE&guiLanguage=en
Ohne Autor: Geschichte der Gehörlosen. Siehe: http://de.wikipedia.org/wiki/Geschichte_der_Geh%C3%B6rlosen
Ohne Autor: Häufig gestellte Fragen. Siehe: http://www.oegsbarrierefrei.at/default.asp?id=2&sid=13&eid=2
Ohne Autor: Lehrplan der Sonderschule für Gehörlose. Stand 06/90: http://www.eduhi.at/dl/100187.pdf
Ohne Autor: Österreichische Gebärdensprache. Siehe: http://de.wikipedia.org/wiki/%C3%96sterreichische_Geb%C3%A4rdensprache
Ohne Autor: Timeline: History of Gallaudet and the Deaf Community. Siehe: http://archives.gallaudet.edu/Timeline.htm
Pauser, Norbert: Warum die Taube »Taube« heißt. ÖGLB (Hg.), Wien 2005
Sacks, Oliver: Stumme Stimmen. Reise in die Welt der Gehörlosen. Rowohlt, Reinbek 1990
Schreuder, Marco: Helene Jarmer beeindruckt bei ihrer Kandidatur in Gebärdensprache und siegt mit unglaublichen 88 %. In: Ein grüner und queerer Blog, 7.9.2008: http://www.marco-schreuder.at/2008/09/helene-jarmer-beeindruckt-bei-ihrer.html
Skutnabb-Kangas, Tove: Short definitions of mother tongue. Siehe: http://www.tove-skutnabb-kangas.org/en/concept_definitions_for_downloading.html
Sozialgesetzbuch (SGB): Neuntes Buch (IX) – Rehabilitation und Teilhabe behinderter Menschen. Stand 2010: http://www.gesetze-im-internet.de/sgb_9/index.html#BJNR104700001BJNE000200000
Szagun, Gisela: Wie Sprache entsteht. Spracherwerb bei Kindern mit normalem und beeinträchtigtem Hören. Beltz, Weinheim/Basel 2001
Übereinkommen über die Rechte von Menschen mit Behinderungen (Behindertenrechtskonvention/BRK). Dezember 2006: http://www.alle-inklusive.behindertenbeauftragte.de/cln_108/nn_1430096/SharedDocs/Downloads/DE/AI/BRK,templateId=raw,property=publicationFile.pdf/BRK.pdf
Vater, Wolfgang: Bedeutungsaspekte des Mailänder Kongresses von 1880. 24.1.2002: http://web.archive.org/web/20060425195853/www.ghl.ngd.bw.schule.de/info/geschichte/mailand/index.html